The German Navy

Deutsche Marine

Hannes Ewerth   Peter Neumann

Seit 1789

Verlag E.S. Mittler & Sohn

Hamburg · Berlin · Bonn

Ein Staat, der seine Küsten nicht schützen,

seine Rechte auf See nicht durchsetzen

und seine Seeverbindungen nicht sichern kann,

wird seine Souveränität nie wirklich besitzen.

Nirgendwo sonst wird

das Weltgeschehen so entscheidend geprägt

wie auf dem Meer!

Deutsche Marine
The German Navy

Bibliografische Information Der Deutschen Bibliothek
Die Deutsche Bibliothek verzeichnet diese Publikation
in der Deutschen Nationalbibliografie; detaillierte bibliografische
Daten sind im Internet über http://dnb.ddb.de abrufbar.

ISBN 978-3-8132-0879-5
© 2., durchgesehene Auflage 2007 by Verlag E.S. Mittler & Sohn GmbH, Hamburg · Berlin · Bonn,
© 2006 by Verlag E.S. Mittler & Sohn GmbH, Hamburg · Berlin · Bonn,
Alle Rechte vorbehalten

Design/Produktion/Production: YPS Peter Neumann, Hamburg
Lektorat/Editing: Marion Engmann, Kiel
Übersetzung/Translation: Christopher Watson, Hamburg
Druck und Bindung/Printed and bound by: Druckerei zu Altenburg, Altenburg

Printed in Germany

Ein Gesamtverzeichnis der lieferbaren Titel der Verlagsgruppe Koehler/Mittler schicken
wir Ihnen gerne zu. Senden Sie eine E-Mail mit Ihrer Adresse an: vertrieb@koehler-mittler.de.
Sie finden uns auch im Internet unter: www.koehler-mittler.de

Inhaltsverzeichnis

Vorwort

Seit Menschengedenken ist die See Medium für friedlichen Handel, Transportbahn für Verkehr, Quelle für Nahrung und Rohstoffe, aber auch Ort und Rollbahn kriegerischer Auseinandersetzungen. Viele Interessen begegnen sich zur See. 196 der Länder und Territorien auf unserer Weltkarte verfügen über Küsten. Von der Weltbevölkerung leben wiederum ca. 70 Prozent weniger als 200 Nautische Meilen von der Küste entfernt – und somit im Einflussgebiet maritimer Interessenentfaltung.

Seeschifffahrt bedeutet vor allem Außenhandel. Die Bundesrepublik Deutschland wickelt mehr als 60 Prozent ihres Handels über See ab, deutsche Schifffahrtsgesellschaften bereedern 2647 Handelsschiffe mit einer Tragfähigkeit von 61 Mio. tdw und die deutsche Handelsflotte nimmt nach BRZ-Tonnage den 3. Platz in der Weltflotte ein.

Vor diesem Hintergrund wird deutlich, welch herausragende Bedeutung die Schifffahrt für eine moderne, exportorientierte Industrienation wie Deutschland hat. Eine Bedeutung, die erforderlich macht, dass die maritimen Kräfte und Ressour-

cen Deutschlands zusammengeführt werden und Handelsschifffahrt, Fischerei, Tiefseebergbau, Seerecht, Schiffbau und Seestreitkräfte in ihren Wirkungszusammenhängen aufeinander abgestimmt sind. Dafür ist eine unabhängige Entscheidungsfreiheit erforderlich, die national und international vertretbar, aber auch durchsetzbar ist.

Weder nach der Wiedervereinigung Deutschlands oder nach dem Wegfall des Ost-West-Konfliktes noch nach dem Beginn der internationalen Terrorwelle am 11. September 2001 in den USA haben sich die Parameter hierfür grundsätzlich geändert.

Dennoch war jetzt nach den ausgewogenen, globalen Machtverhältnissen des Ost-West-Blocksystems, durch die veränderte unkalkulierbare Bedrohung eine neue Gestaltung der internationalen Friedenssicherung, Krisenverhinderung und Bekämpfung des Terrorismus im Rahmen einer sicherheitspolitischen Neuordnung der weltweiten Interessen erforderlich. Auch unserer deutschen Interessen.

Die veränderten Verhältnisse stellten an das Nordatlantische Bündnis neue Anforderungen, die naturgemäß auch Auswirkungen auf Deutschland hatten. Die Folge war eine grundlegende, konzeptionelle Neuorientierung der deutschen Streitkräfte, auch der Marine, und damit verbunden erhebliche Anpassungen ihrer Fähigkeiten, ihres Umfangs und ihrer Struktur.

Heute, nachdem sich der Terrorismus weltweit ständig weiter ausbreitet und unkalkulierbare Formen angenommen hat, nachdem die militärischen Auseinandersetzungen mit dem Einfluss auf weite Teile der Zivilbevölkerung wie auch auf Wirtschaft, Industrie und Handel nicht mehr abschätzbar sind, musste das Aufgabenspektrum der deutschen Streitkräfte und insbesondere der Deutschen Marine geografisch weiter ausgelegt werden. Die Einheiten mussten militärisch vielseitiger führbar werden und waren bei größerer politischer Relevanz der Streitkräfte neu in den internationalen Verbund einzupassen.

Für die Deutsche Marine war die regionale Schwerpunktsetzung auf die Nordregion Europas bereits 1990 weggefallen, die Ausdehnung der Operationen auf alle Bereiche Europas erfolgte erstmalig im Golf-Krieg, doch heute muss sie in der Lage sein, überall dort eingesetzt zu werden, wo dies im Sicherheitsinteresse Deutschlands und auf Grund solidarischen Handelns mit der Völkergemeinschaft im Sinne der Friedenserhaltung politisch erforderlich werden könnte. Neben dem Urmandat zur Landes- und Bündnisverteidigung ist die Frage der Reaktion auf Krisen und Maßnahmen zur Sicherung oder zur Wiederherstellung des Friedens deutlicher ins Blickfeld gerückt.

Insgesamt fordert das breit gefächerte, weltweite, internationale Aufgabenspektrum eine ausgewogene Flotte, die über die gesamte Bandbreite der Fähigkeiten zur Seekriegführung verfügt, um auch im „combined" oder „joint" Einsatz den Bündnisforderungen gerecht werden zu können.

Überwasser- und Unterwasserseekriegführung sowie Seekriegführung aus der Luft, nach dem Abzug der Marinejagdflugzeuge mit Unterstützung der seekriegfähigen Kampfflugzeuge der Luftwaffe, müssen den unterschiedlichsten Anforderungen hinsichtlich Operationsgebiet, Bedrohung und Aufgabe gerecht werden können. Hierfür stellen die Seestreitkräfte mit ihren Fähigkeiten zum Einsatz auf der hohen See und in regional unbegrenzten küstennahen Gewässern ein mobiles, rasch verfügbares und vom Wesen her weltweit und flexibel einsetzbares Mittel dar, das insbesondere der politischen Führung eine Vielzahl von Optionen eröffnet.

Das Buch „Deutsche Marine" will die gegenwärtige Marine im Bild darstellen, wie sie mit ihren Soldatinnen und Soldaten an Bord der Boote, Schiffe und Flugzeuge oder aber an Land Ausbildung betreibt oder in Manövern, Übungen und internationalen Operationen eingesetzt wird. Es soll ein zeitloses Bilderwerk sein, das Leben und Wirken der Soldaten mit Szenen aus Tag- und Nachteinsätzen dokumentiert, so wie es gegenwärtig stattfindet.

Es zeigt die Soldaten, die Waffen und die Systeme in Aktion, wie sie ins tägliche Bild der Marine gehören. Hier wird sich der aktive Marinesoldat ebenso erkennen wie der Reservist, und der junge „Ungediente" kann die Marine im Bild erleben, bevor er seinen Dienst in der Praxis antritt. Ausbildung und Einsatz, die Faszination der Technik und das Zusammenwirken von Systemen sind ebenso dargestellt wie Einsätze im Rahmen des breiten, internationalen Aufgabenspektrums.

Das Buch dokumentiert die heutige Marine in ihrer Vielseitigkeit an Aufgaben, wo Bilder nicht gestellt sind, sondern Aktionen in den unterschiedlichsten Bereichen mit der Kamera eingefangen wurden. Es legt Zeugnis ab vom Dienst der Deutschen Marine an Bord, in der Luft und an Land mit den verschiedenen Facetten der Bereiche Mensch und Technik, Ausbildung und Einsatz.

Sommer 2006
Hannes Ewerth und Peter Neumann

Gesichter der Marine.

People in the Navy.

1. Kapitel

Neuausrichtung der Deutschen Marine

Beitrag von Kapitän zur See Mannhardt

Im Zuge des in 2003 begonnenen Transformationsprozesses haben die militärischen Organisationsbereiche ihren Beitrag im nationalen, streitkräftegemeinsamen, aber auch im multinationalen Rahmen neu abgeleitet. Dies gilt auch für die Deutsche Marine, deren konzeptionelle Vorstellungen auf die neuen Aufgaben hin ausgerichtet wurden. Im Folgenden sollen ausgewählte Aspekte der Neupositionierung auf der Basis von Aufgabenspektrum und Fähigkeitsprofil aus operativer Sicht näher durchleuchtet werden.

Das maritime Aufgabenspektrum der Bundeswehr

Internationale Konfliktverhütung und Krisenbewältigung einschließlich des Kampfes gegen den internationalen Terrorismus bestimmen heute und auf absehbare Zukunft die Aufgabenstellung der Streitkräfte. Die Wahrnehmung dieser Aufgaben ist für die Marine seit Jahren Realität. Dafür erforderliche Fähigkeiten werden auch in Zukunft Mittelpunkt der Planungsanstrengungen sein. Die Einsätze in der Adria, am Horn von Afrika oder in der Straße von Gibraltar sind nur drei Beispiele für maritime Operationen, wie sie ständig auf deutsche See- und Seeluftstreitkräfte zukommen können. Sie sind zugleich ein signifikanter und sichtbarer Beitrag zur Unterstützung der Bündnispartner, die nicht alle über die gleichen Fähigkeiten verfügen.

Geleitschutz durch Schnellboot S70 KORMORAN in der Straße von Gibraltar während Active Endeavour.

Active Endeavour: German Fast Patrol Boat S70 KORMORAN shadows a US Navy convoy through the Strait of Gibraltar.

Enduring Freedom Graffitti deutscher Teilnehmer an der Hafenmole von Dschibuti ist symbolisch für die Neuausrichtung der Deutschen Marine. / German ship graffiti decorating the Port of Djibouti is symbolic for the Navy's new course.

Der Schutz Deutschlands ist künftig weniger im Zuge einer Verteidigung gegen einen groß angelegten militärischen Angriff, als in der Wahrung der Souveränität und der Abwehr möglicher asymmetrischer und besonders terroristischer Angriffe auf deutsches Staatsgebiet sicherzustellen. Dieser Schutz Deutschlands muss neu ausgerichtet werden und wird die Synergie aller staatlichen Instrumente der Sicherheitsvorsorge verlangen. Die Deutsche Marine kann hier mit spezifischen Fähigkeiten und einer abgestuften Optionsvielfalt aufwarten, über die sonst kein zweiter Organisationsbereich und auch kein anderes Ressort verfügt.

Rettung und Evakuierung deutscher Staatsbürger werden vorwiegend in nationaler Verantwortung wahrzunehmen sein. Die Marine bietet hierzu von der Führungsunterstützung bis hin zur Durchführung von Evakuierungsoperationen von See aus wertvolle Handlungsalternativen.

Partnerschaft und Kooperation mit den Bündnis- und Partnermarinen bleiben Daueraufgaben der Marine und sind ein sichtbarer Ausdruck für ihre internationale Ausrichtung. Über 75 Prozent der jährlichen Vorhaben der Marine finden im bi- oder multinationalen Rahmen statt. Das Aufgabenfeld der Hilfeleistung (im Sinne von Amtshilfe, Hilfe bei Naturkatastrophen und bei besonders schweren Unglücksfällen) stellt ebenfalls einen Auftrag der Deutschen Marine dar. Hier stehen streitkräftegemeinsames und/oder multinationales Wirken, aber auch die Zusammenarbeit mit den Organen des Inneren im Vordergrund. Nationale Aufgaben wie die Ölüberwachung im Küstenvorfeld und die Wahrnehmung des Such- und Rettungsdienstes (SAR) über See runden das vielseitige Aufgabenspektrum der Marine ab.

Maritime Wirk- und -einsatzräume

Die Marine muss national oder multinational, für sich oder im Konzert mit den anderen Teilstreitkräften grundsätzlich in drei verschiedenen Einsatzräumen wirken können.

MFG 5 Sea King im Ostsee-SAR-Einsatz zusammen mit der DGzRS. / Sea King helicopter on a Baltic Sea SAR mission in cooperation with the German lifeboat society.

In den heimischen Randmeeren und Küstengewässern bzw. in den Gewässern schutz- und unterstützungsbedürftiger verbündeter Staaten kann die Marine einen Beitrag zur Wahrung der Souveränität und zur Überwachung des Seeraumes leisten. Sofern die rechtlichen Grundlagen dazu geschaffen werden, wäre auch die Durchführung seehoheitlicher Aufgaben – besonders im Sinne einer nationalen „homeland defence"

und Terrorismusabwehr – möglich.

Auf hoher See geht es vor allem um den Transport und Schutz von Personal und Material, welches für Krisenoperationen verlegt und positioniert werden muss, aber auch um den Schutz und die Kontrolle von Warenströmen und Gütern. Darin enthalten ist auch die Prävention illegaler Transporte von Massenvernichtungswaffen. In diesem

Wirkraum werden am ehesten die klassischen Seekriegsfähigkeiten zur Überwasser-, Unterwasser- und Minenkriegführung sowie zur Seekriegführung aus der Luft gefragt sein.

Vor allem in den Randmeeren und Gewässern potentieller Krisengebiete, dem aus heutiger Sicht am höchsten zu priorisierenden Wirkraum, muss die Marine durchsetzungs- und überlebensfähig voraus-

RAS im Roten Meer. Der EGV FRANKFURT AM MAIN verabschiedet sich von der von ihr bebunkerten USS RODNEY M DAVIS.
Im Hintergrund als Sicherungsschiff die Fregatte BRANDENBURG. / Red Sea RAS. Supply vessel FRANKFURT AM MAIN salutes the USS RODNEY M DAVIS
after refuelling her. The frigate BRANDENBURG polices the manoeuvre astern.

stationiert werden und operieren können. In der sogenannten „Joint Operations Area" können Seestreitkräfte wichtige synergetische Beiträge zum streitkräftegemeinsamen und multinationalen Wirken im Rahmen von Krisenmanagement und Konfliktverhütung leisten. Dieser Bereich umfasst einerseits die offene See bis zur Küstenlinie, die kontrolliert werden muss, um Operationen an Land unterstützen zu können. Andererseits beinhaltet er landeinwärts die Region, auf die von See aus eingewirkt werden kann. In diesem gemeinsamen Operationsgebiet entscheidet das reibungslose Zusammenwirken der Teilstreitkräfte maßgeblich über den Erfolg künftiger Operationen.

Das maritime Fähigkeitsprofil

Aus dem maritimen Beitrag zu den Aufgabenfeldern der Bundeswehr und aus o.a. Wirkräumen leiten sich besondere Anforderungen ab, die sich im Fähigkeitsprofil deutscher Seestreitkräfte widerspiegeln müssen und entscheidenden Einfluss auf den Beitrag der Marine zum streitkräftegemeinsamen Wirken haben. Dieses Fähigkeitsprofil gliedert sich in die folgenden miteinander verzahnten sechs Fähigkeitskategorien, an denen sich alle Teilstreitkräfte ausrichten.

Führungsfähigkeit

Das Einsatzgebiet der Flotte erfordert bereits im Rahmen der Einsatzausbildung weltweite und sichere Führungsfähigkeit, und zwar auf der offenen See wie in den Randmeeren. Die Teilhabe der Marine an multinationalen und streitkräftegemeinsamen Operationen macht sowohl die Interoperabilität mit den Führungssystemen anderer Natio-

13

nen als auch mit denen der anderen Teilstreitkräfte notwendig.

Die technologischen Entwicklungen haben die Faktoren Zeit und Information zu entscheidenden Wirkgrößen heranwachsen lassen. Die Bündnispartner Deutschlands, und hier insbesondere die Amerikaner, gehen konsequent den Weg einer multinationalen und streitkräftegemeinsamen Vernetzung aller Führungs- und Wirkelemente. Dies wird in der NATO weitläufig mit „network enabled capability", im Verständnis der Bundeswehr mit „Vernetzter Operationsführung" (NetOpFü) bezeichnet. Es handelt sich dabei um eine umfassende Vernetzung von Sensoren, Effektoren und Entscheidungsträgern unterschiedlicher Ebenen in einem Wirkverbund. Dieser gewährleistet z.B. eine durch Informationsüberlegenheit effiziente Wirkung im Ziel bei gleichzeitiger Ressourceneinsparung. NetOpFü zielt auf die Erhöhung der Wirksamkeit im Einsatz, hat Einfluss auf alle Fähigkeitskategorien und ist gleichsam die Klammer, die alle Fähigkeitskategorien zusammenhält. Für die Deutsche Marine bedeutet dies, dass ihre Fähigkeiten nur zukünftigen Anforderungen entsprechen, wenn sie interoperabel sind und in einen multinationalen Netzwerkverbund eingegliedert werden können.

Dies ist nicht allein eine Frage der technischen Vernetzung und robuster Führungsunterstützung; es betrifft ebenso gemeinsame Abläufe und Verfahren und die dazu notwendige Ausbildung und Übung. Außerdem bedeutet „Vernetzte Operationsführung" für die Deutsche Marine nicht den umfassenden Ersatz eingeführter Sensorik, Hard- und Software.

Vorhandenes - und das gilt vor allem in Kooperation mit den anderen Teilstreitkräften - muss jedoch dahingehend überprüft werden, inwieweit es tatsächlich zusammengeführt bzw. vernetzt werden kann. Dabei gilt es, das Marineführungssystem zu ergänzen und zu verbessern. Mit dem streitkräftegemeinsamen Experiment COMMON ARRANGEMENT 04 konnte im Rahmen eines CD&E-Projektes (Concept Development and Experimentation) unter Mitwirkung einer Fregatte der Klasse 123 ein viel versprechender Einstieg gefunden werden.

Nachrichtengewinnung und Aufklärung

Die Fähigkeitskategorie Nachrichtengewinnung und Aufklärung ist als streitkräftegemeinsame und zentrale Aufgabe zu verstehen. Die Marine leistet hierzu bereits heute durch Flottendienstboote und Maritime

Patrol Aircraft (MPA) einen wesentlichen Beitrag. Letztere haben ihre Leistungsfähigkeit in Einsätzen wie über der Adria, am Horn von Afrika oder im Grenzgebiet zwischen Algerien und Mali unter Beweis gestellt.

Auch im Bereich der verdeckten Aufklärung von See kann die Marine durch den Einsatz von Ubooten und Kampfschwimmern einen wichtigen Beitrag leisten. Der, wenn auch planerisch noch nicht abgebildete, aber konzeptionell weiterhin vorgesehene Einsatz unbemannter Drohnen wird sowohl zur operativen Lagebilderstellung als auch für verdeckte Operationen für alle seegestützten Plattformen einsatzwichtig sein. Hierbei wird es sich voraussichtlich um ein streitkräftegemeinsames Projekt handeln, sofern auch dem maritimen Bedarf, der weniger auf dem Gebiet der strategischen als in der taktischen und operativen Aufklärung zu sehen ist, Rechnung getragen werden kann.

Mobilität und Verlegefähigkeit
Das dargestellte Aufgabenspektrum der Bundeswehr erfordert die Verlegung von Streitkräftekontingenten auch in weit entfernte Einsatzgebiete. Unabdingbare Voraussetzung hierfür ist Mobilität. Der strategische Seetransport ist dabei die

Fregatte Klasse 123 BRANDENBURG mit Höchstfahrt vor der Küste Jemens im Rahmen ihres Enduring-Freedom-Einsatzes. / Class 123 frigate BRANDENBURG at flank speed off the coast of Yemen during her Enduring Freedom deployment.

Eine Panzerhaubitze wird für Erprobungen zum Seezielschießen an Bord gehievt. / In order to co-ordinate common weapon development, a tank is hoisted aboard for firing tests at sea.

zum strategischen Lufttransport komplementäre, unverzichtbare Komponente. Militärische Transportschiffe böten neben der reinen Transportfähigkeit die Option zur Verlegung und Vorausstationierung von Landstreitkräften über See. Diese Verlegung könnte – anders als beim gewerblichen Seetransport – auch bei nicht vorhandener Infrastruktur bis in die Nähe des Einsatzgebietes erfolgen. Außerdem eignen sich militärische Transportschiffe für Einsätze im Rahmen seegestützter (nationaler) Rettungs- und Evakuierungsoperationen. Während die Lücke beim gewerblichen Seetransport durch Charter-Vor-

halteverträge geschlossen werden könnte, sind für den militärischen Seetransport Zwischenlösungen in Gestalt einer europäischen Kooperation zu untersuchen, solange der Finanzplan keine eigenen Mittel für diese konzeptionell als notwendig erachtete Fähigkeit vorsieht. Es bleibt damit die Fähigkeitslücke beim strategischen Seetransport.

Wirksamkeit im Einsatz

Für die erfolgreiche Durchführung von Kampfeinsätzen ist die Fähigkeitskategorie Wirksamkeit im Einsatz die bestimmende Größe. Die Marine muss befähigt sein, langandauernd sowohl auf offener See als

auch in fremden Küstengewässern durchsetzungsfähig operieren zu können. Dazu benötigt sie die Fähigkeiten zur verbundenen Über- und Unterwasser-Seekriegführung, zur Seeminenkriegführung sowie zur Seekriegführung aus der Luft.

Die Wirkung maritimer Mittel beschränkt sich aber nicht nur auf die reine Waffenwirkung. Da Seestreitkräfte für das Operieren in internationalen Gewässern keiner diplomatischen Anmeldung oder politischen Zustimmung eines Gastlandes bedürfen, können sie bereits bei ersten Anzeichen eines Konfliktes in unmittelbarer Nähe eines

potenziellen Einsatzgebietes präsent sein. Hierdurch kann diplomatischen Maßnahmen Nachdruck verliehen und bereits frühzeitig politische Entschlossenheit demonstriert werden, die Krise notfalls auch mit militärischen Mitteln einzudämmen.

Darüber hinaus wird der Feuerunterstützung von See an Land eine zunehmende Bedeutung zukommen. Durch sie kann der Zugang zum Operationsgebiet von See aus ermöglicht werden und Operationen an Land können insbesondere im frühen Stadium bei noch nicht ausreichend verfügbarer Feuerkraft der eingesetzten Kontingente sinnvoll unterstützt werden. Zudem leistet die Landzielbekämpfung von See einen wesentlichen Beitrag zur Gefechtsfeldvorbereitung vor den eigentlichen Operationen der Landstreitkräfte. Die Marine muss deshalb zur präzisen Bekämpfung von Landzielen auch auf größere Distanz von der Küste in der Lage sein. Hierzu werden zunächst die für die Korvette K130 vorgesehenen weitreichenden Seezielflugkörper auch über eine Landzielfähigkeit verfügen. Parallel dazu finden Untersuchungen statt, inwieweit sich Rohrwaffen großen Kalibers wie die Panzerhaubitze 2000 mit Kaliber 155 mm auch zur taktischen Feuerunterstützung von See an Bord von Fregatten integrieren lassen.

Überlebensfähigkeit und Schutz

Die Fähigkeitskategorie Überlebensfähigkeit und Schutz der

Einsatzkräfte und damit die Bedrohung maritimer Verbände erfordert vorrangig eine Verbesserung im Bereich der weitreichenden Verbandsflugabwehr, die mit dem Zulauf der Fregatten der Klasse 124 erreicht wurde. Die Waffenreichweite des auf F124 eingesetzten Flugkörpers „Standard Missile 2" lässt aber grundsätzlich auch einen Beitrag zum Schutz der Einsatzkräfte an Land zu und kann die im Einsatzland notwendige Infrastruktur, wie zum Beispiel Häfen und die dort liegenden Einheiten, umfassen. Damit rückt ein deutscher maritimer Beitrag zur Abwehr ballistischer Flugkörper, Ballistic Missile Defence (BMD), in das engere Optionenspektrum.

Im Übrigen haben die Anschläge auf die USS COLE im Hafen von Aden und auf den Tanker LIMBURG vor der jemenitischen Küste die Notwendigkeit zum Schutz von Hafenliegern und Einheiten im Küstenmeer dramatisch vor Augen geführt. Da eine Sicherung von Kräften und Einrichtungen der Marine (force protection) durch andere militärische Organisationsbereiche oder verbündete Streitkräfte nicht sichergestellt werden kann, wurde in der Konzeption der Bundeswehr (KdB) festgelegt, im Rahmen des Eigenschutzes eine Grundbefähigung innerhalb der Marine aufzubauen, die ihrem spezifischen Sicherungsbedarf Rechnung trägt.

Unterstützung und Durchhaltefähigkeit

Zur Fähigkeitskategorie Unterstützung und Durchhaltefähigkeit ist anzumerken, dass Unterstützungsleistungen der Marine in annähernd gleicher Form sowohl im Einsatzausbildungsbetrieb als auch im Einsatz zu erbringen sind. Innerhalb der Einsatzgruppen stellen die Einsatzgruppenversorger (EGV) Klasse 702 und Tender Klasse 404 die logistische Unterstützung der Schiffe und Boote sicher. Erst diese Unterstützungseinheiten versetzen Einsatzgruppen in die Lage, langandauernd zu operieren.

Der EGV ist auch Träger des sogenannten Marine-Einsatz-Rettungs-Zentrums, (MERZ). Dieses schließt die Lücke zwischen der sanitätsdienstlichen Erstversorgung an Bord der Schiffe und der abschließenden klinischen Versorgung. Sowohl EGV als auch das eingeschiffte MERZ dienen in erster Linie der Unterstützung der Einsatzgruppen. Allerdings ist auch ein Einsatz zur humanitären Hilfeleistung oder in der Unterstützung von Einsatzkräften an Land denkbar.

Der Einsatzgruppenversorger BERLIN ist klar zur Brennstoffabgabe an Fregatte EMDEN, „Anlauf beginnt!".
Fleet tender BERLIN refuelling the EMDEN, a Class 122 frigate.

Anmerkungen zum Fähigkeitsprofil

Die gut ausgeprägten klassischen Fähigkeiten zur Über- und Unterwasser-Seekriegführung, zur Seeminenkriegführung sowie zur Seekriegführung aus der Luft werden auch in Zukunft zum Profil der Deutschen Marine gehören. Mit den Fregatten Klasse 124, den Ubooten 212A, den Korvetten K130 und den MPA P3C Orion werden in den kommenden Jahren komplexe Waffensysteme in Dienst gestellt, die über ein sehr breites Fähigkeitsspektrum verfügen.

Erst mit den klassischen Fähigkeiten kann die Marine durchsetzungs- und überlebensfähig operieren. Diese Fähigkeiten wandeln sich aber in ihrer Bedeutung von der wesentlichen Leistung maritimer Kräfte hin zu „Enabling Capabilities" d.h. zu Fähigkeiten, die erforderlich sind, um andere, für Kriseneinsätze wichtige und bestimmende Fähigkeiten erst entfalten zu können.

Die Marine befindet sich im Übergang von einer Escort Navy, bei der Geleitschutzaufgaben und Operationen aus der eigenen Küste heraus im Vordergrund standen, hin zu einer weltweit ausgerichteten Expeditionary Navy. Von herausragender Bedeutung für ein streitkräftegemeinsames und multinationales Wirken im Sinne einer Expeditionary Warfare sind die Fähigkeit zur

F125 Computermodell. / Computer rendering of the Class 125 frigate.

vernetzten Operationsführung, die strategische Seeverlegefähigkeit, die Waffenwirkung von See an Land, Beiträge zur erweiterten Luftverteidigung sowie der Schutz eigener Kräfte und Einrichtungen im Hafen, auf Reede und in See. Diese auch in NATO und EU hoch priorisierten Fähigkeiten bilden den Kern einer zukünftigen, auf Expeditionary Operations ausgerichteten Marine.

Das aus Sicht der Deutschen Marine unabdingbare Zusammenwirken mit den anderen Teilstreitkräften findet im Übrigen auch im maritimen Sprachgebrauch seinen Ausdruck, indem nicht mehr von den Fähigkeiten der Marine, sondern von den maritimen Fähigkeiten der Bundeswehr gesprochen wird. Dies verdeutlicht, dass sich die Marine als Teil eines größeren Ganzen versteht und auch so positionieren will.

Zur Lage der Neupositionierung der Deutschen Marine Fregatte 125

Das erste maritime Großvorhaben, das einer solchen Neuausrichtung unserer Marine in vollem Umfange Rechnung tragen wird und Ergebnis des in 2003 eingeleiteten Transformationsprozesses ist, wird die Fregatte F125 sein. Geplant ist, dass vier Einheiten ab 2012 einen Teil der älteren dann etwa dreißig Jahre alten Fregatten F122 ablösen sollen.

Während die Fregatten Klasse F123 und F124 den Eingreifkräften zuzurechnen sind und sich vorrangig für militärische Operationen hoher Intensität und begrenzter Dauer zur Abbildung einer hohen Reaktionsfähigkeit eignen, wird die F125 ein Schiff, das vor allem für die wahrscheinlicheren Stabilisierungsaufgaben einsetzbar ist. Die neue

Uboot Klasse 212A U33 und Mehrzweckboot Klasse 748 Schwedeneck auslaufend von Eckernförde. Class 212A submarine U33 and the multi-purpose vessel Schwedeneck in Eckernförde Bay.

Streitkräfte-Kategorisierung

Intensität ↑

Eingreifkräfte
3 F124, 4 F 123, 6 MCM, 5 K130, 4 U212A
1 EGV, 2 Tender 404

Stabilisierungskräfte
8 F122, 10 PGFA 143A, 9 MCM, 4 206A
2 EGV, 4 Tender 404, 8 MPA

Unterstützungskräfte
3 AGI
4 MSK-Boote

Dauer →

Organigramm zur Kategorisierung der Streitkräfte.
Combat forces organisation and deployment.

Fregatte eignet sich damit besonders für Operationen niederer und mittlerer Einsatzintensität längerer Dauer im breiten Spektrum friedensstabilisierender, -erhaltender und unterstützender Maßnahmen. Neben einer langen Stehzeit im Einsatzgebiet und der Grundbefähigung zum dauerhaften Überwachen und Beherrschen von Räumen sowie der Kontrolle des Schiffsverkehrs soll die F125 über die Befähigung zur Wirkung gegen Ziele auf See und an Land, zur Unterstützung von spezialisierten und Spezialkräften sowie entsprechende Durchsetzungsfähigkeit auch gegen teilweise militärisch organisierte oder asymmetrische Kräfte verfügen. Dazu wird sie ausgeprägte Komponenten für den Eigenschutz erhalten. Mit der Fähigkeit zur taktischen Feuerunterstützung von See an Land wird sie

die Operationen der Landstreitkräfte unterstützen können.

Neue Ausrüstungskonzepte müssen aber auch durch moderne Ausbildungs-, Besatzungs-, Einsatz- und Materialerhaltungskonzepte flankiert werden. Um die operative Verfügbarkeit bei gleichbleibender Anzahl von Einheiten zu erhöhen, werden für jedes Schiff zwei vollwertige Besatzungen vorgehalten, die sich im Einsatzgebiet ablösen können. Dem Konzept einer „Intensivnutzung" folgend, soll die Fregatte bis zu zwei Jahre im Einsatzgebiet verweilen können, bevor eine Ablösung des Schiffes erforderlich wird.

Organisatorische Neuausrichtung
Mit der Neuausrichtung der Deutschen Marine ging auch eine organisatorische Änderung einher,

die zum 1. Juli 2006 abgeschlossen wurde. Für die neue Struktur der Marine bedeutet dies, dass ihre bisherigen fünf Flottillen in zwei Einsatzflottillen zusammengefasst wurden. Mit der Gliederung in zwei typübergreifende Flottillen mit Personalergänzung und einschiffbaren Einsatzstäben – der Einsatzflottille 1 in Kiel (Boote/Korvetten/Tender/MSK/SEKM) und der Einsatzflottille 2 in Wilhelmshaven (Fregatten/Versorger) – wurde die bisherige Struktur gestrafft und einsatzorientiert ausgerichtet. Gleichzeitig wurden die Besatzungskonzepte der schwimmenden Einheiten robuster und durchhaltefähiger ausgelegt, um der in den letzten Jahren weiter angestiegenen Einsatzbelastung Rechnung zu tragen und um die Attraktivität des „Arbeitsplatzes Marine" zu verbessern. In der Einsatzflottille 1 wird auch das sog. "Center of Excellence (CoE) for Confined and Shallow Water Operations" eingerichtet, um der NATO die in der Deutschen Marine besonders ausgeprägte und auf langjährige Erfahrung beruhende Expertise in der Randmeerkriegführung (Littoral Warfare) zur Verfügung zu stellen.

Die Marinefliegergeschwader 3 und 5 werden unmittelbar dem Flottenkommando unterstellt. Während MFG 3 und MFG 5 mittelfristig in Nordholz konzentriert werden, ist die Auflösung des MFG 2 abgeschlossen. Die Jagdbomber PA 200 TORNADO, mit ihrer Fähig-

keit zur Seekriegführung aus der Luft, wurden an die Luftwaffe mit gleicher Auftragslage abgegeben. Während der Marinestützpunkt Olpenitz geschlossen wurde, bleiben die Stützpunkte in Warnemünde, für Schnellboote und Korvetten und in Eckernförde, für Uboote und Flottendienstboote erhalten. Die Minenstreitkräfte wurden nach Kiel verlegt, wofür die infrastrukturellen Voraussetzungen zu schaffen waren. Wilhelmshaven ist Heimatstützpunkt für die Fregatten und mittelfristig für alle EGV.

Wie bei den Einsatzflottillen wird auch im Flottenkommando ein permanenter auch einschiffbarer Einsatzstab gebildet. Darüber hinaus soll im Marinehauptquartier die Fähigkeit zum Führen maritimer Operationen (z.B. in der Rolle als EU Maritime Component Command (MCC)) verwirklicht werden. Nachweis der Initial Operational Capability (IOC) und Zertifizierung dieses deutschen ortsfesten ständig verfügbaren EU MCC erfolgte bereits im Zuge der streitkräftegemeinsamen multinationalen Übung EUROPEAN CHALLENGE 2005. Die beiden höheren Kommandobehörden in Glücksburg und Rostock blieben in ihrer erst kürzlich eingenommenen neuen Struktur unter dem Führungsstab der Marine in Bonn im Wesentlichen erhalten. Der zukünftige Personalumfang der Marine wird gem. Personalstrukturmodell 2010 (PSM 2010) 25.200 Soldaten umfassen.

Die Jagdbomber PA 200 TORNADO, mit ihrer Fähigkeit zur Seekriegführung aus der Luft wurden an die Luftwaffe mit gleicher Auftragslage abgegeben. / The German Navy's PA 200 TORNADO specialist hunter-bombers for sea warfare now fly under airforce blazonry, missioned with same tasks.

durch spezialisierte Marineschutz-kräfte (MSK) auf. Ein etwa 500-köpfiges MSK-Kontingent wurde zum 1. April 2005 in Eckernförde in Dienst gestellt. Vier ehemalige Minenjagd-Boote der Klasse 332 stellen als integrale Bestandteile dieser neuen Kräfte Träger- und Führungsplattformen für die MSK im Rahmen seegestützter Operationen dar.

Die volle operative Einsatzfähigkeit der MSK sowie eine entsprechende materielle Ausrüstung mit einem kleineren Fahrzeugkontingent für eigene Transport- und Schutzaufgaben soll innerhalb der kommenden zwei Jahre erreicht werden. Im Einzelfall werden die MSK auch zur Unterstützung der anderen Teilstreitkräfte und zur multinationalen Zusammenarbeit herangezogen werden können.

Marineschutzkräfte

Die Erfahrungen aus den jüngsten Einsätzen, aber auch die permanent anzunehmende terroristische Bedrohung haben gelehrt, entsprechende Vorsorge für Mensch und Material zu treffen. Die Marine baut daher, zur Sicherung eigener Einheiten in küstennahen Gewässern, auf Reeden und in Häfen sowie zum Objektschutz eigene Fähigkeiten

Ebenfalls neu aufgestellt und den MSK zugeordnet werden die **Feldnachrichtenkräfte** der Marine. Diese sollen bei Einsätzen der Bundeswehr Informationen für die eigene Operationsführung gewinnen. Befragung und zielorientierte Gesprächsführung, Auswertung von Dokumenten und Sichtung von Material sollen Aufschluss über Lage, Fähigkeiten und Absichten von Zielgruppen, Konfliktparteien und Gegnern geben.

MSK-Soldaten in der Sicherung. / Naval protection soldiers.

Streitkräftegemeinsamkeit

In Zukunft wird es kaum noch Einsätze geben, an denen nur ein militärischer Organisationsbereich beteiligt ist. Streitkräftegemeinsamkeit kann aber nur funktionieren, wenn der jeweilige Beitrag mit eigener Kompetenz und Expertise professionell geleistet wird. Nur so können auch Synergien entstehen. Ein eigenständiges maritimes Fähigkeitsprofil stellt daher Grundlage und Voraussetzung für ein effizientes streitkräftegemeinsames Wirken dar. So existieren neben der Feuerunterstützung von See an Land eine Reihe weiterer Beispiele, in denen die maritimen Fähigkeiten notwendige Voraussetzung für den Einsatz anderer Teilstreitkräfte sind. Eine Initiative, die erst vor kurzem durch die Führungsstäbe von Heer und Marine eingeleitet wurde, befasst sich mit der „seegestützten Führungsunterstützung für Einsätze an Land". Die Fregatten der Deutschen Marine sind zwar grundsätzlich zum Führen maritimer Verbände ausgelegt. Die moderne Führungsmittelausstattung der Schiffe lässt aber auch die vorübergehende Operationsführung von Bord zu, z.B. bei Anfangsoperationen kleinerer Heeresverbände, wenn noch kein Gefechtsstand an Land eingerichtet werden konnte. Nach einer Ortsbegehung an Bord einer Fregatte F123 durch eine streitkräftegemeinsame Abordnung hat die Entwicklung gemeinsamer konzeptioneller Vorstellungen durch Heer und Marine begonnen.

Optionen für einen deutschen Beitrag zur BMD

Ein weiteres Beispiel für die Rolle der Marine als „Force Enabler" in einem streitkräftegemeinsamen aber auch multinationalen Szenario bieten die Fähigkeiten der Fregatte F124 in der Rolle der Erweiterten Luftverteidigung (ELV) bis hin zu ihrem Beitrag zur Abwehr ballistischer Flugkörper, Ballistic Missile Defence (BMD). Letzterer könnte durch die F124 in Form der Bereitstellung/Nutzung von Sensordaten und Übertragungsmitteln, wie LINK 16, oder dem Schutz von AEGIS-Schiffen gegen anfliegende Seezielflugkörper (goal keeping mit SM 2) geleistet werden, falls ein AEGIS-Träger in der BMD-Rolle eingebunden und dessen Fähigkeiten zur Selbstverteidigung vorübergehend eingeschränkt sind. In Küstennähe stationiert, wäre auch der Schutz von Truppenkontingenten oder PATRIOT-Stellungen denkbar. Die jeweils im Frühjahr 2004 und 2006 auf Kreta abgestützte, alle zwei Jahre stattfindenden multinationalen und streitkräftegemeinsamen Simulationsübungen „Joint Project Optic Windmill" (JPOW) haben weiteren Aufschluss darüber gegeben, dass die Fregatte F124 einen wichtigen Beitrag zur ELV und BMD leisten kann.

Die Deutsche Marine beabsichtigt daher, gerade im Hinblick auf BMD die Entwicklung aufmerksam weiter zu verfolgen, an internationalen Übungen und Foren mitzuwirken und damit den eingeschlagenen Weg in Kooperation mit der Luftwaffe fortzusetzen. Dabei gilt es insbesondere, an der voranschreitenden Entwicklung der „Lead Nation" USA und der US Navy mit AEGIS BMD teilzuhaben. Nennenswerte, auch ressourcenschöpfende Anstrengungen dürften allerdings nur im Bündnisrahmen auf der Basis eines gemeinsamen Konzeptes umsetzbar sein. Eine nationale politische Willenserklärung zur BMD wird daher vorwiegend im Rahmen einer gemeinsamen NATO-Position und der darin niedergelegten Bedrohungseinschätzung zu erwarten sein. Gleichwohl erscheint es sinnvoll, die potenziellen unterstützenden Fähigkeiten der F124 im Rahmen von BMD-Szenarien herauszustellen. Hier wird sich die Deutsche Marine sichtbar und ohne besonders aufwendige, neuerliche Rüstungsanstrengungen überzeugend einbringen können.

Terrorismusabwehr

Gemeinsames Handeln kann im Rahmen der nationalen Sicherheitsvorsorge nicht auf die Bundeswehr beschränkt bleiben, denn die gewachsenen Herausforderungen auf dem Gebiet der Terrorismusabwehr machen eine ressortübergreifende Zusammenarbeit unabdingbar. Der politische Wille, maritime Fähigkeiten der Bundeswehr auch zur Abwehr terroristischer Bedrohung auf und von See nutzbar zu machen, nimmt zunehmend Gestalt an. Analog zu den Anstrengungen im Hinblick auf die Terrorabwehr im Luftraum hat sich Anfang 2004 unter Federführung des Bundesinnenministeriums eine Arbeitsgruppe zur Sicherheit im Seeraum (AG SiSeeRa) gebildet. Ziel ist, rechtliche und praktische Möglichkeiten für eine verbesserte Zusammenarbeit der Marine mit den Vollzugskräften des Bundes zu untersuchen.

So verfügt die Marine über eine breite Palette an Fähigkeiten im Küstenmeer und auf der hohen See, die zur Terrorismusabwehr über See eingesetzt werden könnten und über die kein anderes Ressort verfügt. Diese Fähigkeiten reichen von der Gestellung hochseefähiger bewaffneter Plattformen über den Einsatz spezialisierter und Spezialkräfte (Kampfschwimmer) bis hin

Die drei Fregatten der Klasse 124 der Deutschen Marine nordwestlich von Helgoland.
The three German Class 124 frigates in the German Bight.

zur glaubwürdigen Androhung von Gewalt und zum abgestuften Waffeneinsatz. Während die rechtlichen Möglichkeiten zur Unterstützung polizeilicher Aufgaben gegenwärtig sehr restriktiv gehalten sind (die Deutsche Marine ist prinzipiell auf die Amtshilfe gem. Art. 35 GG und hier auf die technisch-logistische Unterstützung im Innern beschränkt), konnten gemeinsame Unterarbeits- und Expertengruppen aus Marine und Bundespolizei eine verbesserte Zusammenarbeit bei geltender Rechtslage unterhalb der Amtshilfe in die Wege leiten.

Die nunmehr angelaufene Kooperation mit Einheiten der Flotte und den Kräften des BMI konzentriert sich vor allem auf Erfahrungs- und Informationsaustausch, Harmonisierung von Sprache, Verfahren und Ausrüstung sowie praktische Transport- und Decklandeübungen in See, ohne ein konkretes Szenario speziell zur Terrorismusabwehr zugrunde zu legen. Ein Seesicherheitsgesetz könnte bei entsprechender Verfassungsergänzung Rechtsgrundlage für eine Beteiligung der Marine zur Terrorabwehr vor allem auf hoher See darstellen. Eine solche Rechtsgrundlage würde auch für die Einheitsführer der Marine die notwendige Rechts- und Verhaltenssicherheit schaffen und die internationale maritime Kooperation, z.B. im Rahmen der

Proliferation Security Initiative (PSI), aus deutscher Sicht erleichtern. Multinationale Zusammenarbeit See- und Seeluftstreitkräfte entfalten ihre maritimen Fähigkeiten vor allem durch ihre Einbindung in multinationale Einsatzverbände. Dies gilt sowohl für mandatierte Einsätze wie auch für Ausbildungs- und Übungsvorhaben, die überwiegend zusammen mit den Bündnismarinen stattfinden.

Da die Deutsche Marine von jeher im multinationalen Rahmen operiert, lassen sich multinationale Verbände sehr kurzfristig und flexibel zusammenstellen. Die internationale Zusammenarbeit in See mit den Bündnismarinen verläuft ohne langwierige Vorausbildung und Abstimmung nach bewährtem Muster. Durch ihre ausgeprägte Multinationalität trägt die Marine besonders zur Einsatzorientierung der Bundeswehr bei. Streitkräftegemeinsame und multinationale Interoperabilität müssen dabei nach Möglichkeit in Einklang gebracht werden, da die Standardisierungserfordernisse im Bündnis klare Vorgabe für die nationalen Anstrengungen sind. Außerdem entwickeln sich reine Marineverbände immer mehr zu maritimen Anteilen von „joint forces", für die eine gemeinsame Sprache unabdingbar ist. Hier sind besonders die neuen Reaktionskräfte der NATO,

„NATO Response forces" (NRF) und die „Battle Groups der Europäischen Union" (EU-BG) zu nennen, die als schnelle Eingreifverbände eine herausragende Rolle spielen. Die Deutsche Marine wird sich auch zukünftig an allen vier NRF-Verbänden, ehemals Standing Naval/Mine Countermeasure Forces, und an den EU-BG mit der gesamten Variationsbreite ihrer maritimen Fähigkeiten beteiligen.

Zusammenfassende Betrachtung und Perspektiven

Die Marine ist im Begriff, die erforderlichen Fähigkeiten für das erweiterte Aufgabenspektrum zu entwickeln. Eine Neupriorisierung der Aufgaben deutscher Streitkräfte erfordert andererseits aber auch kein völliges Umdenken oder eine totale Neuorientierung. Dennoch wird die Marine im Zuge der Realisierung maritimer Fähigkeiten der Bundeswehr eine Schwerpunktverlagerung zur Projektionsfähigkeit von See an Land vollziehen müssen. Im Einzelnen muss es darauf ankommen, den maritimen Anteil des künftigen Wirkspektrums der Bundeswehr wie folgt zu gestalten:
- Im Vordergrund steht die Fähigkeit der Bundeswehr als Ganzes und nicht die Fähigkeiten einzelner Teilstreitkräfte. Maritime Fähigkeiten müssen in einem streitkräftegemeinsamen Ansatz

einen unverzichtbaren Baustein darstellen, der Synergien schafft.
- Die maritimen Fähigkeiten der Streitkräfte müssen nach wie vor in einen multinationalen Wirkverbund eingebracht werden können.
- Dabei muss den rasanten Entwicklungen der IT-gestützten Führungssysteme Rechnung getragen werden. Interoperabilität im Bereich command and control und die Fähigkeit zur Teilhabe an NATO Network Enabled Capability (NNEC) sind hierfür entscheidende Größen.
- Künftige maritime Fähigkeiten müssen weiterhin in den klassischen warfare areas wie U-Jagd, Flugabwehr, Überwasserseekriegführung und Minenabwehr vorhanden sein, auch wenn sich diese hin zu Enabling Capabilities mit anderer Priorität entwickeln werden.
- Die maritimen Fähigkeiten müssen den Ansprüchen der Randmeerkriegführung in besonderem Maß gerecht werden.

Dies gilt zum einen für die Sicherheit heimatnaher Gewässer im Rahmen der Abwehr asymmetrischer Bedrohungen. Hier könnte die sorgfältige Koordination der Kräfte mit Bundespolizei und Zivilschutzorganisationen bei gleichzeitiger Schaffung von Rechtssicherheit die Option schaffen, wertvolle Fähigkeiten der

Kampfschwimmer: Mehr als eine Drohung im Kampf gegen den Terrorismus.
Combat divers represent more than a mild threat in the war against terrorism.

Marine, die z.B. für die Terrorismusabwehr über See eingebracht werden könnten, mit einzubeziehen und nicht ungenutzt zu lassen.

Dies gilt aber auch für die Sicherheit weit entfernter Randmeere. Dort sieht die Marine das eigentliche Feld der multinationalen und streitkräftegemeinsamen Zusammenarbeit zwecks Vorbereitung und Durchführung von Krisenmanagement und Konfliktprävention. Die Marine muss den neuen Anforderungen durch neue Fähigkeiten im Bereich der „Expeditionary Warfare" gerecht werden und den Wandel von einer „Escort Navy" zu einer „Expeditionary Navy" vollziehen. Landesverteidigung ist hingegen für die Streitkräfte und damit auch für die Marine keine ihre Struktur bestimmende Größe mehr. Hieraus folgt jedoch nicht, dass der Landesverteidigung zukünftig keine Bedeutung mehr zukommt. Indem die Einsatzfähigkeit der Marine in einem streitkräftegemeinsamen Ansatz und damit der Bundeswehr insgesamt gestärkt wird, verbessert sich auch der Schutz Deutschlands und seiner Bürger.

Ein spanischer Fischkutter wird von einem deutschen Schnellboot im Rahmen von Active Endeavour in den Hafen von Cádiz begleitet. / A German fast patrol boat trails a trawler into Cadiz.

● Schließlich gilt es, den scheinbaren Widerspruch zwischen der in den kommenden Jahren beachtlichen Erneuerung der Flotte und den eher verhaltenen Perspektiven für eine mittelfristige Regeneration der schwimmenden Plattformen und den damit verbundenen Folgen aufzulösen und nach außen hin deutlich zu machen: In der Tat wird die Marine mit F124, U212, K130 und P3C ORION bereits in den kommenden Jahren, später auch mit F125, eine signifikante qualitative Aufwertung erfahren. Damit lässt sich ein wesentlicher Teil der erforderlichen Fähigkeiten und des Mengengerüstes abdecken. Andererseits zeichnet sich ein militärisches Transportschiff für die Bundeswehr derzeitig nicht ab.

Außerdem haben sich gemäß Material- und Ausrüstungsplanung die Folgelose für Uboote, Korvetten und Einsatzgruppenversorger auf der Zeitachse verschoben und reduziert. Durchschnittsalter der Flotte und Aufwand zur Materialerhaltung steigen überproportional an. Gleichzeitig tragen Reduzierungen von Losgrößen aber dazu bei, dass notwendige investive Freiräume für die Neuausrichtung der Streitkräfte insgesamt geschaffen werden. Auch zeigt das Vorziehen des Vorhabens Fregatte F125, dass die Planungsvorgaben trotz enger Haushaltsmittel

bei neuen Prioritätensetzungen die Möglichkeit zur Umsteuerung bieten.

Trotz der zunächst positiven Perspektiven ergibt sich über die Zeitachse betrachtet also ein gemischtes Bild, das weiterhin erfordert, aufmerksam auf die notwendigen mittel- und langfristigen maritimen Belange zu achten.

Für die weitere Planung sei angemerkt, dass die Marine aufgrund der angespannten Finanzlage ihre Prioritäten wohl überlegt setzen und sich eher auf bescheidene Lösungen und das „Machbare" einstellen muss. Nur so kann sie konzeptionell begründete Projekte und notwendige maritime Fähigkeiten der Bundeswehr, wenn auch nicht immer in der gebotenen Quantität, erhalten und zwar „erhalten" im doppelten Sinne des Wortes. Dabei müssen auch unkonventionelle oder sich plötzlich auftuende Optionen wie Kauflösungen flexibel abgewogen werden.

Insgesamt wird es darauf ankommen, die Marine weiterhin als elementaren Baustein der Streitkräfte zukunftsfähig zu positionieren. Dabei gilt es, die Balance zu halten auf einem schmalen Grat zwischen realistischen Ausrüstungsforderungen und angemessener Sensibilisierung für den unverzichtbaren maritimen Beitrag in den Streitkräf-

ten, in Politik und Gesellschaft. Mit der Betonung maritimer Fähigkeiten der Bundeswehr begibt sich die Marine auch nach außen hin sichtbar auf einen Weg, den ebenfalls andere NATO- und EU-Partner beschreiten. Streitkräftegemeinsames und multinational ausgerichtetes Handeln und Denken stellt als oberste Maxime die Voraussetzung dar, um auch in Zukunft bündnisfähig zu sein.

Transformation ist hingegen nicht nur eine organisatorische oder prozedurale Herausforderung. Die mit dem kontinuierlichen Anpassungsprozess verbundenen Entscheidungen müssen, insbesondere auch wegen damit einhergehender personeller Auswirkungen auf Soldaten und Zivilbeschäftigte, fortlaufend vermittelt werden. Insofern stellt Transformation eine ständige Führungsaufgabe dar, damit Neuausrichtung und Wandel auf breiter Basis mitgetragen werden. Transformation ist aber auch eine gesamtstaatliche Aufgabe, deren Vermittlung durch die Politik gefördert und aktiv umgesetzt werden sollte.

2. Kapitel

Die Flotte

Dem Führungsstab der Marine unterstellt, führt das Flottenkommando, als eine der beiden höheren Kommandobehörden der Deutschen Marine, sämtliche schwimmenden und fliegenden Einheiten der Deutschen Marine.

Der Befehlshaber der Flotte, im Dienstgrad eines Vizeadmirals, ist dem Inspekteur der Marine für die Einsatzfähigkeit der ihm unterstellten Soldaten und ihrer Schiffe, Boote und Flugzeuge verantwortlich. Das umfasst das Bereitstellen einsatzfähiger See- und Seeluftstreitkräfte, das Planen und Durchführen der dazu erforderlichen Einsatzausbildung, das Führen der Einheiten während der Ausbildung und der Übungen sowie, im Zusammenwirken mit dem Marineamt, das Sicherstellen der materiellen Einsatzbereitschaft.

Der Befehlshaber der Flotte führt aus dem Marinehauptquartier (MHQ) in Glücksburg die ihm unterstellten maritimen Einsatzkräfte

in ihrer weltweiten Ausbildung und stellt sie für Aufgaben im Rahmen der Landes- und Bündnisverteidigung, zur internationalen Konfliktverhütung und Krisenbewältigung sowie zum Kampf gegen internationalen Terrorismus einsatzbereit zur Verfügung.

Im Rahmen der gemeinsamen Außen- und Sicherheitspolitik der Europäischen Union wurde das

Flottenkommando als „European Maritime Component Command" (EU MCC) zertifiziert und gegenüber der Europäischen Union notifiziert. Im europäischen Kontext werden so der EU Fähigkeiten zur Führung eigenständiger maritimer Operationen aus dem deutschen EU MCC verfügbar gemacht.

Einheiten der Bundeswehr in mandatierten Auslandseinsätzen

Aus dem MHQ in Glücksburg (oben) führt und betreut der Befehlshaber der Flotte die ihm unterstellten Marineeinheiten in ihrer weltweiten Ausbildung. U24, Sea Lynx und Sea King Hubschrauber sowie der Tender Main während der Teilnahme an der groß angelegten Übung European Challenge 2005 (rechts).

Whereever German Navy ships and personnel may be missioned for training, they are under global command from the MHQ in Glücksburg (above).
Class 206A submarine U24, Sea Lynx and Sea King helicopters as well as the tender Main participate in the multinational manoeuvre European Challenge 2005 (right).

werden teilstreitkraftübergreifend vom Einsatzführungskommando der Bundeswehr im Auftrag des Generalinspekteurs geführt. Das Flottenkommando stellt in dieser Rolle als „Force Provider" voll einsatzfähige Einheiten der Flotte für solche Einsätze zur Verfügung und unterstützt das Einsatzführungskommando bei deren Führung.

Der nationale Bereich der Flotte umfasst alle schwimmenden und fliegenden Einsatzverbände der Marine: die Marineflieger mit Hubschraubern und Seefernaufklärern, Fregatten, Versorger, Minenjagd-

boote, Schnellboote (künftig Korvetten), Uboote, Aufklärungsschiffe und Spezialisierte Einsatzkräfte mit Kampfschwimmern und Minentauchern sowie Marineschutzkräfte. Sie sind den Einsatzflottillen 1 und 2 typübergreifend zugeordnet, deren Stäbe in Kiel und Wilhelmshaven stationiert sind. Damit sind die früheren fünf Flottillen als Typkommandos entfallen, ohne jedoch die Struktur der typgebundenen Geschwader aufzugeben. Der Bereich der Seeluftstreitkräfte mit den Marinefliegergeschwadern 3 und 5 ist dem Flottenkommando direkt unterstellt.

Die Einheiten der Flotte durchlaufen einen Betriebs- und Erhaltungszyklus, in dessen Verlauf etwa 40% als rasch verfügbare Einheiten operativ eingesetzt werden können. Damit kann die Marine aus dem Gesamtbestand der Flotte fast die Hälfte der Streitkräfte gleichzeitig über längere Zeiträume für Krisenoperationen abstellen.

Grundsätzlich sind allerdings alle Einheiten der Flotte zu Krisenreaktionseinsätzen befähigt. Sie sind darauf ausgerichtet, auf Konflikte und zur Krisenbeseitigung verzugslos zu reagieren und im Rahmen der

Bündnisse oder anderer internationaler Kooperationsformen schnell, wirksam und durchhaltefähig eingesetzt zu werden.

Dem Flottenkommando und den zwei Einsatzflottillen angegliedert sind drei Einsatzstäbe, die kurzfristig aufgabenbezogen zur Führung maritimer Operationen zusammengestellt und eingeschifft werden können, ohne hierbei auf den unterstellten Bereich zurückgreifen zu müssen. Mit einer Verzahnung der Fähigkeitskategorien
- Führungsfähigkeit,
- Nachrichtengewinnung und Aufklärung,
- Mobilität,
- Wirksamkeit im Einsatz,
- Unterstützung und Durchhaltefähigkeit sowie
- Überlebensfähigkeit können vom Flottenkommando zur verbundenen Seekriegführung unterschiedliche Seekriegsmittel lageabhängig und modular zu integrierten Einsatzverbänden zusammengefasst werden.

Flottenkommando

Einsatzflottille 1
- 3. Minensuch. Geschwader
- 4. Minensuch. Geschwader
- Spezialisierte Einsatzkräfte Marine
- Marineschutzkräfte
- 1. Korvetten Geschwader
- 7. Schnellboot Geschwader
- 1. Uboot Geschwader
- Ausbildungszentrum Uboote

- Marineflieger Geschwader 3
- Marineflieger Geschwader 5
- Schiffahrtsmedizinisches Institut der Marine

Einsatzflottille 2
- 3. Fregatten Geschwader
- 4. Fregatten Geschwader
- Tross Geschwader

Struktur der Flotte (links).
MHQ mit Lagezentrum (rechts).

The Navy's fleet command structure (left). Inside the MHQ's ops-centre (right).

Einsatzflottille 1

Mit dem Ziel der verstärkten Einsatzorientierung bei gleichzeitiger Straffung der Organisationsstrukturen wurden die Schiffs- und Bootsflottillen der Deutschen Marine in zwei Einsatzflottillen zusammengefasst.

Die drei eigenständigen Bootsflottillen (Flottille der Minenstreitkräfte, Schnellbootflottille und Ubootflottille) wurden zur Einsatzflottille 1 zusammengefasst mit ihren Stützpunkten Kiel, Eckernförde und Warnemünde.

In diesen Stützpunkten befinden sich acht Geschwader und Bataillone mit mehr als 4.000 Soldaten und zivilen Mitarbeitern sowie 60 schwimmende Einheiten. Der Sitz des Stabes der Einsatzflottille 1 ist in Kiel. Hier sind stationiert:
- das 3. Minensuchgeschwader mit dem Stab, der Systemunterstützungsgruppe, je fünf Minenjagdboote der Klasse 332 und 333 sowie den Tendern RHEIN und WERRA. Ein MJ 332 ist als Nachfolger für das Minentaucherboot MÜHLHAUSEN in 2007 geplant,
- das 5. Minensuchgeschwader mit dem Stab, der Systemunterstützungsgruppe, fünf Hohlstablenkboote Klasse 352 mit insgesamt 18 Fernlenkdrohnen Typ SEEHUND, dem Tender MOSEL sowie vier ehemalige Minenjagdboote Klasse 332 als Plattform für die Marineschutzkräfte (MSK).

In Eckernförde befinden sich die Marineschutzkräfte (MSK), Spezialisierte Einsatzkräfte der Marine (SEKM) mit den Minentaucherbooten MÜHLHAUSEN und LANGEOOG sowie den Landungsbooten LACHS und SCHLEI, das Ausbildungszentrum Uboote (AZU) sowie das 1. Ubootgeschwader mit dem Stab, der Systemunterstützungsgruppe, zehn Booten der Klasse 206A, den vier neu zugelaufenen Booten der Klasse 212A, dem Tender MAIN sowie drei Flottendienstbooten.
Im Stützpunkt Hohe Düne in Warnemünde bleibt das 7. Schnellbootgeschwader mit dem Stab, der System-

unterstützungsgruppe, 10 Booten der Klasse 143A und dem Tender ELBE stationiert, sowie das neue 1. Korvettengeschwader mit dem Stab, der Systemunterstützungsgruppe, 5 Korvetten K130 BRAUNSCHWEIG Klasse und dem Tender DONAU.

Uboote

Die Uboote werden im gesamten Einsatzgebiet der Deutschen Flotte eingesetzt. Bereits in Friedenszeiten operieren sie gleichermaßen in den heimischen Gewässern von Nord- und Ostsee wie auch im Nordatlantik, der Norwegensee oder dem Mittelmeer.

Mit ihrer modernen Ausrüstung und hohen Kampfkraft sind Uboote zu einem unverzichtbaren Bestandteil zukunftsorientierter Flottenverbände geworden. Ihre Überlegenheit gegenüber Überwasserstreitkräften, die Möglichkeiten zum ungesehenen, aber koordinierten Einsatz und ihre Fähigkeit zu Operationen in vom Gegner überwachten Seegebieten geben Ubooten ein vielseitiges Verwendungsspektrum.

So werden sie gleichermaßen zur Verteidigungsvorsorge im eigenen Küstenvorfeld, zur permanenten Sicherung der Seeverbindungen, zur weiträumigen Seegebietsüberwachung als strategische Basis oder zur Verstärkung von Überwasserverbänden eingesetzt.

Abhängig von Konfiguration, Antrieb und Ausrüstung mit Geräten und Waffen können Uboote wirkungsvoll als Raketenträger gegen Land- oder Seeziele, als Torpedoträger gegen Überwassereinheiten und in der U-Jagdrolle gegen Uboote, als verdeckt operierende Aufklärungseinheit zur weiträumigen Seegebietsüber-

Voll voraus mit 240 Umdrehungen für Klasse 206A Uboot U28. / Class 206A submarine U28 at maximum surface speed of 240 rpm.

wachung, als stiller Beobachter zur Erstellung eines Lagebildes oder im Rahmen der Minenkriegführung als Minenleger eingesetzt werden.

Für die deutschen konventionellen Nicht-Nuklear-Uboote gilt aktuell die Brennstoffzelle in Verbindung mit einer Fahrbatterie als wirkungsvollste, technisch ausgereifte und operativ ausgewogene Alternative. Mit ihr können die Uboote jetzt auch langzeitig im Unterwasserdauerbetrieb eingesetzt werden. Die operativen Einschränkungen des Schnorchelbetriebes entfallen. Verdeckte Einsätze bis zu 60% der Missionszeit sind möglich geworden, hohe Spitzengeschwindigkeit im Batteriebetrieb bleibt erhalten und Wärme- und Geräuschabstrahlung sind auf ein Minimum reduziert. Konventionelle Uboote haben mit der neuen Brennstoffzellen-Technologie deutlich an Operati-

onsfreiheit in Tiefe, Raum und Zeit gewonnen. Sie können offen oder verdeckt eingesetzt werden, zur Erstellung des Lagebildes des Befehlshabers in See oder an Land beitragen, einzeln oder im Verbund operieren und sind auch mit Waffeneinsatz bei friedenserhaltenden Maßnahmen einsetzbar.

Im Ausbildungszentrum Uboote (AZU), der einzigen „Schule" der Flotte, wird die ubootspezifische Ausbildung durchgeführt. Es ist verantwortlich für die Ausbildung des gesamten Ubootpersonals. Neben dem theoretischen Unterricht und der Ausbildung an der schiffstechnischen Landanlage wird an Simulatoren sowohl der Einsatz der Operationszentrale (OPZ) mit dem gesamten OPZ-Team am Taktiktrainer als auch für den Bereich der Schiffstechnik ausgebildet.

Die Ausbildung ist so umfassend und abgerundet, dass eine Nachschulung an Bord der engen und kleinen Boote nur noch in geringem Maße erforderlich ist. Zwar kann die Ausbildung an dem Taktiktrainer die Ausbildung in See nicht ersetzen, bietet jedoch dem Führungsteam der Uboote eine praxisnahe und abgerundete Ausbildung, um die Bordausbildung deutlich zu verkürzen.

Im AZU werden alle Handgriffe so lange geübt, bis der Dienstposten an Bord übergangslos übernommen werden kann (unten). Im Tiefensteuersimulator kann das Halten von Lastigkeit unter extremen Bedingungen geübt werden (rechts). / In the submariner's training facilities crews train on air and water management as well as depth-keeping simulators (below and right).

Einheiten des 1. Ubootgeschwaders

U15, U16, U17, U18, U23, U24, U25, U30, U31, U32, U33, U34
Tender MAIN
Flottendienstboot ALSTER, OSTE und OKER.

Klasse 206A

Die Boote dieser Klasse wurden zwischen 1973 und 1975 als Klasse 206 gebaut und 1987 bis 1993 kampfwertgesteigert und modernisiert zur Klasse 206A.

Wegen ihrer geringen Größe und geringen Geräuschabstrahlung sind diese Uboote extrem schwer ortbar. Aus amagnetischem Stahl gebaut und somit minengeschützt, ausgerüstet mit acht drahtgelenkten Torpedos, zusätzlich mit 24 Minen zu bestücken, können sie aufgrund ihrer großen Wendigkeit und der geringen Abmessungen selbst in flachsten Gewässern von ca. 20 m Tiefe operieren.

Technische Daten:

Einsatzverdrängung:	500 t
L/B/Tiefgang:	48,6 / 4,6 / 4,0 m
Antrieb:	dieselelektrisch, Batterien
Geschwindigkeit:	ca. 17 kn
Besatzung:	25
Bewaffnung:	Acht Torpedorohre
	Torpedo DM 2A4 SEEHECHT (drahtgelenkt)
	Minenlegekapazität

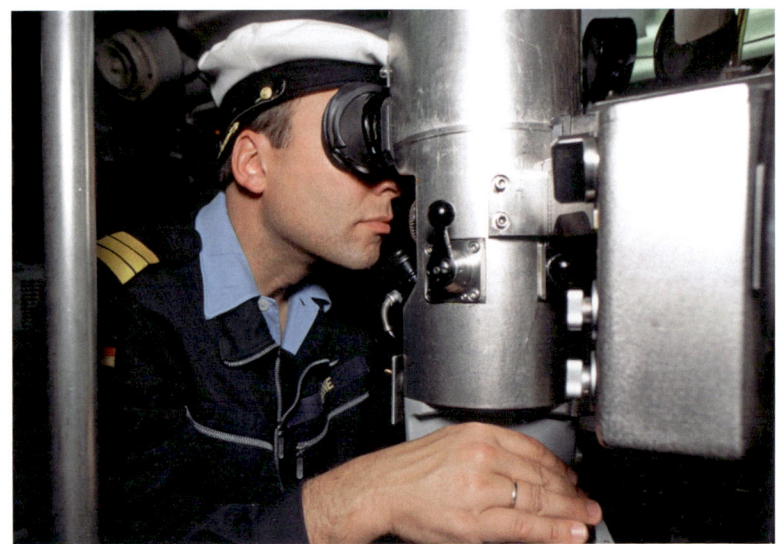

Dienst an Bord der Uboot-Klasse U206A ist eine enge Sache – Disziplin, Kameradschaft und gemeinsame Verantwortung wird von der Besatzung verlangt. / Active service on a Class 206A submarine is a tight squeeze – discipline, responsibility and comradeship are a submariner's buzz words.

Klasse 212A

Mit den Ubooten Klasse 212A erfolgte ein Technologiesprung im konventionellen Ubootbau. Durch den außenluftunabhängigen Antrieb, die Brennstoffzelle, konnte der Einsatz unter Wasser ohne externe Lufterneuerung auf 50% der Einsatzzeit erhöht werden.

Der Druckkörper aus hochelastischem, amagnetischem Stahl, zusammen mit den extrem minimierten Parametern für Magnetik, Druck, Infrarot, Radar, Wasserschall, modernem Betriebs- und Automatisierungskonzept mit Redundanzen, weitreichenden passiven Sensoren zur Zielwertermittlung und Klassifizierung, hoher Waffenzuladung und leistungsfähigem Führungs- und Waffeneinsatzsystem machen die Boote der Klasse 212A zu den zurzeit weltweit effektivsten, konventionellen Ubooten.

Technische Daten:

Einsatzverdrängung:	1.450 t
L/B/Tiefgang:	56,0 / 6,8 / 6,4 m
Antrieb:	Brennstoffzelle, Batterien
Geschwindigkeit:	ca. 17 kn
Besatzung:	27+
Bewaffnung:	Sechs Torpedorohre
	Torpedo DM 2A4
	SEEHECHT (drahtgelenkt)

An Bord U31. Von oben: 1. Notruderanlage. 2. Die OPZ. 3. Dieselaggregat. 4. PEM Motor. 5. Vorraum, ein Teil des Torpedoraumes und Kombimesse für Offiziere und PUOs. 6. Besatzungsunterkunft. 7. Toilettenraum mit BOLDschleuse. / On board U31. From top: 1. Emergency steering. 2 CIC. 3. Diesel engine. 4. PEM motor. 5. Officer and CPO mess. 6. Crew cabin. 7. WC + signal ejector. Right: U33.

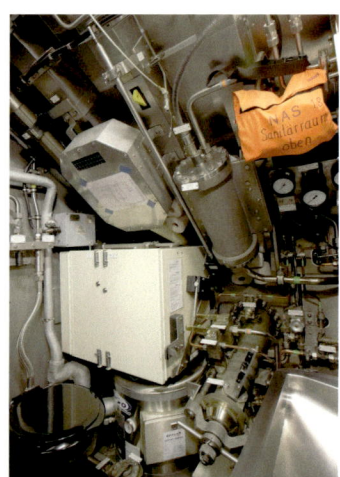

An Bord U33 – mein erster Tag

Oberleutnant zur See Hans Threwe

Es ist an einem Montag im September, morgens um halb acht in Eckernförde, dem Standort der Uboote der Deutschen Marine. Vom Frühling ist noch nichts zu spüren, ein kalter Ostwind weht über die Eckernförder Bucht und lässt mir einen Schauer über den Rücken laufen, als ich die Kasernenunterkunft verlasse und mich auf den Weg zu meinem neuen Kommando begebe.

Ich bin auf dem Weg zu U33.

Schon von weitem sehe ich das Boot an der Pier liegen. Wie ein großer Walfisch mutet es an. In dunklem Grau, der massiv wirkende, sehr niedrige Turm fast mittschiffs, der sich mit seinen Rundungen gefällig in die Bootsform einpasst. Die vorderen Tiefenruder am Turm wirken wie kleine Tragflächen und am Heck ragen die X-Ruder aus dem Wasser. Eine Vertrauen erweckende Form insgesamt. Keine krassen Übergänge, keine „Ecken", kein „Kanten", sondern eben doch wie ein Walfisch, der zur Hälfte aus dem Wasser schaut. Selbst die Ausfahrgeräte wirken nicht fremd, sondern sind in ihrer Form und Höhe eher eine interessante Ergänzung des Bildes.

Dennoch ist es mir etwas unheimlich, als ich die Pier betrete und auf direktem Wege auf das Boot zusteuere. Für die nächsten Tage, Wochen oder Monate werde ich als neues Mitglied der Besatzung hier Dienst tun. Langsam lasse ich meinen Seesack von der Schulter gleiten, als ich die Stellung erreiche. Jetzt nur alles richtig machen, geht es mir durch den Kopf. Nicht unsicher sein, nicht auffallen, sondern selbstverständlich und forsch erst einmal die ersten Schritte an Bord tun. Wie ein Spielfilm läuft die gerade beendete Ubootausbildung vor meinem geistigen Auge ab. Ich betrete das Boot, nicht ohne vorher die Flagge gegrüßt zu haben, und stehe unmittelbar vor dem vorderen Einstiegluk. „Abwärts" rufe ich die Luke hinunter und stehe im selben Moment schon auf der steil nach unten führenden Leiter.

Im Bugraum angekommen, versuche ich mich schnell zu orientieren und wähle den Durchgang nach hinten, auf dem Uboot gibt es kein achtern, erinnere ich mich. Bis zur Zentrale schlängele ich mich durch den schmalen Gang und stehe dort unmittelbar vor dem Kommandanten. Vorschriftsmäßig melde ich mich: „Mit Wirkung von heute an Bord kommandiert". Überwältigt von der vielseitigen Technik auf engstem Raum und in Gedanken schon fast getaucht, da ruft mich die Hand des Kommandanten auf meiner Schulter in die Wirklichkeit zurück. „Herzlich willkommen an Bord, ich freue mich dass Sie da sind, denn wir haben eine

interessante Fahrt vor uns, wo jede Hand an Bord gebraucht wird." Als ich noch darüber nachdenke, ob ich mich über diese „interessante Fahrt" freuen soll oder lieber vorsichtig an die neue Aufgabe herangehe, da setzt der Kommandant auch schon hinzu: „Aber jede Hand an Bord heißt bei uns, dass auch Hand in Hand gearbeitet wird und immer jeder für jeden da ist. Also freuen Sie sich auf die Aufgabe, und wir heißen Sie an Bord als 2 WO herzlich willkommen. Richten Sie sich erst einmal häuslich ein und dann sehen wir weiter."

Ich drehe mich um und habe das Gefühl nun etwas veranlassen zu müssen. Da strecken sich mir einige Hände entgegen und ich werde von den in der Zentrale anwesenden Portepeeunteroffizieren und Unteroffizieren herzlich begrüßt. Eine warme Atmosphäre schlägt mir entgegen, der Teamgeist ist zu spüren und ich fange an, mich wohl zu fühlen. Ein junger Maat hilft mir, meine Sachen unter Deck zu bringen und in meiner Kammer treffe ich den 1 WO, der mich in das Bordleben einführt und mir einen Überblick über das bevorstehende Unternehmen gibt. In kameradschaftlicher Weise wird mir schnell die Scheu des ersten Tages an Bord genommen.

„Musterung" schallt es von Mund zu Mund durchs Boot und schon bin ich

den anderen Besatzungsmitgliedern auf die Pier gefolgt. Der Kommandant bekommt Meldung, gibt einen kurzen Abriss von der bevorstehenden Fahrt und ich werde offiziell begrüßt. Mit dem Befehl „Auf Manöverstation!" endet die Musterung, und jetzt weiß jeder an Bord, wo seine Station für das Ablegemanöver ist. „Kommen Sie mal mit auf die Brücke", sagt der Kommandant zu mir und nimmt mir damit die Überlegung ab, wo ich mich als Neuling an Bord am besten aufhalten kann.

Eisig weht uns auf der Brücke der noch immer starke Nordwind ins Gesicht und ich bin froh, mich rechtzeitig warm angezogen zu haben. Manöveranpfiff, nach einem kurzen Eindampfen in die Spring: „Alle Leinen los und ein!", Manöverabpfiff. Das Boot zieht rückwärts in das Hafenbecken und dreht dann mit „hart Backbord" aus der Hafeneinfahrt in die Eckernförder Bucht.

Keine lärmenden Geräusche, ruhiger sicherer Umgang mit Leinen und Fendern, der starke E-Motor ist

U33 legt rückwärts von seinem Liegeplatz in Eckernförde ab.
U33 running astern, clearing her Eckernförde berth.

nicht zu hören und wie von Geisterhand steuert das Boot lautlos durch die kabbelige See. „Wegtreten von Manöverstation, es fährt die Backbord-Wache!" Wieder rekapituliere ich, heute ist der 20. März, ein gerades Datum, also fährt nach dem Ablegen die Backbord-Wache.

Der Seegang hat etwas zugenommen, und obgleich auf dem Turm das Spritzwasser über die Brücke weht, ist im Boot von dem ungemütlichen Wetter fast nichts zu spüren. Dennoch geht der von allen wiederholte Befehl „Klarmachen zum Tauchen!" wie ein Aufatmen durch die Besatzung. Keine Hektik, schnell und sicher bewegt sich die Besatzung auf ihren Stationen, die Tauchzellenentlüftungen werden entriegelt, die Brücke wird tauchklar gemacht, Flagge und Wimpel eingeholt und in der Operationszentrale werden die Ortungs- und Feuerleitanlagen eingeschaltet.

Nach der Meldung des 1 WO, „Boot ist tauchklar!" kommt der Befehl des Kommandanten „Auf Tauchstation!". Die Brückenbesatzung verschwindet lautlos und schnell durch das Turmluk. Auf der Brücke ist nur noch der Kommandant und nimmt einen letzten Rundblick. „Turmluk ist zu!" wird vom ihm ins Boot gegeben und noch auf der Leiter stehend, das Handrad des Turmluks umfassend, befiehlt der Kommandant: „Fluuuten!". Zur selben Zeit als der Befehl von der ganzen Besatzung wiederholt wird, kommt die Weisung an den

Schiffstechnischen Offizier (STO), der jetzt in der OPZ für das Tauchmanöver verantwortlich ist: „Auf Sehrohrtiefe gehen, Boot einsteuern für voraus 50, ein Grad vorlastig!". Mit großer Spannung habe ich jeden Befehl, jede Reaktion und jede Bewegung verfolgt. Erst jetzt, als die Meldung des STO an den Kommandanten geht: „Boot ist eingesteuert für Sehrohrtiefe, Voraus 50, ein Grad vorlastig!", tritt eine gewisse Entspannung ein.

„Schraubengeräusche in 150 Grad zunehmend", wird jetzt von der passiven Ortungsanlage gemeldet. Der Kommandant geht mit dem Sehrohr in die angegebene Peilung und bestätigt die Geräuschpeilung: „Fregatte Klasse 123, Bug links Lage 80, Entfernung 3000". Er setzt noch erklärend hinzu: „Wird uns in ausreichendem Abstand passieren".

Nur wenige Minuten hat das Tauchmanöver gedauert. Der Kommandant übergibt dem 1 WO das Sehrohr mit der Weisung, die Fregatte im Auge zu behalten, die eingeteilte Wache bleibt auf Station und die Freiwache zieht sich in den Bugraum zurück. Die Bordroutine setzt ein. Für heute, Unterwassermarsch durch die Westliche Ostsee in die Tauchquadrate um Bornholm.

Identifiziert: / Identified:
F123 SCHLESWIG-HOLSTEIN.

Tender MAIN (Kl. 404)

Schwimmendes „Mutter-schiff", Begleiter, Versorger, Zielschiff und Führungseinheit für die Uboote in der Ausbildung und im Friedenseinsatz. Eine

Unterstützungseinheit, die maßgeblich zu dem hohen Ausbildungsstand der Besatzungen beiträgt.

Technische Daten:

Einsatzverdrängung:	3.450 t
L/B/Tiefgang:	99,8 / 15,5 / 4,1 m
Leistung:	2.500 kW (3.400 PS)
Geschwindigkeit:	ca. 15 kn
Besatzung:	40
Bewaffnung:	Fliegerfaust 2 x 20 mm Geschütz
Containerkapazität:	24 Stück

Flottendienstboote OSTE-Klasse (Kl. 423)

Die Flottendienstboote wurden 1988–1989 in Dienst gestellt und sind mit einem Fahrbereich von über 5.000 Seemeilen für langzeitige Aufklärungseinsätze ausgelegt. Zusätzlich zum Stammpersonal können lage- und auftragsabhängig Fernmeldepersonal und Spezialisten für elektronische Aufklärung eingeschifft werden.

Technische Daten:

Einsatzverdrängung:	2.375 t
L/B/Tiefgang:	83,5 / 14,6 / 4,2 m
Leistung:	3.300 kW (4.500 PS)
Geschwindigkeit:	20 kn
Besatzung:	40
Bewaffnung:	keine

Die Schiffe sind als hocheffiziente Frühwarn-, Fernmelde- und Aufklärungseinheiten konzipiert und können sowohl auf sich allein gestellt als auch im Wirk- und Kommunikationsverbund mit anderen Einheiten und Dienststellen deutscher und internationaler Streitkräfte operieren.

Sie sind mit modernen elektromagnetischen, hydroakustischen und elektro-optischen Ortungsgeräten ausgestattet und sind in der Vergangenheit bereits mehrfach mit großem Erfolg für Aufgaben der strategischen Informationsgewinnung in Krisengebieten eingesetzt worden.

Sammelt Informationen: das hoch technisierte Flottendienstboot OSTE. The Class 423 vessel OSTE, a high-tech collector of information.

Schnellboote

Auch für die Schnellboote sind neue Aufgaben im Rahmen internationaler Krisenoperationen hinzugekommen. Hierzu gehören, bei schneller Verlegbarkeit in das entsprechende Einsatzgebiet, die Aufklärung, Überwachung und Sicherung des betreffenden Randmeeres. Der Einsatz in diesen Seegebieten soll dauerhaft und sichtbar möglich sein. Darüber hinaus müssen auch Embargokontrollen durchgeführt werden können. Der Einsatzraum der Boote und Tender erstreckt sich über Nord- und Ostsee von der Norwegensee bis zum Mittelmeer. Auch Operationen in entfernteren Einsatzgebieten, wie der Einsatz im Rahmen Enduring Freedom am Horn von Afrika und Active Endeavour / STROG – Straits of Gibraltar – im Ausgang des westlichen Mittelmeers) sind möglich.

In einem Verteidigungsfall schützen Schnellboote zusammen mit anderen Einheiten der Flotte die eigenen Küsten und bekämpfen gegnerische Seestreitkräfte. Sie operieren im Verbund mit Schiffen, Booten oder Seeluftstreitkräften in den europäischen Randmeeren.

Die geografischen Bindungen an den Bereich Nordeuropa wurden im erweiterten Aufgabenspektrum der Bundeswehr aufgehoben, sodass Einsätze im Rahmen des Bündnisses weit über die bisherigen Grenzen hinausgehen können. Hierbei ist die internationale, partnerschaftliche Zusammenarbeit, die sich bereits über Jahrzehnte im Frieden bewährt hat, von besonderer Bedeutung.

Mit den rechnergestützten Führungs- und Waffeneinsatzsystemen AGIS (Automatisiertes Gefechts- und Informationssystem) gehören die Schnellboote zu den kleinsten NATO-Einheiten, die in der Lage sind, Waffeneinsatzdaten mit anderen Seestreitkräften, Frühwarnflugzeugen AWACS oder Landstationen in Echtzeit auszutauschen.

Große Beweglichkeit, kurze Reaktionszeiten und sicheres Operieren in Randmeeren und engsten Küstengewässern machen die Schnellboote zu einer bedeutenden Komponente in der Seekriegführung. Sie sind spezialisiert auf den Einsatz im Küstenvorfeld und schließen damit die Lücke zwischen den großen Schiffen, die auf Hochseeoperationen optimiert sind, und der Küste.

Einheiten des 7. Schnellbootgeschwaders:
S71 GEPARD, S72 PUMA, S73 HERMELIN, S74 NERZ, S75 ZOBEL, S77 DACHS, S78 OZELOT, S79 WIESEL, S80 HYÄNE, S76 FRETTCHEN, Tender ELBE.

Formationsfahren bei 32 Knoten verlangt volle Konzentration von der FRETTCHEN-Besatzung. Rechts: die S77 DACHS. / Keeping formation at 32 knots is serious business for FRETTCHEN's crew. Right: S77 DACHS.

GEPARD-Klasse 143A

Diese Einheiten wurden aus der ALBATROSS-Klasse weiterentwickelt und verfügen zur verbesserten Abwehr von gegnerischen Flugkörpern statt eines zweiten 76-mm-Geschützes über das RAM-Flugkörpersystem. Statt der Torpedobewaffnung wurden die Boote mit einer Minenlegefähigkeit ausgerüstet.

Neben dem etwas reichlicher bemessenen Platz für die 36 Soldaten der Besatzung verfügen die Boote der GEPARD-Klasse über eine umfassende Klima- und Schutzluftanlage, sodass sie im ABC-Fall im Zitadellenbetrieb gefahren werden können, wodurch das Eindringen kontaminierter Luft verhindert wird.

Technische Daten:

Einsatzverdrängung:	390 t
L/B/Tiefgang:	57,6 / 7,8 / 2,6 m
Leistung:	13.200 kW (18.000 PS)
Geschwindigkeit:	max. 41 kn
Besatzung:	36
Bewaffnung:	1 x 76 mm Geschütz (OTO Melara)
	4 x EXOCET
	21 x RAM
	Minenlegekapazität
	2 x SMG (12,7 mm)
	EloGM

Tender ELBE (Klasse 404)

Technische Daten:

Einsatzverdrängung:	3.450 t
L/B/Tiefgang:	99,8 / 115,5 / 4,1 m
Leistung	2.500 kW (3.400 PS)
Geschwindigkeit:	ca. 15 kn
Besatzung:	51 (82 mit eingeschiffter SUG)
Bewaffnung:	2 x 20 mm Geschütz, Stinger
Containerkapazität:	24 Stück

Marineeinsatzverband 500.02: Drei Klasse 143A Schnellboote, der Tender ELBE, ein Einsatzstab und eine Systemunterstützungsgruppe wurden im Rahmen der NATO-Operation Active Endeavour – Task Group Strait of Gibraltar – ab Oktober 2003, in Cádiz stationiert. Im Rahmen von Begleitschutzaufgaben machen sich die Schnellboote vor Sonnenaufgang klar zum Einsatz. / The German contingent for the NATO Operation Active Endeavour, consisting of three FTPs, a tender, command team and maintenance experts, was stationed in October 2003 in Cadiz. Here the FTPs prepare before sunrise for a long day at sea, missioned to protect ships in transit through the Strait of Gibraltar.

Volle Gefechtsbereitschaft während des Begleitschutzeinsatzes: S63 GEIER, S67 KONDOR und S70 KORMORAN sichern zusammen mit einer spanischen Fregatte, Kampfschwimmern sowie Luftaufklärungsflugzeugen die ungehinderte Durchfahrt des US Versorgungsschiffes SPICA durch den strategischen Engpass des Mittelmeeres, die Straße von Gibraltar. / Guardians at battle stations: A Spanish frigate, seals, a maritime patrol aircraft as well as three German FTBs, the S63 GEIER, S67 KONDOR and S70 KORMORAN, ensure US tender SPICA a safe passage through the Straights of Gibraltar, the Mediterranean's western choke-point.

Korvetten

Mit Blick auf das neue Aufgabenspektrum der Bundeswehr und die veränderten sicherheitspolitischen Rahmenbedingungen werden die zehn verbleibenden Schnellboote der GEPARD-Klasse durch Korvetten der Klasse BRAUNSCHWEIG (K130) ersetzt und damit das Fähigkeitsspektrum erweitert. Sie stellen für die Deutsche Marine ein qualitativ neues Seekriegsmittel dar. Bereits Mitte der 90er Jahre konzipiert, wurden sie der sich verändernden Bedrohung und Aufgabenstellung ständig angepasst.

Die bereits im Bau befindlichen fünf Einheiten tragen den aktuellen Aufgaben der Marine im Randmeerbereich in besonderem Maße Rechnung. Mit der modernen Ausrüstung an Waffen und Sensoren wird die Korvette ein wichtiges Seekriegsmittel sein in streitkräftegemeinsamen sowie in multinationalen Operationen.

Als Aufgaben lassen sich zusammenfassen:
● Präsenz als umfassende Basisaufgabe im Rahmen des jährlichen Ausbildungsauftrages bei Krisenoperationen oder bei der Austragung von Konflikten mit der Androhung von Waffengewalt,
● Überwachen, Sichern und Aufklären im Randmeerbereich,
● Kontrolle des Schiffsverkehrs auf Seeverbindungswegen und im Küstenbereich
● Koordination und taktische Führung von Teilverbänden,
● Integration in Einsatzverbände,
● Bekämpfen von Seezielen sowohl auf hoher See als auch in ausgewiesenen Flachwassergebieten,
● Bekämpfung von Landzielen.

Die fünf zulaufenden Korvetten sind gegenüber den kampfkräftigen, wendigen Schnellbooten

aufgrund ihrer Größe durchhaltefähiger, auch bei extremen Wetterverhältnissen einsetzbar und können mit ihren schlagkräftigen Waffen und vielfältigen Sensoren in die Küste hineinwirken. Dabei können ihre Seezielflugkörper auch gegen Landziele eingesetzt werden. Diese Fähigkeit ermöglicht die maritime Unterstützung von Landoperationen. Durch ihre Größe und Bewaffnung im Zusammenhang mit ihrer weltweiten Verlegefähigkeit, Mobilität und Durchsetzungsfähigkeit über längere Zeiträume sind sie eine ideale Ergänzung der Einsatzverbände für Operationen auch in entfernten Randmeeren. Zusammengefasst im 1. Korvettengeschwader werden die Boote der Klasse 130 BRAUNSCHWEIG, MAGDEBURG, ERFURT, OLDENBURG, LUDWIGSHAFEN mit Tender DONAU in Warnemünde stationiert.

Technische Daten:

Korvetten BRAUNSCHWEIG-Klasse 130

Einsatzverdrängung:	1.850 t
L/B/Tiefgang:	88,7 / 13,2 / 4,35 m
Leistung:	14.800 kW (20.000 PS)
Geschwindigkeit:	> 26 kn
Besatzung:	57
Bewaffnung:	1 x 76 mm Geschütz (OTO Melara)
	2 x 27 mm Geschütz
	4 x schwerer Flugkörper RBS 15MK3
	2 x RAM (je 21 Flugkörper)
	Hubschrauber-Landedeck (12 t)
	Minenlegefähigkeit
	EloGM

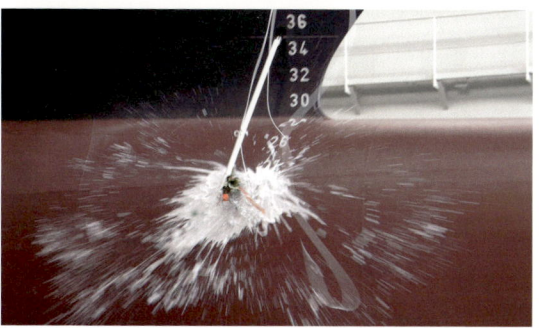

Taufe der Korvette BRAUNSCHWEIG im Dock 12 von Blohm + Voss am 19. April 2006. Corvette BRAUNSCHWEIG's namesgiving ceremony in Hamburg on April 19th 2006.

Minenstreitkräfte

Minen verändern in der Seekriegführung die Geografie, verhindern die Nutzung von Seegebieten und schränken die Operationsfreiheit des Gegners ein. Sie binden oder behindern gegnerische Seestreitkräfte und sind damit ein wirksames Mittel in der verbundenen Seekriegführung.

Wenn durch die neuen Rahmenbedingungen der Flotte heute die Minenabwehrrolle gegenüber dem aktiven Verbringen und Legen von Minen zu Minenfeldern an Bedeutung gewonnen hat, so ist dieses eine Rückkehr zu den ursprünglichen Aufgaben. Minenabwehr zur Reduzierung der Gefährdung und der Einschränkungen der Operationsfreiheit der eigenen Seekriegsmittel durch gegnerische Minen. Dennoch behält der Mineneinsatz, mit der Möglichkeit, gegnerische Kräfte zu binden, in ihrer Operationsfreiheit einzuschränken oder zu vernichten, seine grundsätzliche Bedeutung.

1994 verlegte der Stab der Flottille der Minenstreitkräfte von Wilhelmshaven nach Olpenitz und nahm damit, zusammen mit drei Geschwadern, als erstes Typkommando seine Neuorganisation in einem „Typstützpunkt" ein. 2005 wurde die Flottille der Minenstreitkräfte, wie auch die anderen Flottillen, aufgelöst. Der Stützpunkt Olpenitz wurde geschlossen und die nunmehr der Einsatzflottille 1 unterstellten Minensucheinheiten nach Kiel verlegt.

3. Minensuchgeschwader:

ROTTWEIL (Minentaucherboot), DILLINGEN, HOMBURG, FULDA, WEILHEIM, PASSAU, LABOE, HERTEN, KULMBACH, ÜBERHERRN, Tender WERRA, Tender RHEIN.

5. Minensuchgeschwader:

HAMELN, PEGNITZ, SIEGBURG, ENSDORF, AUERBACH, Tender MOSEL. Als MSK-Einheiten: BAD RAPPENAU, BAD BEVENSEN, GRÖMITZ, DATTELN.

Minensuchboote vor der Verlegung von Olpenitz nach Kiel.
Minesweepers before relocating to Kiel from Olpernitz.

AUERBACH/OPF

Minenjagdboot FRANKENTHAL-Klasse (Kl. 332)

Die Boote sind ausgerüstet mit einem Bug-Sonar, mit digitalem Signalprozessor und synthetischer Bilddarstellung. Die sehr wirkungsvolle Identifizierungs- und Minenvernichtungsdrohne PINGUIN ortet mittels einer Videokamera und einem hochauflösenden Nahbereichssonar. Mittels abwerf- und fernzündbarer Minenvernichtungsladungen kann sie sowohl gegen Ankertau- als auch gegen Grundminen eingesetzt werden.

Technische Daten:

Einsatzverdrängung:	660 t
L/B/Tiefgang:	54,4 / 9,2 / 2,84 m
Leistung:	4.080 kW (5.550 PS)
Geschwindigkeit:	ca. 18 kn
Besatzung:	41
Bewaffnung:	1 x 40 mm Geschütz
	Fliegerfaust
	Minenjagd und Minenlegekapazität

Minensucher GRÖMITZ (unten) setzt die wirkungsvolle Identifizierungs- und Minenvernichtungsdrohne PINGUIN ein (rechts).

Minesweeper GRÖMITZ (below) deploys the PINGUIN remote vehicle for mine identification and neutralization (right).

Minenjagdboot KULMBACH-Klasse (Kl. 333)

Diese Minenjagdboote sind Zweirollenfahrzeuge, die sowohl Minen legen als auch Minen räumen können. Die Ausrüstung mit der Minenjagdführungsanlage TAKIS und einer Minenjagdsonaranlage dienen der Hauptaufgabe, der Minenjagd. Die georteten Grund- oder Ankertauminen werden, mit der weltweit einmaligen Einwegdrohne SEEFUCHS, vernichtet. Eine mobile Minentauchereinheit kann zusätzlich eingeschifft werden.

Technische Daten:

Einsatzverdrängung:	645 t
L/B/Tiefgang:	54,4 / 9,2 / 2,84 m
Leistung	4.080 kW (5.550 PS)
Geschwindigkeit:	ca. 18 kn
Besatzung:	43 + 3
Bewaffnung:	2 x 40 mm Geschütz
	Fliegerfaust
	Minenjagd- und Minenlegekapazität

Minensuchboot ENSDORF-Klasse (Kl. 352)

Die Minensuchboote der Klasse 352 setzen sich aus den zu Lenkfahrzeugen umgebauten Booten der Klasse 343 und den 18 modernisierten Fernlenkgeräten SEEHUND zusammen. Das Einsatzverfahren TROIKA PLUS sieht vor, dass bis zu vier unbemannte SEEHUNDE mit aktivierten Minenräumanlagen vom Lenkfahrzeug aus ferngesteuert werden. Das außerhalb des Minenfeldes stationierte Lenkfahrzeug ist mit einem Minenmeidesonar, einer Lenk- und Überwachungseinrichtung für die Fernlenkräumgeräte, Einwegdrohnen SEEFUCHS sowie mit mechanischem Räumgerät ausgerüstet.

Technische Daten:

Einsatzverdrängung:	650 t
L/B/Tiefgang:	54,4 / 9,2 / 2,84 m
Leistung:	4.080 kW (5.550 PS)
Geschwindigkeit:	ca. 18 kn
Besatzung:	45
Bewaffnung:	2 x 40 mm Geschütz
	Fliegerfaust
	Mech. Minenräumgerät
	4 x Hohlstab-Fernräumgeräte

Minensuchboot ENSDORF. / Minesweeper ENSDORF in a tight turn.

SEEHUND

Minenlegekapazität

Minenjagdkapazität im Flachwasserbereich (bis 25 m) vorzugsweise gegen Ankertauminen mittels Minenvernichtungsdrohne Seefuchs

Mehrzwecklandungsboote
SCHLEI und LACHS

Diese kleinen, wendigen Einheiten gelten als „Arbeitsboote" der Flotte. Sie werden für Personen- und Materialtransporte über See eingesetzt, sind aber auch für Minenlegeaufgaben einsetzbar.

Auf diesen Booten, die den Spezialisierten Einsatzkräften der Marine unterstellt sind, fahren Portepeeunteroffiziere als Kommandanten.

Technische Daten:

Einsatzverdr.:	66 t
L/B/Tiefgang:	40 / 8,8 / 2,1 m
Leistung:	325 kW (440 PS)
Geschwindigkeit:	ca. 10 kn
Besatzung:	17
Bewaffnung:	1 x 20 mm Flugabwehrkanone

Links: / Left: SEEHUND. Unten: / Below: SCHLEI.

Spezialisierte Einsatzkräfte der Marine (SEK M)

Die SEK M sind aus der ehemaligen Waffentaucher-gruppe hervorgegangen und bestehen heute aus der Kampfschwimmerkompanie, der Minentaucherkompanie, zwei Marinekompanien für spezielle Operationen, einer Ausbildungsinspektion sowie speziellen Unterstützungs-elementen.

Die Soldaten der SEK M unterliegen aufgrund der speziellen Aufgaben besonderen körperlichen Herausforderungen, für die die körperliche Leistungsfähigkeit ständig in der Ausbildung erneut nachgewiesen werden muss. Die Einsätze dieser Truppe beinhalten:
- den Einsatz bei Spezialoperationen, die ausschließlich durch Kampfschwimmer, die über eine hervorragende Ausbildung und waffentechnische Ausrüstung verfügen, geleistet werden können,
- die Beseitigung von Minen und Kampfmitteln an Land und auf See durch die Minentaucher und den EOD-Zug (explosive ordnance disposal/Kampfmittelbeseitigung),
- die Unterstützung bei der Überwachung von Embargo-maßnahmen durch Boardingkräfte und
- den Einsatz bei speziellen Lagen im maritimen Umfeld zum Befreien und Abbergen von Personen aus bedrohlichen Situationen.

In der Ausbildungsinspektion werden die Soldaten entsprechend ihren Aufgaben ausgebildet. Darüber hinaus werden in dieser Inspektion für die gesamte Marine Spezialausbildungen für die Bereiche Sprengen und Boarding durchgeführt. Zur Unterstützung der Ausbildung stehen im Bereich SEK M die Minensuchboote BAD RAPPENAU, BAD BEVENSEN, GRÖMITZ und DATTELN zur Verfügung.

Die Marineschutzkräfte (MSK) sind aus den Marinesicherungsbataillonen in Glückstadt und Rostock hervorgegan-

SEK M-Taucher sprengen eine 200-kg-Mine.
Specialised Naval Response Force divers
destroy a 200 kg mine.

gen, unterstehen der Einsatzflottille 1 und sind seit 2005 mit ca. 500 Soldaten in Eckernförde stationiert.

Die Aufgabenstellung der Marinesicherungstruppen hat sich in den unterschiedlichen Strukturen der Marine vielfach verändert. Mit ihren oft wechselnden Aufträgen,

● der begrenzten Pionierfähigkeit,
● der Schwerpunktbildung für die Küstensicherung,
● den amphibischen Operationen,
● den Aufgaben im Rahmen der Horstsicherung der Marineflieger,
● der Sicherung der Stützpunkte der Marine und
● den Aufgaben der Sicherung aller landgestützten Marineanlagen waren die Marinesicherungstruppen im Verlauf der Jahrzehnte nach dem Wiederaufbau der Bundeswehr sehr unterschiedlich gegliedert und stationiert. Aus den Sicherungskompanien in den Stützpunkten und der Horstsicherung der Marinefliegergeschwader, mit dem Zentrum der Grundausbildung an der Unteroffizierschule in Plön, entstand nach der Aufstellung von drei aktiven Sicherungsbataillonen in Glückstadt und Rostock das Marinesicherungsregiment mit Bataillon 1 in Glückstadt, Bataillon 3 in Seeth und dem Ausbildungsbataillon in Glückstadt. Im Frühjahr 2004 wurde das Marinesicherungsregiment aufgelöst und ein Bataillon nach Eckernförde verlegt. Durch die Erweiterung der Aufgabenbereiche der Streitkräfte, insbesondere auch im Hinblick auf

den Schutz gegen terroristische Anschläge in Deutschland wie auch in allen weltweit möglichen Einsatzräumen der Marine, ist ein Eigenschutz der Marineeinheiten, der Schiffe, Boote und landgestützten Einrichtungen erforderlich geworden.

Dieses breite Einsatzspektrum und die damit verbundene Einbindung in die Krisenreaktionskräfte der Deutschen Marine rechtfertigen die intensive, vielseitige und gefechtsnahe Ausbildung in allen Gefechtsarten. Dabei bilden die Einsatzgrundsätze für die Jägertruppen einerseits und die marineeigenen Einsatzgrundsätze für die Boarding-Einsätze andererseits die Grundlagen für das Führen, Erziehen und Ausbilden der Soldaten. Sofern zum Erfüllen der Aufgaben Fähigkeiten benötigt werden, die durch die Marine nicht in vollem Umfang abgedeckt werden können, werden diese Aufgaben streitkräftegemeinsam wahrgenommen. Die Bewaffnung und Ausrüstung ist optimiert auf einen vielseitigen, verzugslosen mobilen Einsatz. Eine schlagkräftige gut ausgebildete Truppe, die an Land und an Bord besonders effektiv zu allen Schutz- und Sicherungsaufgaben eingesetzt werden kann.

Boarding im Roten Meer (links). Stützpunktsicherung durch Kampfschwimmer (rechts). / Fast roping in the Gulf of Aden (left). Frogmen protect naval assets (right).

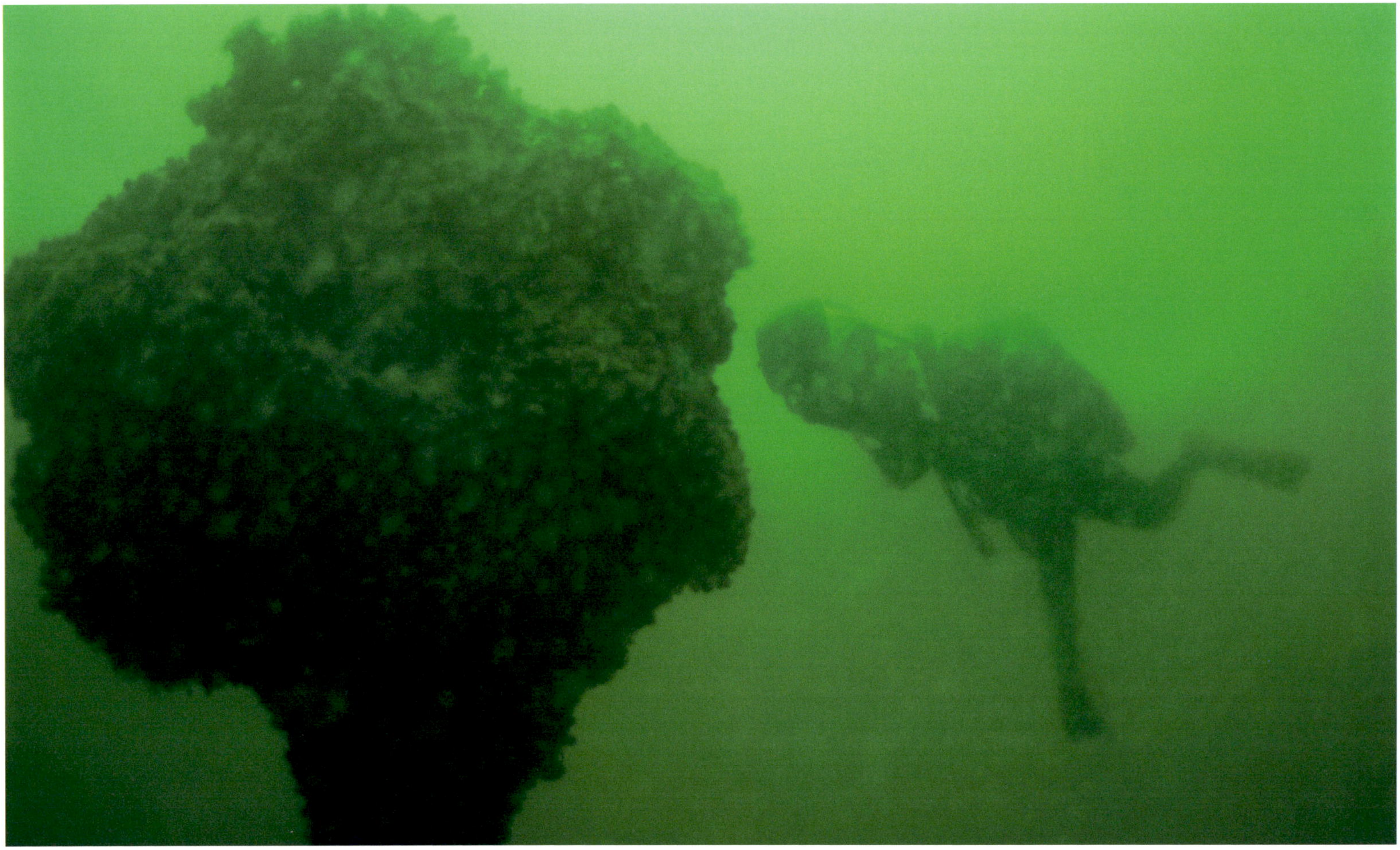

Foto: Lars Kinnemann

SEK M-Taucher bei der Arbeit mit dem Unterwasser-Handsonar-Gerät, an einer mit Muscheln bewachsenen Mine aus dem Zweiten Welkrieg (oben). Sie sind auch Experten für die Identifizierung und Räumung jeglicher Art von Sprengmitteln (unten)./ Specialised Naval Response Force divers identify a barnacle-covered WWII mine with mobile underwater sonar gear (top). Another task is clearing terrain from ordnance (below).

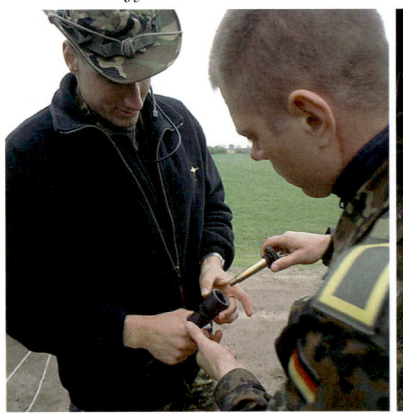

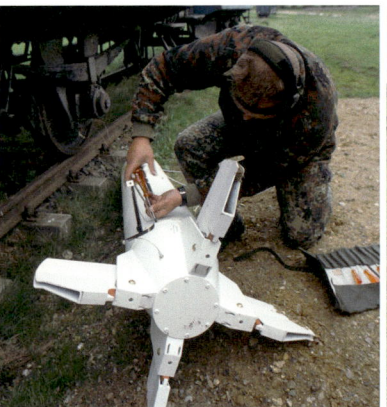

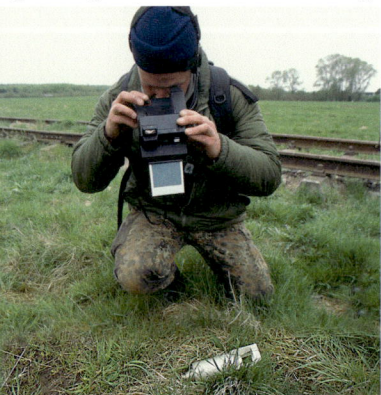

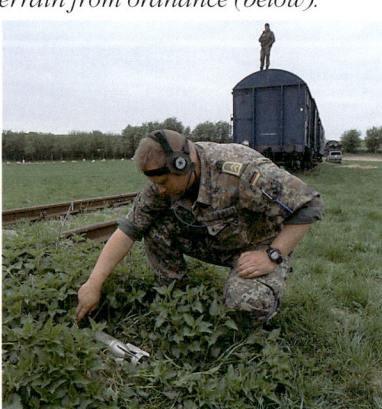

Kampfschwimmer gehören zu den vielseitigsten Einheiten der Marine. Ihre Einsatzorte erreichen sie mittels Fallschirm, Kanu oder durch die gefluteten Torpedorohre eines Ubootes. / Frogmen are one of the Navy's most versatile assets, parachuting, canoeing and diving to their missions, or, as here, being deployed through a submarine torpedo tube.

Einsatzflottille 2

Im Rahmen der Neuausrichtung der Bundeswehr hat auch die Marine einen wesentlichen Beitrag dazu geleistet, sich den neuen einsatzbedingten Erfordernissen anzupassen. In diesem Zusammenhang veränderte die Marine ihre bisherige Struktur von ehemals fünf Typ-Flottillen zu zwei Einsatzflottillen. Der Tradition folgend ist die Einsatzflottille 1 im Ostseeraum und die Einsatzflottille 2 im Nordseeraum, in Wilhelmshaven, stationiert. Die Einsatzflottille 2, im Kern die ehemalige Zerstörerflottille, bildet mit allwetterfähigen Fregatten und einsatzbegleitenden Seeversorgungseinheiten den Kern der weltweit einsetzbaren Komponenten der Flotte. Dabei sind die Einheiten den Eingreif- wie den Stabilisierungskräften zugeordnet.

Als Zentrum eines integrierten Einsatzverbandes decken sie in den drei Auftragselementen
● Landes- und Bündnisverteidigung
● Krisenreaktion
● Kooperation und Hilfeleistung
ein weites Spektrum operativer Fähigkeiten im nationalen Einsatz allein oder im Verbund mit den anderen Teilstreitkräften oder international im Verbund mit anderen Nationen ab.

Führen, Präsenz, Nachrichtengewinnung, Seeraumüberwachung, Sichern von Seegebieten und Seeverbindungen, Embargomaßnahmen, Unterstützen anderer Teilstreitkräfte, Evakuierungen sowie Hilfeleistung in Katastrophenfällen sind Aufgaben, die von den über eine hohe Seeausdauer verfügenden Schiffen jederzeit unverzüglich übernommen werden können.

Marinestützpunkt Wilhelmshaven: Heimat der Einsatzflottille 2. Im Vordergrund die BAYERN bei der Munitionsübernahme. / Wilhemshaven, home port for the 2nd Frigate Squadron. In the foreground: F123 BAYERN's crew members load ammunition.

Eine jemenitische Dhow passiert die BRANDENBURG *und* LÜBECK *im Hafen von Dschibuti.*
Yemenite dhow passes the BRANDENBURG *and* LÜBECK *in the port of Djibouti.*

Das heißt, die als Krisenreaktionskräfte vorgesehenen Schiffe sind nach kurzer Vorwarnzeit in der Lage, auszulaufen und sich zu einem einsatzfähigen und schlagkräftigen Verband zu formieren oder sich in einen vorhandenen Verband zu integrieren, um nationale und/oder internationale Aufgaben zu übernehmen.

Um jederzeit im nationalen wie internationalen Rahmen Führungsaufgaben übernehmen zu können, wurde der Flottille ein Einsatzstab zugeordnet. In einem weiteren Schritt wurden den Geschwadern Personalergänzungselemente angegliedert, um die sehr hohen Einsatzbelastungen der Besatzungen besser abfedern zu können.

Die ehemals vier Fregattengeschwader wurden in zwei Geschwader umformiert. Innerhalb des neuen 2. und 4. Fregattengeschwaders sind die Schiffe wie nachfolgend aufgezeigt zusammengefasst. Im 2. Fregattengeschwader befinden sich die Fregatten der Klasse 123 und 124:
F215 BRANDENBURG, F216 SCHLESWIG-HOLSTEIN, F217 BAYERN, F218 MECKLENBURG-VORPOMMERN, F219 SACHSEN, F220 HAMBURG, F221 HESSEN.

Die acht Schiffe der Klasse 122 unterstehen dem 4. Fregattengeschwader.
F207 BREMEN, F208 NIEDERSACHSEN, F209 RHEINLAND-PFALZ, F210 EMDEN, F211 KÖLN, F212 KARLSRUHE, F213 AUGSBURG, F214 LÜBECK.

Daneben sind – wie bisher – die Versorgungs- und Unterstützungseinheiten unabhängig von ihrem Stationierungshafen im Trossgeschwader zusammengefasst:
Einsatzgruppenversorger Klasse 702 BERLIN
Einsatzgruppenversorger 702 FRANKFURT AM MAIN
Betriebsstofftransporter AMMERSEE
Betriebsstofftransporter TEGERNSEE
Betriebsstofftransporter 704 RÖHN
Betriebsstofftransporter 704 SPESSART
Bergungsschlepper 720B FEHMARN
Seeschlepper SPIEKEROOG
Seeschlepper WANGEROOGE
Munitionstransporter WESTERWALD.

Durch das durch die Politik vorgegebene erweiterte Aufgabenfeld der Bundeswehr in Verbindung mit Verpflichtungen im Rahmen der Zusammenarbeit mit unseren Bündnis- und Partnermarinen hat sich für die Einsatzoption der Fregatten eine

Schwerpunktverlagerung von den Randmeeren (Nord- und Ostsee) und küstennahen Seegebieten hin zur hohen See ergeben. Das Operationsgebiet der Marineeinheiten muss im globalen Zusammenhang gesehen werden. Überall dort, wo die Interessen der Bundesrepublik Deutschland betroffen sind, das gilt auch in Verbindung mit dem Kampf gegen den internationalen Terrorismus, befindet sich das Einsatzgebiet der Marine. Reaktionsfähigkeit, überlegene Fähigkeiten zur Überwasser- und Unterwasserseekriegführung und Flexibilität in der Führung gewinnen deshalb weiter an Bedeutung. Aus diesem Grunde bleibt auch eine ständige Modernisierung und Erneuerung der Fregatten eine bestimmende Größe für Zukunftsplanungen der Flotte.

Mit den Fregatten der Klasse 123 und 124 sowie mit den in der Planung befindlichen Fregatten der Klasse 125 ist, zusammen mit den modernen Einsatzgruppenversorgern, die Einsatzflottille 2 gerüstet, um den gegenwärtig absehbaren Einsatzanforderungen gerecht zu werden.

Fregatten

Die Deutsche Marine beteiligt sich im Schwerpunkt mit Überwassereinheiten an den internationalen schwimmenden Verbänden beim Kampf gegen den internationalen Terrorismus. Aber auch die ständige Präsenz auf den Weltmeeren leistet einen wesentlichen Beitrag zur Sicherung der internationalen Seewege.

Zur Durchführung dieser Aufträge werden in erster Linie die Fregatten und die für die Nachversorgung wichtigen Versorgungsschiffe eingesetzt. Die Fregatten sind in der Lage, aufgrund ihrer hohen Seeausdauer eine ständige Präsenz in einem ihnen zugewiesenen Seegebiet sicherzustellen. Unterstützt werden diese Schiffe durch die Stäbe des 2. und 4. Fregattengeschwaders in Wilhelmshaven. Bei der Einsatzführung durch die Einsatzflottille 2 geht es darum, in einem immer wiederkehrenden Zyklus von Instandsetzung, Ausbildung und Einsatz die einzelnen Schiffe auf ihre Aufgaben vorzubereiten und sie für die jeweiligen Einsätze bereitzustellen bzw. bereitzuhalten.

Neben der Kernaufgabe, dem Herstellen der Einsatzfähigkeit der Schiffe, ist es Aufgabe der Einsatzflottille, die personellen und materiellen Grundlagen für Schiff und Besatzung zu sichern, ständig zu erhalten und zu ergänzen. Das schließt Aspekte der Modernisierung von Gerät und Material sowie der Sicherstellung zweckmäßig-richtiger Ausbildungsinhalte für die Besatzung ein. Während der gesamten „Lebenszeit" der Schiffe werden diese von ihrem Geschwader betreut. Die Ausbildungs- und Übungszeiten werden vorgegeben, der erforderliche Personalwechsel sorgfältig mitgeplant, die Zeiten, in denen die Schiffe in Bereitschaft liegen, festgelegt und die nationalen, bilateralen oder internationalen Einsätze begleitet. Ebenso werden in regelmäßigen Abständen Wartungsarbeiten an Gerät und Schiff vorgesehen und Werftliegezeiten für Überholungsarbeiten und Reparaturen koordiniert.

Waren die Einsätze der Fregatten bis Mitte der 90er Jahre im Wesentlichen auf den Auftrag zur Landes- und Bündnisverteidigung mit dem Schwerpunkt des Schutzes der Küsten, der vorgelagerten Seegebiete und der für den Handel wichtigen Seeverbindungen konzentriert, so stehen nach der veränderten Struktur und Aufgabenzuweisung für die Deutsche Marine jetzt weltweite Einsätze im internationalen und streitkräftegemeinsamen Verbund im Vordergrund. Internationale Kooperation zur weltweiten Friedenssicherung, Krisenbewältigung, Konfliktverhinderung, Bekämpfung des Terrorismus, Einsätze als Reaktionskräfte der NATO Response Force (NRF), Battle Group der Europäischen Union (EU-BG) und als schnelle Eingreifverbände der NATO und EU.

Die acht Fregatten der BREMEN-Klasse F122 und die vier Fregatten der BRANDENBURG-Klasse F123 sind für deren Hauptaufgabe U-Jagd optimal ausgerüstet. Zu dieser Ausrüstung zählt in erster Linie der modernisierte Bordhubschrauber SEA LYNX Mk 88A, von dem jedes Schiff bis zu zwei aufnehmen kann. Mit deren Anwesenheit erhöht sich die Ortungs- und Bekämpfungsreichweite der Schiffe gegen Uboote und Überwassereinheiten um ein Vielfaches.

Aufgrund der modernen Bauvoraussetzungen und Geräteausstattung besitzen die Fregatten eine Besatzungsstärke von ca. 220 Soldaten und Soldatinnen. Beide Schiffsklassen können außer für die U-Jagdaufgaben auch zur Bekämpfung von Luftzielen im Eigenschutz, zur Seezielbekämpfung und zur Landzielbekämpfung eingesetzt werden. Alle Einheiten verfügen über leistungsfähige Radaranlagen zur Feuerleitung, See- und Luftraumüberwachung sowie zur Navigation. Sonargeräte, verzugslose elektronische Informationsübertragung (Link 11, Link 16) und Anlagen zur elektronischen Kampfführung (EloKa-Anlagen FL1800 SII), um gegnerische elektronische Ausstrahlungen aufzufassen und zu analysieren, gehören genauso zur Ausstattung wie eine fernmeldetechnische Ausrüstung, mit der sie in der Lage sind, in nationalen oder internationalen Verbänden Führungsaufgaben zu übernehmen. Bei den Fregatten handelt es sich grundsätzlich um allwetterfähige Mehrzweckkampfschiffe mit hoher Seeausdauer, die für Operationen in der offenen See und für Einsätze in Randmeeren (z.B. Nord- und Ostsee) hervorragend geeignet sind.

Die modernsten und größten Fregatten der Deutschen Marine sind die erst im Jahr 2004/2005 in Dienst gestellten Fregatten der SACHSEN-Klasse F124. Sie sind als Mehrzweckfregatten mit Bordhubschrauber für Geleitschutz und Gebietssicherung konzipiert. Sensoren und Effektoren sind auf die Hauptaufgaben dieser Schiffe der Verbandsführung und Verbandsflugabwehr optimiert. Mit ihrem Hauptsensor dem SMART-L können sie auf eine Entfernung bis zu 400 km ca. 1.000 Luftziele auffassen und verfolgen. Mit ihrem APAR besitzen die Fregatten das erste Multifunktionsradar der Deutschen Marine. Der Bordhubschrauber dient der weitreichenden Seezielbekämpfung und U-Jagd. Mit Zulauf der SACHSEN-Klasse verfügt die Deutsche Marine über besonders vielseitige und durchsetzungsfähige Schiffe.

Klasse 122 und 123 Fregatten LÜBECK und BRANDENBURG im Einsatz im Roten Meer. Class 122 and 123 frigates LÜBECK and BRANDENBURG deployed in the Red Sea.

Fregatte BREMEN-Klasse (Kl. 122)

Technische Daten:

Einsatzverdrängung:	3.800 t
L/B/Tiefgang:	130 / 14,5 / 6,0 m
Leistung:	Leistung: 38.000 kW (51.000 PS)
	Kombination von Dieselmotoren für die
	Marschfahrt und Gasturbinen für die
	Höchstfahrt
Geschwindigkeit:	ca. 30 kn
Besatzung:	219
Bewaffnung:	1 x 76 mm Geschütz
	2 x 20 mm Geschütz
	HARPOON, SEA SPARROW und
	RAM Flugkörper
	4 x U-Jagd-Torpedorohre
	2 x SEA LYNX Bordhubschrauber

Im Einsatz am Horn von Afrika ist für Fregatte LÜBECK der Bordhubschrauber SEA LYNX einer der wichtigsten Sensoren (links).
Eine schwierige Sache: SEA LYNX Landemanöver bei Seegang auf der EMDEN (unten).

The SEA LYNX helicopter is one of the LÜBECK's most important sensors as she patrols off the coast of northern East Africa (left). Landing as the ship rolls is a skilful job for both the SEA LYNX pilot and the EMDEN's flight deck crew (below).

Fregatte LÜBECK am Horn von Afrika

Oberleutnant zur See Boris Heide

Eine Maschinengewehrsalve erschüttert das Schiff. Das simuliert angreifende Speedboot wird bekämpft. Alle sind auf das Schlimmste vorbereitet und warten darauf, die so häufig trainierten Abwehrmaßnahmen anzuwenden.

Simulierte Wassereinbrüche, als Folge feindlicher Waffeneinwirkung, und „gespielte" Verletzte fordern jetzt die ganze Besatzung. Teamwork ist das Wichtigste in dieser Situation, erfahrene Soldaten helfen den Unerfahrenen an Bord. Nach einer Stunde ist die Übung vorbei und der Kommandant zieht ein Resümee. Er ist mit dem Ergebnis sehr zufrieden und stolz auf seine Besatzung. Die Handgriffe und Abläufe sitzen. Die Frauen und Männer an Bord der LÜBECK sind für den fünfmonatigen Einsatz im Operationsgebiet am Horn von Afrika bestens vorbereitet.

„Intelstop! Intelstop!"

Die Fregatte befindet sich vor der Küste Omans und operiert bei brütender Hitze im Überwachungsgebiet der TASK FORCE 150. „Intelstop" heißt vollständig „Intelligence Stop". Diese Bezeichnung steht für Informationsgewinnung und ist gleichzeitig eine Anweisung für eine Gruppe von Soldaten, für das Boarding-Team des Kriegsschiffes. Innerhalb von 30 Minuten muss das Team bereit sein, mit Hilfe eines Speedbootes ein geortetes Fahrzeug nach dessen Zustimmung zu betreten. Die Informationsgewinnung durch

das persönliche Gespräch steht im Mittelpunkt. Auf den Befehl „Intelstop!" reagieren die Soldaten des Boarding-Teams sofort. Ein Oberleutnant zur See ist Boarding-Offizier und leitet den Einsatz. Während an Oberdeck des Schiffes die Stationen an den Maschinengewehren besetzt werden, legen die anderen Soldaten des mobilen Teams ihre Ausrüstung an. Gewehre, Pistolen und schusssichere Westen sind immer mit dabei. Jeder hilft jedem beim Anlegen und Überprüfen der Ausrüstung. „Teamfähigkeit und Einsatzbereitschaft sind gefragt und keine Rambotypen, die sich und andere gefährden", so der Sicherungstruppführer (STF), ein Leutnant zur See.

Der STF sorgt mit seinen Soldaten für die Absicherung empfindlicher Bereiche an Bord der fremden Fahrzeuge. „Die Risiken auf den zu boardenden Fahrzeugen müssen so gering wie möglich gehalten werden. Ein Restrisiko beim

Einsatz bleibt jedoch immer", so der STF weiter. Boarding-Offizier und Sicherungstruppführer begeben sich auf die Brücke des Schiffes, wo der Kommandant den Offizieren die letzten Instruktionen gibt. Weder Aufregung noch Stress herrschen auf der Brücke. Ruhig und bestimmt werden dem Boarding-Team die letzten Informationen und Hinweise gegeben. Letzte Anweisung: „Zwischen dem Kommandanten und dem Boarding-Offizier ist über Funk ständig Kontakt zu halten, damit bei Gefahr rechtzeitig eingegriffen werden kann."

Das sechsköpfige Team besetzt das Speedboot, bevor es zu Wasser gelassen wird. Die Motoren erwecken das Boot zum Leben und es rauscht in Richtung einer Dhow, ein typisches Holzboot dieser Region. Gespannt verfolgen die Soldaten an Bord der LÜBECK die Annäherung und das Längsseitsgehen des Boarding-Teams an der iranischen Dhow. Schnell ist die Lage gesichert, das Team steigt an Bord. Routiniert beginnen die Befragung der Besatzung und die Überprüfung der Schiffspapiere.

Auftrag erfüllt.

Schweißgebadet bei mehr als 40°C, ein Intelteamsoldat sichert seine Kameraden bei einer Dhowüberprüfung (links, rechts). / Sweating it out at over 40°C, an Intelteam soldier covers a dhow boarding team (left, right).

Fregatte BRANDENBURG-Klasse (Kl.123)

Technische Daten:

Einsatzverdrängung:	4.500 t
L/B/Tiefgang:	139 / 16,7 / 4,4 m
Leistung:	38.000 kW (51.000 PS) Kombination von Dieselmotoren für die Marschfahrt und Gasturbinen für die Höchstfahrt.
Geschwindigkeit:	ca. 30 kn
Besatzung:	237
Bewaffnung:	1 x 76 mm Geschütz
	2 x 20 mm Geschütz
	EXOCET, SEA SPARROW und RAM Flugkörper
	4 x Ujagd-Torpedorohre
	Luftzielflugkörper SM 2/ESSM
	2 x SEA LYNX Bordhubschrauber

Kurs Südafrika. Ein eindrucksvolles Bild, wie die F123 BAYERN durch grobe See pflügt (rechts).

Feuererlaubnis! (oben), Feuer aus dem 20-mm Flieger- und Kleinboot-Abwehrgeschütz (links unten), ein Mk 32 mod 9 Torpedo wird zum Abschuss vorbereitet (rechts, unten)

Headed for South Africa, the F123 BAYERN makes an impressive sight as she cuts through rough seas (right).

Setting the code flags for gunnery (above), Open Fire for the 20 mm anti-aircraft / small craft gun (below left), preparing a Mk 32 mod 9 torpedo for launching (below right).

Auf Gefechtsstation auf der Brücke und im schiffstechnischen Leitstand. /At battle stations on the bridge and the ship's power plant control board.

Leben an Bord einer F123 Fregatte: Backschaft, Pantry, Kombüse, Offizierskammer und -messe sowie Mannschaftsmesse

Life off watch on a Class 123 frigate: Galley, officers' cabins, officers' and crew messes.

Fregatte Sachsen-Klasse (Kl. 124)

Foto: PIZ Marine

Technische Daten:

Einsatzverdrängung:	5.600 t
L/B/Tiefgang:	143 / 17,4 / 4,5 m
Leistung:	38.000 kW (51.000 PS) Kombination von Dieselmotoren für die Marschfahrt und Gasturbinen für die Höchstfahrt
Geschwindigkeit:	ca. 29 kn
Besatzung:	237
Bewaffnung:	1 x 76 mm Geschütz Seezielflugkörper HARPOON Luftzielflugkörper SM-2/ESSM RAM Flugkörper Leichtgewichtstorpedos 2 x SEA LYNX Bordhubschrauber

Werfterprobungen des Typschiffes. Insbesondere ist die X-Form des Schiffsrumpfes zu erkennen, die zur Reduzierung der Radarrückstrahlung dient. Im vorderen Mast das APARadar mit den vier Fenstern, die je vier Feuerleitkanäle führen. Der achtere Mast trägt das dreidimensionale SMART-L Long Range Radar. SM-2 Schießen vor Point Mogu /Kalifornien (oben).
The SACHSEN depicted here as she was on extensive type-class sea trials, and during SM-2 launching trials conducted later. Particularly distinctive features of the Class 124 frigate are the X-shaped hull, designed to reduce radar reflection, the forward mast for the APAR (Active Phased Array Radar System) with four faces, which control four fire control channels per face, and the three-dimensional SMART-L long range radar on the stern mast.

Die OPZ-Wache in Flugabwehrbereitschaft während der FOST-Ausbildung. Ruhige, präzise Anweisungen des Kommandanten bei Eingang neuer Informationen (oben, links). Sichtbare Anspannung der Bediener an Ortungs- und Waffenkonsolen (rechts). / Ghosts: The CIC crew on air alert during FOST, an excellence programme conducted off Plymouth. Quiet commands are issued from the SACHSEN's captain as information flows in (top, left). Visible tension for sensor and effector operators (below left, adjacent).

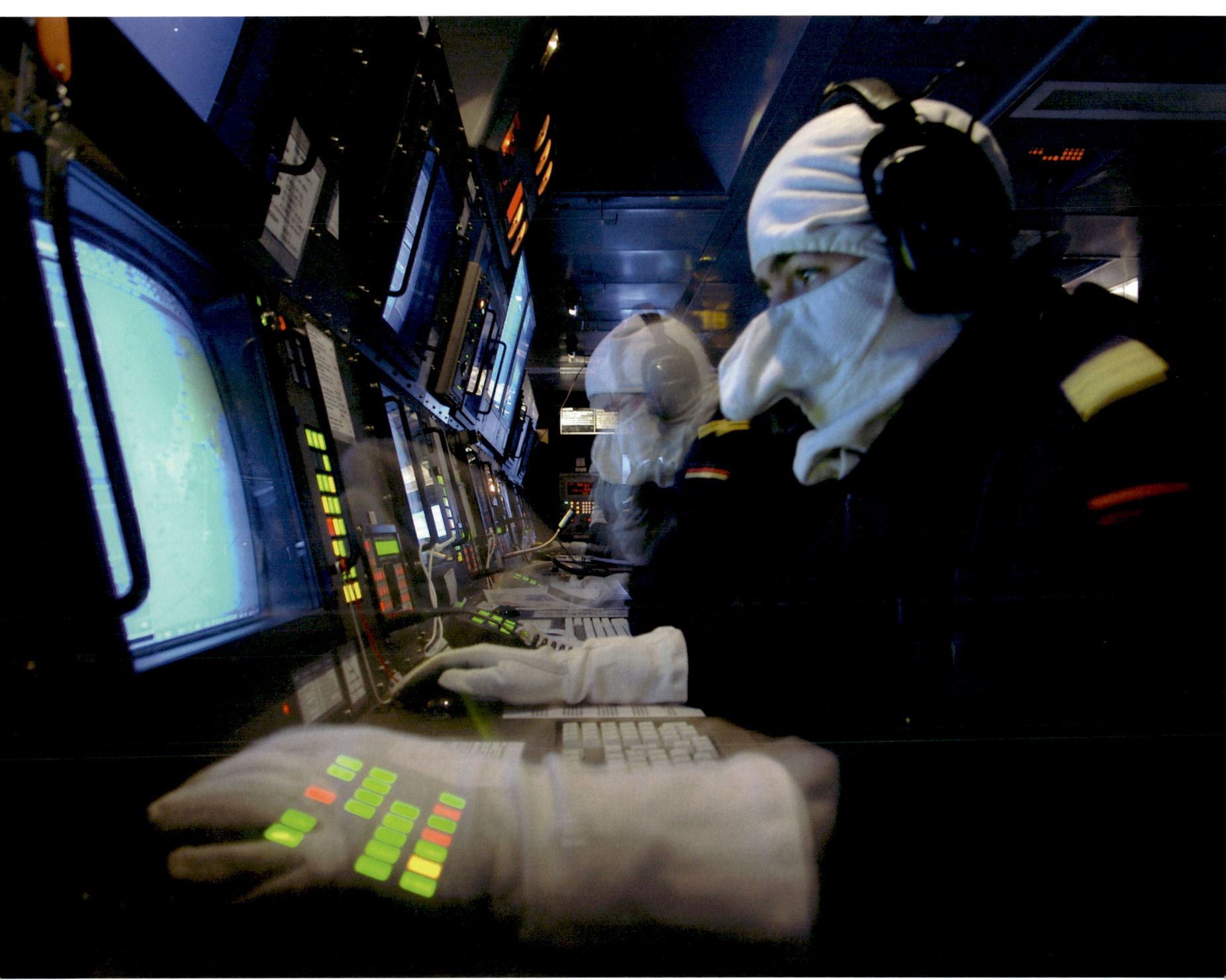

Modernste Einheit der Marine im NATO-Training

Oberleutnant zur See Daniel Auwermann, Gefreiter Torben Gefken

Gespannte Ruhe herrscht an Bord der SACHSEN. Sie soll zusammen mit anderen Marineschiffen einen Frachter eskortieren und muss dabei ein Minenfeld passieren, das nur auf 550 m Breite geräumt ist. Eine sehr schmale Durchfahrt für einen Verband, der insgesamt aus rund 15 Schiffen besteht. Plötzlich wird die Stille von einer krächzenden Lautsprecherstimme durchbrochen. „Besatzung auf Gefechtsstation! Besatzung auf Gefechtsstation! Gefechtsverschlusszustand herstellen! Air Warning RED!" tönt es aus den Bordlautsprechern der Fregatte. Jetzt muss es schnell gehen, denn HAWK-Kampfjets nähern sich mit Schallgeschwindigkeit der SACHSEN. Jedes Besatzungsmitglied eilt auf die zugeteilte Gefechtsstation. Die Schotten werden geschlossen, um die Stabilität des Schiffes zu erhöhen. Das Schiff muss sehr nah an die verminten Bereiche heranfahren, um den Angriffen auszuweichen. In der Operationszentrale wurde zuvor genauestens berechnet, wie weit die SACHSEN von ihrem Track abweichen darf. Auf der Brücke sind alle Augen auf den Rudergänger gerichtet. Mit viel Geschick gelingt es ihm, die SACHSEN sehr genau auf Kurs zu halten. Er folgt genau den Anweisungen des fahrenden Wachoffiziers auf der Brücke.

Die nächste Herausforderung für die Besatzung wartet bereits. Die Kommunikationsanlagen sind ausgefallen und einer der Signäler muss auf klassische Weise arbeiten. Mit Morselampe und Flaggen verständigt sich die SACHSEN mit den anderen Einheiten. In Zeiten von vernetzten Schiffen und computergestützten Waffensystemen an Bord darf die Besatzung nicht vergessen, dass Technik auch ausfallen kann. Traditionelle

Seemannschaft ist auf See immer gefragt. Dieses Szenario absolviert die Fregatte SACHSEN im Zuge des NATO-standardisierten Basic Operational Sea Training. Es ist ein Teil des Flag Officer Sea Training (FOST), einer der besten Marine-Ausbildungsstätten der Welt. Zahlreiche Marinepersönlichkeiten, unter ihnen auch Prinz Charles, nahmen bereits an einem der Trainings des FOST teil.

In der südenglischen Hafenstadt Plymouth machen jedes Jahr unzählige Kriegsschiffe fest. Dabei lassen sich nicht nur NATO-Staaten in den intensiven Ausbildungsabschnitten prüfen. Aber die Fregatte SACHSEN absolviert kein übliches Training. Für die vollständige Ausbildung sind die veranschlagten Zeitfenster nicht ausreichend. Das ist auch nicht das Ziel. Vielmehr entwickelt die Crew gemeinsam mit dem FOST-Stab das künftige Ausbildungsprogramm für die Fregatten der Klasse 124. Die bereits existierende Schiffsorganisation kann und muss hier unter realen Bedingungen überprüft werden.

„Man wird nicht über Nacht eine einsatzfähige Besatzung. Im Frühjahr dieses Jahres haben wir in Neustadt die Schadensabwehr- und Gefechtsausbildung absolviert. In den vergangenen Monaten haben wir häufig die Gelegenheit zur Einzelausbildung genutzt. Ziel ist, die Besatzung aufzubauen. Das Handwerkszeug erhalten sie durch das Training. Jetzt wollen sie unter Beweis stellen, dass sie es unter Einsatzbedingungen anwenden können", erklärt der Kommandant der SACHSEN Fregattenkapitän Volker Buller die Notwendigkeit der Teilnahme am FOST. Die Struktur der Hauptabschnitte ist zwar ähnlich denen der

Schiffe der BRANDENBURG- und der BREMEN-Klasse. Anders verhält sich dies jedoch im Bereich der Luftverteidigung. Ein Schwerpunkt der SACHSEN liegt im Bereich Anti Air Warfare (AAW, Abwehr von Bedrohungen aus der Luft). Die Reichweiten der Effektoren und Sensoren sind für die Aufgabe der erweiterten Luftverteidigung im streitkräftegemeinsamen Rahmen ausgelegt. Um im Verband als Führungsplattform fungieren zu können, kommen die modernsten Kommunikationsmittel zum Einsatz.

Für die SACHSEN-Klasse müssen komplett neue Trainingspläne erstellt werden. „Die Routine und Verfahren liegen vor. Wir nutzen die Erfahrungen der Royal Navy hinsichtlich des Trainings. Entscheidend ist das Feintuning, um die Prozesse zu etablieren. Es wird gleichzeitig weiterentwickelt und überprüft. Der FOST-Stab bietet die Chance, Personal und Technik unter einsatznahen Bedingungen zu testen. Bei dem zu absolvierenden Staff Covered Sea Training legen wir bislang eine sehr starke Lernkurve vor", kommentiert der Kommandant der SACHSEN die Entstehung des Trainingsprogramms.

Das Training stellt höchsten Stress für die Besatzungsmitglieder dar. Trotzdem darf nur möglichst wenig Hektik aufkommen, da sich ansonsten umso größere Fehler einschleichen.

Die SACHSEN verlässt frühmorgens den Royal Navy Stützpunkt Plymouth. SACHSEN leaving the Royal Navy's Plymouth base just after daybreak.

An Bord der SACHSEN sind der Fotograf Peter Neumann und ich für die Redaktion Marine, zusätzlich eingeschifft und können ruhig das Geschehen beobachten. Zusammen berichten wir über die hochwertige Ausbildung. „Die Leser von www.marine.de wollen spannende Geschichten, gute Bilder. Sie wollen wissen, was in der Marine vorgeht", beschreibe ich meinen Einsatz. Peter Neumann macht durch besondere Perspektiven auf die Menschen an Bord aufmerksam. „Jeden Tag warte ich auf das richtige Licht, die perfekte Welle, für das perfekte Foto." Wir sind angereist, um über die Besonderheiten des FOST zu berichten. Das Training der SACHSEN, der modernsten Einheit der Deutschen Flotte, macht die Berichterstattung besonders interessant.

Die Deutsche Marine schickt ihre Einheiten seit über 40 Jahren regelmäßig nach Plymouth. Jede Einheit der Marine muss vor einem Einsatz das FOST-Training absolvieren. Die Deutsche Marine setzt auf die Qualität der Ausbildung, um die Besatzung optimal vorzubereiten. Personal und Material werden an realitätsnahe Grenzbereiche gebracht. Nach der Ausbildung sind die Crews an Bord so eingespielt wie nie zuvor. Es gibt kaum Situationen, auf die sie nicht vorbereitet sind. Sogar die Hafenausbildung, bei der die Besatzung auf terroristische Bedrohungen vorbereitet wird, gehört zum Programm. Die einzelnen Bereiche eines Schiffes erhalten in detaillierten Berichten die Analysen der Searider.

Eine Besonderheit des FOST ist die Internationalität. Marinen verschiedener Nationen bilden Verbände, die mit- oder gegeneinander agieren. Denn in der Praxis werden immer mehr Einsätze neben den ständigen Verbänden multinational durchgeführt.

Als auf der SACHSEN eine kurze Ruhepause auf-

kommt, kehrt für die Besatzung ein Stück weit Alltag ein. Das Mittagessen, heute Gulasch, wartet. Innerhalb von weniger als 70 Minuten müssen 250 Menschen essen. In dieser Zeit muss das Essen gekocht und der Abwasch erledigt sein. Harte Arbeit für die Smuts, die beim „Action Messing" an der zeitlichen Minimalgrenze arbeiten.

Nachdem das Minenfeld passiert ist, steht der Besatzung die Erleichterung ins Gesicht geschrieben, die Gefahr wirkt überwunden. Doch der Schein trügt. Erneut nähern sich HAWK-Kampfjets mit hoher Geschwindigkeit dem Verband, diesmal unterstützt durch Hubschrauber.

Aufgrund ihres leistungsfähigen Radars kann die SACHSEN die Angreifer rechtzeitig erkennen. In der Operationszentrale starrt man gebannt auf die Bildschirme, die Heathrow und Frankfurt am Main gleichzeitig überwachen könnten. Anweisungen werden durchgegeben. Der Rolling Airframe Missile (RAM) wird aktiviert, um die anfliegenden Flugkörper abzuwehren.

Trotzdem erleidet die SACHSEN einen Treffer. Feuer wütet in mehreren Räumen. Obwohl ein Schiff von Wasser umgeben ist, stellt ein Brand an Bord eine der größten Gefahren dar. Die Brandabwehrtrupps eilen von ihren Stationen los. Dicker Rauch verhindert die Sicht. In den engen Gängen wird es zunehmend heißer. Nur unter größten Anstrengungen gelingt es, das Feuer unter Kontrolle zu bringen.

Nach sechs Stunden Stress ist die Übung für diesen Tag beendet. Die Searider an Bord der SACHSEN haben ihre Blöcke mit Notizen gefüllt. Sie sind allesamt erfahrene Portepeeunteroffiziere oder Offiziere, kennen die Schiffe bis ins kleinste Detail. Sollten der Besatzung heute irgendwann Fehler unterlaufen sein, wurden diese von den Searidern bemerkt. Auch die Deutsche Marine

stellt Soldaten im internationalen Team der Searider.

Doch die Searider beschäftigen einen Großteil der Besatzung der Fregatte heute nicht mehr. Ein mehrstündiges Seegefecht ist eine starke physische und psychische Belastung. Was nicht heißt, dass die Besatzung sich nun in ihre Kojen zurückziehen kann. Rund um die Uhr wird eine Seewache gestellt. Denn auch wenn sich die Fregatte nicht im Gefecht befindet, werden viele Menschen gebraucht, um sie in Betrieb zu halten. Die meisten Teile des Schiffes sind ständig besetzt. Egal, ob auf der Brücke, in der Operationszentrale, im Leitstand oder im Maschinenraum. Jeder an Bord muss sich auf den anderen verlassen können. Durch ein Schichtsystem ist die Fregatte jederzeit für alle Situationen gewappnet.

Erst nach dem Einlaufen in den Hafen kommt etwas Ruhe auf. Der Erste Offizier lässt es sich jedoch nicht nehmen, das Schiff wieder in einen Topzustand zu versetzten: Großreinschiff! Die Spuren der Übung müssen beseitigt werden. Nachdem das Schiff gewienert ist, bekommt die Crew ein wenig Schlaf. Bis zum nächsten Tag – weitere Szenarien sind schon geplant.

Für mich und Peter Neumann ist das FOST bereits beendet. Wir werden wieder zurück nach Deutschland fahren, die ersten Ideen für den Artikel und viele Fotos im Gepäck. Denn nicht nur die Besatzung der SACHSEN soll von ihrem Training Eindrücke mitnehmen können.

Britisches Navy Personal beim Check-up der Besatzung der SACHSEN während des FOSTs.

British Navy Officers appraise the SACHSEN crew's performance during the FOST.

Trossschiffe

Die Trossschiffe dienen der operativen Versorgung der Einsatzverbände in See und im Hafen mit Kraftstoffen, Ölen, Schmiermitteln, Frischwasser, Munition, Kantinenwaren, Proviant und Verbrauchsgütern. Aber auch Unterstützungsaufträge für die Marine werden von den Trossschiffen übernommen. So werden beispielsweise Piloten der Bundeswehr in der Bewältigung von Gefahrensituationen in See in Verbindung mit der Nutzung der Notausrüstung geschult. Bei den Tankern, Versorgungsschiffen und Schleppern handelt es sich um militärisch und zivil besetzte ehemalige Handelsschiffe oder nach Handelsschiffstandard gebaute Einheiten. Ausrüstung und Geräte sind, soweit es die Aufgaben erfordern, den militärischen Erfordernissen angepasst. Abgesehen von den Waffen zur Selbstverteidigung auf den militärisch besetzten Schiffen verfügen die Trossschiffe über keine Waffensysteme.

Die Einsatzgruppenversorger der Klasse 702 (EGV) BERLIN und FRANKFURT AM MAIN sind an die veränderten Einsatzbedingungen der Marine angepasst. Sie haben die schwimmenden Verbände der Deutschen Marine, den Schwerpunkt bilden hier die Fregatten, weltweit, unmittelbar und einsatzdirekt logistisch und sanitätsdienstlich zu unterstützen und die Versorgung von Einsatzgruppen für ca. 45 Seetage sicherzustellen, ohne dass eine Abstützung auf landgebundene Einrichtungen erforderlich wird. Als Aufgaben sollen von den EGV wahrgenommen werden:
- Versorgung mit Munition, Ersatzteilen, Sanitätsmaterial, Kraft- und Schmierstoffen, Proviant, Frischwasser und Marketenderwaren. (Der Kraftstoffvorrat beträgt ca. 9.000 m^3, das Frischwasser wird aus eigenen Frischwassererzeugern mit einer Tagesleistung von 60 m^3 gewonnen, bis zu 230 t Proviant können mitgeführt werden. Die Versorgung kann in See als Querabversorgung sowie als Heck-Bug-Versorgung durchgeführt werden.)
- Sicherstellen der sanitätsdienstlichen Unterstützung in der präklinischen Erstversorgung durch optional an Bord integrierte Sanitätscontainer. An Bord kann ein Marineeinsatzrettungszentrum (MERZ) mitgeführt werden, um die in See befindlichen Einsatzgruppen der Marine medizinisch zu versorgen. Es schließt die Lücke zwischen sanitätsdienstlicher Erst-

RAS von BERLIN zur EMDEN in der Nordsee (links), FRANKFURT AM MAIN übernimmt Container im Hafen von Dschibuti. Die grauen Container Mittschiffs bilden das MERZ (rechts). / RAS for the EMDEN on the North Sea from the BERLIN (left), FRANKFURT AM MAIN loads containers in Djibouti. The MERZ consists of the grey containers midships (right).

versorgung an Bord und klinischer Versorgung an Land. Diese Fähigkeiten können insbesondere auch bei humanitären Hilfeleistungen oder bei der Unterstützung von Landoperationen eingesetzt werden.

● Unterbringung und Betrieb von zwei Hubschraubern SEA KING Mk 41 oder später MH 90 für den Lufttransport von Personal, Material und Patienten sowie für den Rettungsdienst.

● Entsorgung von Müll, Abwasser, Alt- und Schmutzöl der Einsatzgruppen. (Die Entsorgung und Lagerung von überwachungspflichtigen Abfällen wird sichergestellt. Der Müll wird an Bord getrennt, gelagert und später im Hafen an Entsorgungseinrichtungen abgegeben. Eine Abwasseraufbereitungsanlage klärt Grau- und Schwarzwasser, das Bilgenwasser wird in der bordeigenen Entölungsanlage verarbeitet.)

● Transport von standardisierten Containern und Kühlcontainern. (78 seeverlastbare Standard-20-Fuß-Container können, in zwei Lagen gestapelt, mitgeführt werden.)

● Wahrnehmung von Teilaufgaben einer Führungsplattform für Einzelverbände.

● Bereitstellung von Betreuungseinrichtungen zur Erhaltung der Leistungsfähigkeit der Besatzungen der Einsatzgruppen.

● Abwicklung der laufenden Nachversorgung aus dem rückwärtigen Bereich.

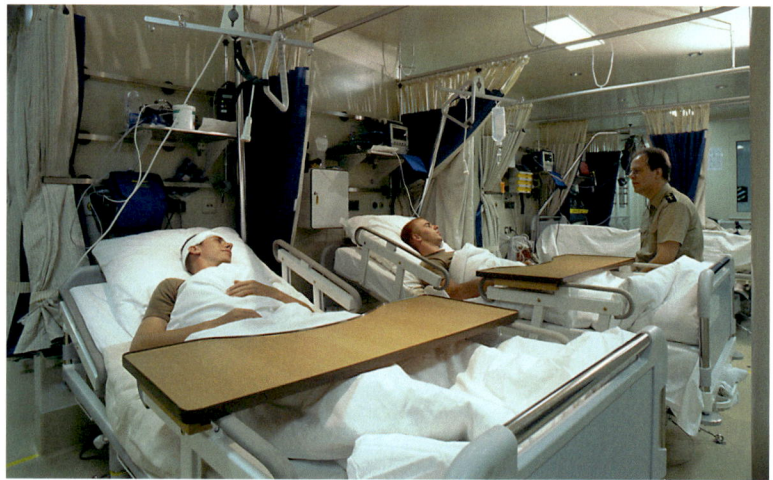

Einsatzgruppenversorger Klasse 702
Technische Daten:

Einsatzverdrängung:	ca. 20.240 t
L/B/Tiefgang:	174 / 24 / 7.4 m
Geschwindigkeit:	ca. 20 kn
Besatzung:	139 + 94 Soldaten
Fahrtstrecke:	10.560 sm
Bewaffnung:	4 x 27 mm Geschütz
	Fliegerfaust künftig mit dem Marineleichtgeschütz LG27 der Firma Mauser
	2 x SEA KING Bordhubschrauber, später MH 90

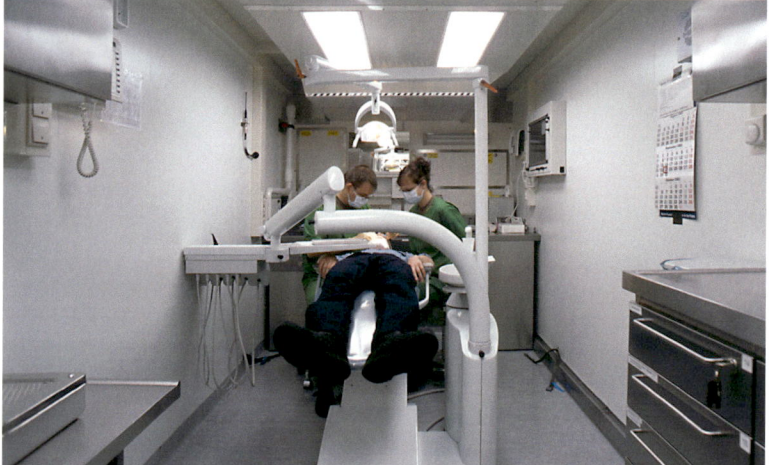

Neben den beiden Einsatzgruppenversorgern stehen der Marine weitere Tanker und Transportschiffe zur Verfügung, um den Bedarf der Einsatzschiffe/-gruppen in See zu decken.

Im Marineeinsatzrettungszentrum (MERZ) der FRANKFURT AM MAIN: Bettenstation und Zahnarztstation und Panoramaröntgengerät. Containerised medical rescue coordination centre on the FRANKFURT AM MAIN: Hospital, dentist's station and panorama X-ray equipment.

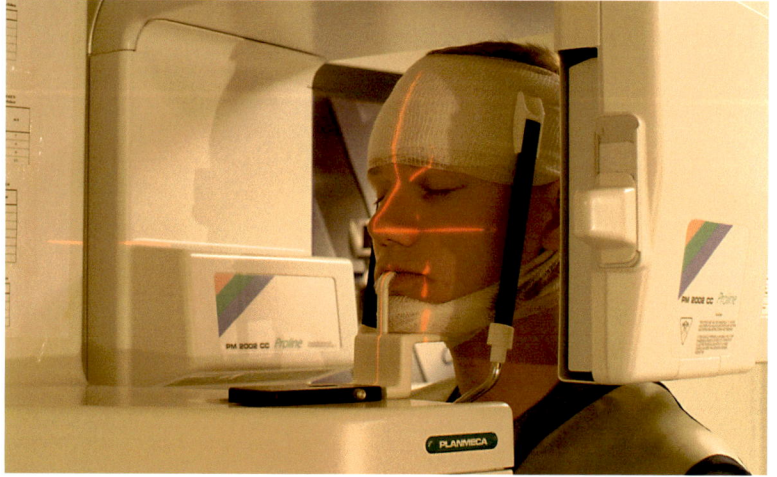

Schnellboot FRETTCHEN *liegt längsseits des Betriebsstofftransporters* AMMERSEE *zur Kraftstoffübernahme, während der Waffenmeister das Geschützrohr reinigt (oben),* SPESSART *(unten). /*
FTB FRETTCHEN *alongside the auxiliary* AMMERSEE *for refuelling whilst her gun is cleaned (above)* SPESSART *(below).*

Betriebsstofftransporter
Klasse 704 RHÖN, SPESSART
Technische Daten:

Einsatzverdrängung: 14.169 t
L/B/Tiefgang: 130/19/8,7 m
Geschwindigkeit: 16 kn
Besatzung: 42
Bewaffnung: keine

Transporter
Klasse 760 WESTERWALD
Technische Daten:

Einsatzverdrängung: 4.032 t
L/B/Tiefgang: 105/14/3,7 m
Geschwindigkeit: 16 kn
Besatzung: 60
Bewaffnung: 2 x 4 cm
Geschütz

Betriebsstofftransporter
Klasse 703
AMMERSEE, TEGERNSEE
Technische Daten:

Einsatzverdrängung: 2.174 t
L/B/Tiefgang: 74/11/4 m
Geschwindigkeit: 12,5 kn
Besatzung: 21
Bewaffnung: keine

91

Marineflieger

Der Auftrag der Marineflieger leitet sich aus dem Auftrag der Flotte ab und lässt sich allgemein formuliert mit „Führung des Seekrieges aus der Luft" bezeichnen.

Die Seeluftstreitkräfte sind integraler Bestandteil der Flotte und werden für die Auftragserfüllung, gemeinsam mit den Über- und Unterwassersee-streitkräften, zu Einsatzverbänden zusammen-gestellt. Sie verfügen über die für Kriseneinsätze geforderte Mobilität und sind aus dem Übungs-betrieb heraus verzugslos in der Lage, die von ihnen geforderten Einsatzoptionen zu erfüllen.

Die Ausbildung der Besatzungen sowie die Aus-rüstung und Bewaffnung der Flugzeuge tragen den speziellen Verhältnissen des Einsatzes über See in besonderem Maße Rechnung. Aus dem all-gemein formulierten Auftrag lassen sich folgende Hauptaufgaben herleiten:

- Aufklärung (Foto/Sicht) und Seeraumüber-wachung in den Einsatzgebieten der Marine,
- fernmelde-elektronische Aufklärung,
- Bekämpfung feindlicher Überwasserstreit-kräfte,
- Bekämpfung feindlicher Uboote und
- Durchführung des SAR-Dienstes.

Die Flottille der Marineflieger wurde zum 31. Juni 2006 aufgelöst und die Marinefliegerge-schwader 3 und 5, anders als die schwimmen-den Einheiten der Marine, direkt dem Flotten-kommando unterstellt. Die Kommodores der Geschwader sind also dem Befehlshaber der Flotte für die Herstellung und Erhaltung der Einsatzbereitschaft der ihnen anvertrauten Einheiten im direkten Unterstellungsverhältnis verantwortlich.

Marinefliegergeschwader 3 „Graf Zeppelin"

Dem Geschwader unterstehen derzeit noch vier Bréguet Atlantic als Maritime Patrol Aircraft als U-Jagd-Flugzeuge und Seefernaufklärer, die allerdings bis Ende 2006 außer Dienst gestellt werden. Als Nachfolger werden derzeit acht P-3C Orion aus dem Bestand der niederländischen Marine übernommen. Bei diesem Waffensystem handelt es sich um ausgewiesene und anerkannte Mehrzweck-Waffensysteme, die eine ausgezeich-nete Plattform für Joint Operations bilden.

Die zwei Bréguet Atlantic als SIGINT-Version werden ab 2010 durch UAV ersetzt werden. Zum 1. August 2006 verfügt das Marinefliegergeschwa-der 3 über acht U-Jagd P-3C Orion, zwei BR 1150 Atlantic SIGINT-Version und 22 Sea Lynx Mk88a Bordhubschrauber.

Bréguet Atlantic BR 1150

Die Bréguet Atlantic hat sich fast 40 Jahre als U-Jagd-Flugzeug und Seefernaufklärer bewährt und wird nun 2006 in der Marine auslaufen. Damit wird ein Waffensystem ersetzt, das im nationalen und internationalen Einsatz, im Bereich Nordeuropa, im Indischen Ozean, am Horn von Afrika oder in Operationen von Mombasa/Kenia eingesetzt war.

Technische Daten:

Spannweite:	36,3 m
Leistung:	8.000 kW (10.800 PS)
Geschwindigkeit:	315 kn
Besatzung:	12
Bewaffnung:	Torpedos, Wasserbomben, Minen

Auf Patrouille mit der Bréguet Atlantic. / Patrolling the sky – and sea with a Bréguet Atlantic.

P-3C Orion

Die acht P-3C Orion des Marinefliegergeschwaders 3 „Graf Zeppelin" stellen eine wesentliche Komponente in der Seekriegführung dar. Sie sind Seefernaufklärer zur Seeraumüberwachung und zum Beschatten gegnerischer Seestreitkräfte, sie werden eingesetzt zur Zieldatenübermittlung und als U-Jagd-Flugzeug zur autonomen oder unterstützenden U-Jagd (keine SIGINT-Version). Diese Waffensysteme zeichnen sich durch sehr langes Stehvermögen im Einsatzgebiet aus. Mit einem weit gefächerten Spektrum elektromagnetischer, hydroakustischer und optischer Sensoren befähigen sie die Besatzung, auch in entfernten Seegebieten über einen längeren Zeitraum Über- und Unterwasserziele zu orten, zu identifizieren und zu beschatten. Bei Bedarf können die Flugzeuge mit einem Fotobehälter ausgerüstet werden.

In der U-Jagdrolle gilt es gegnerische Uboote aufzuspüren, zu verfolgen und zu bekämpfen. Hierbei kann die P-3C Orion sowohl unabhängig in der offenen Gebietssuche als auch defensiv zum Schutz eigener Verbände operieren. Für die U-Jagd stehen unterschiedliche Sensoren und Effektoren zur Verfügung. Aktive und passive Sonarbojen, die vom Flugzeug abgeworfen werden und die empfangenen Unterwassersignale

zur Auswertung an das Flugzeug senden, das Radargerät zur Ortung von Fahrzeugen an der Wasseroberfläche, das MAD (Magnatic Anomaly Detector) zum Registrieren von Magnetfeldstörungen, die durch Uboote hervorgerufen werden können, und ein ESM-Gerät (Electronic Support Measures) zur Bestimmung von elektronischen Ausstrahlungen. Die Ausrüstung besteht aus:

● Abbildendes Radar neuester Technologie
● Elektro-Optik neuester Technologie
● EloUM neuester Technologie
● U-Jagd-Sonaranlage neuester Technologie
● Aktiver Eigenschutz durch „Chaff and Flare Dispenser"
● Digitaler Lagebildaufbau und -austausch
● Datenlink und Videolink/Satellitenkommunikation

Zur Bekämpfung von Ubooten können Torpedos und Wasserbomben eingesetzt werden. Darüber hinaus ist die durch die Deutsche Marine übernommene P-3C CUP-Version aufgrund ihrer modernen Sensorik (z.B. Imaging Radar) und Datenübertragungsmittel (LINK) als Relais- und Führungsplattform für streitkraftgemeinsame Operationen gut einsetzbar. Auch die Möglichkeit, zum Einsatz eine Reihe von Waffen einzusetzen

(neben der reinen U-Jagd-Bewaffnung auch abstandsfähige Flugkörper oder gelenkte und ungelenkte Bomben) macht die P 3C zu einem wertvollen und zukunftsorientierten Waffensystem.

Die MPAs sind auch im Rahmen des Such- und Rettungsdienstes eingesetzt. Hierfür wird in Nordholz ständig ein Flugzeug in 3-Stundenbereitschaft gehalten. Im Rahmen der NATO- und UN-Verpflichtungen erfolgte eine Schwerpunktverlagerung zur Seeraumüberwachung. Auch hier kann das Maritime Patrol Aircraft mit seiner Ausrüstung an modernster Technologie einen bedeutenden Beitrag zur maritimen Risikovorsorge als auch zur Krisenbewältigung leisten.

Technische Daten:

Spannweite:	30,9 m
Leistung:	4 x 3.382 kW (4.600 PS)
Geschwindigkeit:	415 kn
Besatzung:	21
Bewaffnung:	ASW Torpedos

Vor dem Start wird die P3C Orion vom Bord-Ingenieur inspiziert. / Last check before take off by the Flight Engineer.

Sea Lynx Mk 88A

Der Bordhubschrauber Sea Lynx Mk88A, stationiert im MFG 3 „Graf Zeppelin", ist einer der Hauptsensoren der Fregatten-Klassen 122 und 123 und wesentlicher Teil des Waffensystems Schiff, auf dem zwei Hubschrauber und 18 Mann fliegendes und technisches Personal den „Hauptabschnitt 500" bilden. Die Ausrüstung und Bewaffnung des Hubschraubers ist auf seine ehemalige Hauptrolle U-Jagd ausgelegt. Der Sea Lynx ist mit einem tiefenvariablen Sonar für aktive und passive Ortung sowie mit 2 Torpedos zur Bekämpfung gegnerischer Uboote ausgerüstet. Im Rahmen sich ändernder Einsatzbedürfnisse leistet der Bordhubschrauber bei der Embargoüberwachung wertvolle Dienste, indem die Überprüfungskommandos von der Fregatte mit ihrer Hilfe auf die zu untersuchenden Handelsschiffe abgeseilt werden. Die Rolle wird mit „Fast Roping" bezeichnet. Der Bordhubschrauber stellt als integriertes Waffensystem der Fregatte ein flexibles Waffensystem der Krisenreaktionskräfte dar. Seine besonderen Fähigkeiten liegen in schwerpunktmäßiger U-Jagd, Aufklärung, Zieldatenübermittlung sowie Personal- und Materialtransport.

Technische Daten:

Länge mit Rotoren:	15,24 m
Rotorendurchmesser:	12,8 m
Heckrotorendurchmesser:	2,36 m
Höhe / Breite:	3,67 / 2,94 m
max. Gewicht:	5.330 kg
Geschwindigkeit:	132 kn
Einsatzzeit:	2 h 50 m
Reichweite:	528 km (mit Zusatztanks 1.093 km)
Antrieb:	1.600 kW /2.200 PS
Besatzung:	2 + 1
Soldaten (in der Kabine):	9
Sensoren:	360° Radar FLIR, ESM, Sonar
Bewaffnung:	2 x Torpedo (Mk 44, Mk 46, Stingray, A 233/S) 4 x Sea Skua-FK 2 x Wasserbomben (Mk 11) 1 x Maschinengewehr

Sea Lynx im Landeanflug. / Sea Lynx approaching for landing.

DO 228 „Öl-Überwachung" / Lufttransport

Die DO 228 LM sind zur Überwachung von Meeresverschmutzung ausgerüstet und haben den Auftrag, erkannte Verunreinigungen zu analysieren und an das zuständige Havariekommando zu melden, um eine Feststellung der Täterschaft einzuleiten. Sie sind mit einem Forward Looking Airborne Radar (FLAR), einem Side Looking Airborne Radar (SLAR), einem Micro Wave Radiometer (MWR), einem Laser Fluor Sensor (FLS), einem Infrared/Ultraviolet Sensor (IR/UV) und einer Video-Kamera ausgerüstet.

Das Flugzeug wird zu unterschiedlichen Zeiten, Tag und Nacht eingesetzt. Entdeckte Verschmutzungen werden an die Wasser- und Schifffahrtsdirektion gemeldet. Dieses ist keine klassische Aufgabe im Sinne der Marine, aber als wichtiger Bestandteil eines umfassenden Vorsorgekonzeptes der Bundesrepublik ist die Beobachtung und Aufklärung von Wasserverschmutzung eine an Bedeutung zunehmende Aufgabe der Seeüberwachung in Unterstützung des Bundesministeriums für Verkehr.

Für den Erhalt der Einsatzfähigkeit der Flotte stehen dem Befehlshaber zwei DO 228 LT im MFG 3 zur Nachversorgung mit einsatzwichtigem Personal und Material zur Verfügung. Diese Flugzeuge werden vielfältig genutzt, von der unterstützenden Ausbildung für junge Piloten, Besatzungsaustausch für die SAR-Außenstellen bis hin zur Unterstützung/Versorgung der See- und Seeluftstreitkräfte in ihren jeweiligen Einsatz- und Übungsgebieten und als Transportmittel für den Personaltransport.

Technische Daten:

Spannweite, Länge, Höhe:	17,00 x 16,60 x 4,90 m
Antrieb:	2 x Propellermotore mit 1.200 kW Leistung
Geschwindigkeit:	ca. 220 kn
Reichweite:	1.500 sm
Besatzung:	3
Ausrüstung:	Laserflour-Sensor Mikroradiometer Tageslichtkamera

Sicherheitsübung mit einer DO 228. / Emergency training with a DO 228.

Marinefliegergeschwader 5 und der Seekönig

Korvettenkapitän Roland Voigt

Das Marinefliegergeschwader 5 am Standort Kiel-Holtenau ist Heimat für die 21 „Seekönige" der Deutschen Marine. Das Waffensystem SEA KING Mk 41 ist ein Arbeitspferd für die Streitkräfte, ob in heimischen Gewässern oder im weltweiten Einsatz, eingeschifft oder landgestützt. Die ständige Besatzung besteht aus zwei Piloten, einem Luftfahrzeugoperationsoffizier und dem Bordmechaniker (BM). Mit Beginn des Satzkonzeptes 1997 und der Einführung der Einsatzgruppenversorger (EGV) in die Flotte hat sich das Aufgabenspektrum für die Crews sehr gewandelt.

Die Abdeckung des SAR-Einsatzgebietes an Nord- und Ostsee ist eine permanente Aufgabe, die den Verband 365 Tage im Jahr 24 Stunden am Tag fordert. Jedoch hat sich das Spektrum der anderen Einsätze gewandelt. Als organischer Bordhubschrauber wird auf den EGVs eingeschifft, d.h., die Soldaten des fliegenden und technischen Personals fahren zur See, was als ehemaliger landgebundener Verband eine gravierende Herausforderung darstellt. Dies gilt sowohl für die Kameraden als auch für das Material. Eine weitere Anpassung des Aufgabenspektrums ergab sich mit dem neuen Einsatzkonzept im Jahr 2003. Hier gewinnt der taktische Lufttransport an Gewicht und der SEA KING entwickelt sich zu einem wichtigen Hubschrauber für die Belange der deutschen Streitkräfte. Die Zusammenarbeit mit den Heereskräften der DSO ist genauso alltäglich, wie die Zusammenarbeit in einer Koalition oder mit NATO-Partnern.

Blicken wir in den Alltag der Besatzungen. Der tägliche SAR-Dienst mit den Unwägbarkeiten und Überraschungen fordert. Er fördert aber auch die Flexibilität und das fliegerische Können. Zeit ist immer knapp und die Umgebungsvariablen wie Wetter, Tageszeit und Seegang können nicht beeinflusst werden.

Wir sind auf Helgoland: Freitagnacht 02:15 Uhr. Das Telefon beim verantwortlichen Luftfahrzeugführer (VHF) klingelt. Ein kurzes Gespräch mit dem Rescue Coordination Center (RCC) im Flottenkommando Glücksburg und der Einsatz ist da. Die Wartungscrew, zwei Techniker, werden informiert und zwei Minuten später hört man das Klingeln der sich öffnenden Hallentore. Die Besatzung versammelt sich keine drei Minuten später im Flugvorbereitungsraum. Über die Standleitung klärt der VHF mit dem RCC die Einzelheiten des bevorstehenden Einsatzes. Ein Besatzungsangehöriger eines Bohrinselversorgers hat einen akut entzündeten Blinddarm. Er muss dringend abgeborgen werden und schnellstmöglich in ein Krankenhaus. Es ist Nacht, das Wetter im Bereich der Nordsee regnerisch und tiefe Wolken werden mit dem starken westlichen Wind über die Insel gepeitscht. Die Wetterdaten werden aufgenommen und mit den über Fax regelmäßig einlaufenden Wetterdaten verglichen. Die Position wurde notiert und dem Luftfahrzeugoperationsoffizier (LOpO) übergeben. Ein Blick auf die Karte, Lagebeurteilung. Es sind ca. 70 nm bis zur angegebenen Position in nord-nordwestlicher Richtung.

Der Hubschrauber steht auf dem Landeplatz bereit, die externe Stromversorgung ist angeschlossen. Die Besatzung zwängt sich in die Kälteschutzanzüge und läuft zum Hubschrauber. Der erste Wart meldet dem VHF das einsatzklare Luftfahrzeug und bereitet im strömenden Regen den Anlassvorgang vor. Es wird eine Flugzeit von ca. einer Stunde bis zum Schiff. Noch keine fünfzehn Minuten sind vergangen und der Hubschrauber hebt ab und fliegt in westlicher Richtung davon. Zehn Minuten vor Ankunft an der Position wird über den Seefunk Kontakt mit dem Versorger aufgenommen. Es ist ein niederländisches Schiff und der Kapitän hat noch nicht mit einem Hubschrauber bei Nacht zusammengearbeitet. Die Position wird ausgetauscht und der LOpO meldet neben der Bohrplattform einen kleinen Radarkontakt, das wird er sein. Die Piloten sehen noch nichts und es erfolgt ein radargeführter Anflug. Nun kommen die Lichter der Plattform durch, aber wo ist das Schiff? Auf dem Radar sind die Kontakte klar zu trennen und die Piloten müssen sich auf die Informationen des LOpO verlassen können. Jetzt kommt die Lichterführung des Schiffes durch. Es schaukelt mächtig in der Dünung der Nordsee, aber es kommt zum Glück kein Wasser über die Arbeitsplattform. Kurze Anweisungen an den Kapitän und das Schiff steuert den richtigen Kurs, der Anflug beginnt.

Auf dem Weg zum Schiff hat der Bordmechaniker alles für die Aufnahme des Patienten vorbereitet und dem LOpO in die Rettungshose geholfen. In einer solchen Situation ist es besser, wenn die Besatzung sich vor Ort einen Eindruck verschaffen kann und die Schiffsbesatzung bei der Zusammenarbeit mit dem Hubschrauber unterstützt wird. Der Hubschrauber schwebt über dem schwankenden Deck und der LOpO sitzt im offenen Ladetor des Hubschraubers. Es sieht gut aus, alles erscheint sicher, der Winchvorgang beginnt. Der Bordmechaniker spricht den Piloten in die richtige Schwebeposition über das Deck, denn eigentlich sieht der Pilot so gut wie gar nichts mehr vom Schiff. Die schwankenden Laternen am Mast sind die einzigen Referenzpunkte. Das Deck ist erreicht und der Erdungsbesen wurde rechtzeitig an das Windenseil geführt. Ohne diese Erdung hätte der LOpO mit seinen Füßen den Hubschrauber mit dem Schiff geerdet.

Ein paar tausend Volt zucken in einem Blitz vom Windenseil an die Erdungsstange und schon steht der LOpO auf dem schwankenden Deck. Nach Lösen der Verbindung setzt sich der Hubschrauber vom Schiff ab und verharrt in einer relativen Position nah zum Schiff.

Ein kurzes Gespräch und es geht unter Deck. Der Seemann hat starke Schmerzen, ein liegender Transport ist nötig. Über die Brücke wird Kontakt mit dem Hubschrauber aufgenommen und der Bordmechaniker befestigt den Stretcher, an dem Windenhaken und es wird eine Führungsleine befestigt. Zwischenzeitlich hat der Patient, so gut es geht, einen Kälteschutzanzug angezogen bekommen und eine Schwimmweste angelegt. Er wird über den weiteren Verlauf informiert und der Hubschrauber fliegt an.

Auf dem Deck wird die Führungsleine angenommen, diese ermöglicht ein sicheres Führen des Stretchers, ohne dass er sich dreht und er bleibt immer unter Kontrolle. Nun wird der Stretcher über das Windenseil und die Führungsleine an Bord verbracht. Zum Einladen des Patienten wird die Winde gelöst, die Führungsleine jedoch beibehalten, der Hubschrauber setzt sich ab. Der Patient wird auf den Stretcher gelegt und befestigt. Um den Patienten auch während des Winchvorganges beobachten zu können, wird der LOpO zusammen mit dem Patienten aufgewincht. Das schwankende Deck wurde verlassen, nun hängen beide zwischen der schäumenden See und dem schwebenden Hubschrauber. Die Trage wird

vom Bordmechaniker geführt und in die Kabine gebracht, wobei der LOpO unterstützt. Zwischenzeitlich hat das Cockpit vom RCC die Nachricht erhalten, dass das Krankenhaus in Emden zur Aufnahme und ggf. Notoperation vorbereitet ist. Der Wegepunkt ist im Navigationssystem gespeichert und der Flugweg wird an den Monitoren im Cockpit angezeigt. Die Laderaumtür ist geschlossen und der Hubschrauber dreht sofort in Richtung Krankenhaus.

Der BM hat den Patienten auf die Krankentrage verlegt und schließt medizinische Geräte zur Überwachung des Patienten an. Zwischenzeitlich ist der LOpO wieder an seinen Arbeitsplatz zurückgekehrt und informiert das RCC über die Lage. Die Ankunftszeit wird übermittelt und da am Krankenhaus bei Nacht der SEA KING nicht landen soll, geht es zum nahe gelegenen Flugplatz Emden. Die Feuerwehr wurde informiert und die Beleuchtung wird rechtzeitig eingeschaltet. Das schlechte Wetter hält an und schnellstmöglich geht es im Tiefflug über die aufgewühlte Nordsee. Die Sicht ist schlecht und das Radar unverzichtbar. Die Informationen fließen zwischen Cockpit und Kabine hin und her. Nach einer Dreiviertelstunde wird die Küstenlinie überflogen und über den Behördenfunk wird Kontakt mit der Rettungsleitstelle aufgenommen. Die Feuerwehr ist vor Ort, der Flugplatz beleuchtet und der Rettungswagen mit Notarzt steht bereit. Alles läuft zufriedenstellend. Das Cockpit meldet, dass es den Flugplatz sehen kann, der Anflug beginnt.

Nach der Landung wird der Notarzt informiert, die Daten werden ausgetauscht und der Patient übergeben. An das RCC erfolgt die Meldung, dass der Einsatz beendet ist. Nach etwas über zwei Stunden beginnt der Rückflug nach Helgoland. Um kurz nach fünf in der Früh landet der Hubschrauber wieder auf der Insel. Die Nacht ist fast vorbei, doch für die Techniker beginnt jetzt die Arbeit.

Nach dem Auftanken steht die Überprüfung des Hubschraubers an. Der nächste Einsatz kann jederzeit kommen. Die Besatzung macht noch eine kurze interne Nachbesprechung und meldet sich über Standleitung nochmals beim RCC. Alles gut gelaufen, Daten ausgetauscht, damit ist der Einsatz formal beendet. Wenn jetzt noch die Maschine in Ordnung ist und keine Mängel aufgetreten sind, war es eine kurze, jedoch ereignisreiche Nacht. Die Besatzung meldet sich ab, das Frühstück findet heute später statt.

So oder so ähnlich sieht es im SAR-Dienst aus. Die Besatzungen sind immer bereit, die Einsätze sind immer anders, die Herausforderung ist immer dabei. Es kann auch anders kommen.

Mit einem Hubschrauber SEA KING wird eine Kurzeinschiffung auf dem EGV BERLIN durchgeführt. Ziel ist es, die Besatzung des Schiffes mit dem Hubschrauber und den Besonderheiten im Hubschrauberbetrieb vertraut zu machen. Die Techniker des MFG 5 sollen sich an Bord orientieren und die Hubschrauberbesatzung will die notwendigen Decklandungen bei Tag und Nacht erfüllen sowie Notverfahren üben. Bordflugbetrieb erfordert zwischen allen Beteiligten die regelmäßige Übung. Das Verfahren der Hubschrauber aus dem Hangar auf das Landedeck und zurück, das sichere Handhaben während der Start- und Landephase sowie das Betanken, auch bei drehendem Rotor oder im Schwebeflug, all dies erfordert permanentes Üben. Die Crashcrew muss eingewiesen werden, sind die Feuerlöscher an der richtigen Stelle, wo sind die Verzurrpunkte, um den Hubschrauber nach der Landung mit Ketten zu sichern. Die Schiffsbesatzung wie auch die Flieger und Techniker des Verbandes haben immer wieder Personalwechsel, das erfordert permanente Ausbildung, um den hohen Stand der Professionalität zu wahren. Die Techniker schiffen in Wilhelmshaven ein; da es nur drei Tage sind und nur ein Hubschrauber, wird nur ein kleines Ersatzteilpaket mitgeführt. In Höhe Schillig-Reede fliegt der Hubschrauber an und landet. Die Besatzung bezieht die Unterkünfte und mit dem Kommandanten wird das weitere Vorgehen besprochen. Es stehen Tag- und Nachtlandungen an und mit der Schiffsführung wird das Ausbildungspaket für die nächsten drei Tage geschnürt. Nach einem kurzen Kaffeetrinken, einem „Rees an Backbord" in der Messe, geht es los. Klarmachen zum Flugbetrieb. Der erste Tag geht wie geplant zu Ende. Die notwendigen Decklandungen sind absolviert, alles gewinnt wieder die notwendige Routine. Die „Flieger" sind wieder Hauptabschnitt 500 des Schiffes und als Bestandteil der Besatzung des EGV akzeptiert. Klappt die Routine, kann die Besatzung am nächsten Tag die Notverfahren üben.

Nachtanflug. / Night approach.

Es kommt jedoch anders. Am Morgen zum Frühstück erreicht die Hubschrauberbesatzung über den Ersten Offizier (IO) ein Hilfeersuchen einer niederländischen Fregatte in der stark bewegten Nordsee. Sie gehört zu einem Verband, und die BERLIN soll während des Vormittags mit den Einheiten die Versorgung in See trainieren. Zwei Besatzungsangehörige haben sich in der letzten Nacht verletzt und bedürfen dringend ärztlicher Hilfe. Die Kombination passt, Hubschrauber sind an Bord und die BERLIN ist auf medizinische

Versorgung vorbereitet. Kurze Entscheidung, Frühstück verkürzen, klarmachen zum Bordflugbetrieb, Start in 45 Minuten. Der Schiffsarzt wird eingewiesen und wird mitfliegen. So kann man sicherstellen, dass die richtige Erstversorgung der Patienten erfolgt. Da die Fregatte kein Landedeck hat, muss gewincht werden. Über die Art der Verletzung ist noch nichts bekannt. Die BERLIN und die Fregatten laufen aufeinander zu, um die Distanz zu verkürzen. Die beste Planung nutzt nichts, die Realität fordert ihren Tribut. Der Hubschrauber steht auf dem schwankenden Deck, zum Glück ist ein EGV als größtes Schiff der Deutschen Marine eine stabile Ausgangsplattform. Auch mit Landedeck wäre eine Landung auf der Fregatte unmöglich für einen SEA KING. Die Bewegungen gehen weit über die zulässigen Grenzwerte einer Landung hinaus. Der kurze Flug zum „Kunden" und der LOpO und der Schiffsarzt werden abgewincht. Lagefeststellung vor Ort im Sanitätsbereich. Ein Patient mit ausgekugeltem Arm und einer mit gebrochener Hand. Beide Patienten können nicht mit einer Rettungsschlinge geborgen werden.

Über Funk wird der Rettungskorb angefordert und der erste Soldat wird in den Hubschrauber gezogen. Für den Patient mit ausgekugeltem Arm kann es nur der Stretcher werden. Der Arzt hat zwar Medikamente verabreicht, aber die Schmerzen sind zu stark. Jede Schiffsbewegung führt zum Aufschrei, schnell in den Stretcher und mit dem Arzt nach oben, um eine ruhigere Plattform zu haben. Die BERLIN kommt in Sichtweite und es ist nur ein kurzer Flug. Die Landung ist unsanft, aber Decklandungen lassen sich, besonders bei Seegang, nicht immer weich durchführen. Trotz der schmerzhaften Landung ist der Patient froh, auf einem großen Schiff zu sein. Die Bewegungen sind nicht so heftig, vielleicht wirken jetzt auch die Medikamente. Die Patienten werden ins Schiffslazarett verbracht und der Hubschrauber geht in die Hände der Techniker über. Prüfen, tanken und

für den nächsten Einsatz vorbereiten. Die Planung ist durcheinander und am späten Nachmittag werden die beiden niederländischen Kameraden in die Heimat ausgeflogen. Es zeigt sich auch hierbei, dass die beste Planung immer wieder von der Realität eingeholt werden kann. Die drei Tage sind schnell vorbei, das gestraffte Ausbildungsprogramm ist durchgeführt und alle sind zufrieden mit ihren Leistungen. Gemeinsames erfolgreiches Arbeiten erfüllt einen mit Stolz.

Die notwendige Flexibilität, die im SAR-Dienst durch die Besatzungen erworben wird, findet im taktischen Lufttransport seine Fortsetzung. Der taktische Lufttransport ist ein breites Feld, es geht vom Verbringen von spezialisierten Kräften der Marine und der Luftwaffe sowie Spezialkräften des Heeres von See an Land über die Durchführung von Aufklärungen bis zur Evakuierung von Bürgern aus Notsituationen oder Katastrophengebieten. In den Katastrophengebieten des Tsunami in Indonesien diente das Luftfahrzeug als Mittel des Transportes, aber auch der medizinischen Versorgung. Es wurden Patienten auf den EGV in das Marine-Einsatz-Rettungszentrums (MERZ) zur medizinischen Behandlung verbracht oder Medikamente an Land geflogen.

Mit den Soldaten der Division Spezielle Operationen (DSO) des Heeres wird immer öfter und erfolgreich zusammengearbeitet, zuletzt bei der Übung „Bright Star '05" im fernen Ägypten. Hier haben die Hubschrauber in Verbindung mit den Einsatzgruppenversorgern die Evakuierung und Versorgung von Zivilisten unter den Klimabedingungen der Sonne Afrikas geübt. Der erfolgreiche Abschluss zeigt, die Transformation ist in den Streitkräften angekommen und es gibt für die „Seekönige" noch viel zu tun.

SEA KING SAR-Abwinchmanöver.
SEA KING SAR winch manoeuvre.

Marinefliegergeschwader 5

Das Marinefliegergeschwader 5 wird mit 21 Sea King Hubschraubern für den Hauptauftrag Search and Rescue sowie den taktischen Lufttransport von Land wie von Bord der Einsatzgruppenversorger und Tender eingesetzt. Der Auftrag des MFG 5 im Rahmen des Einsatzkonzeptes lautet:

● Sicherstellung des Such- und Rettungsdienstes in Nord- und Ostsee sowie auf den Inseln und in Schleswig-Holstein
● Lufttransport von Material und Personal zur Aufrechterhaltung der Einsatzfähigkeit der Deutschen Marine (Logistic Support)
● Einsätze im Rahmen der Not- und Katastrophenhilfe (MedEvac)
● Taktischer Lufttransport an der Schnittstelle See/Land für spezialisierte Kräfte
● Teilnahme an Evakuierungsoperationen (EvacOps)
● Seeraumüberwachung und Aufklärung (ISR)
● Beitrag zum Überwasserseekrieg (AsuW)

Das Waffensystem ist Bestandteil des teilstreitkräfteübergreifenden Konzeptes militärischer Evakuierungsoperationen unter nationalem Kommando. Ferner ein Mittel für Verbringung und Rückführung von spezialisierten und Spezialkräften der Bundeswehr.

Sea King

Das Waffensystem Sea King MK 41 hat sich in seiner Hauptaufgabe SAR hervorragend bewährt. Die 21 Hubschrauber wurden ab 1972 im MFG 5 in Kiel-Holtenau in Dienst gestellt. Seitdem versehen sie täglich rund um die Uhr ihre SAR-Bereitschaft über der Nordsee, der Ostsee und Schleswig-Holstein. Dazu sind Hubschrauber auch in Warnemünde/Mecklenburg-Vorpommern stationiert. Borkum und Westerland stehen lageabhängig als Außenstellen zur Verfügung. Zusätzlich werden Sea King-Hubschrauber im Rahmen von Krisenreaktionsmaßnahmen zur logistischen Unterstützung für eigene Seestreitkräfte und für Evakuierungmaßnahmen auf den Einsatzgruppenversorgern eingeschifft.

Basdisdaten:

Länge über alles:	22,15 m
Länge Rotor gefaltet:	8,08 m
Länge Heckausleger angeklappt:	
	15,06 m
Gesamtbreite:	4,94 m
Rotordurchmesser:	18,90 m
max. Abfluggewicht:	9.300 kg
max. Kraftstoffmenge:	6.160 lbs
max. Zuladung Winde:	272 kg
max. Zuladung Lasthaken:	1.820 kg
max. Geschwindigkeit (Vne):	138 KIAS
(KIAS = knots indicated airspeed)	
Reisegeschwindigkeit:	100 KIAS
Suchgeschwindigkeit:	70 KIAS
Besatzung:	2 Piloten
	1 Luftfahrzeug-operationsoffizier
	1 Bordmechaniker

Die Aufgabenverteilung ergibt sich aus dem Flugprofil. Grundsätzlich sind die Piloten für die Flugdurchführung, der Luftfahrzeugoperationsoffizier für die Navigation und operative Lage sowie den Fernmeldeverkehr zuständig. Der Bordmechaniker ist für die technische Sicherheit verantwortlich.

Fernmeldeausstattung

1 x VHF (Flugfunkband), 1 x UHF (mil. Stand.)
1 x Seefunk, 1 x Behördenfunk (BOS)
1 x HF, 1x Seefunk Daten digital (GMDSS)

Avionikausstattung

1 x Dopplernavigation, 1 x GPS (CA + P/Y Code, incl. IFR Zulassung)
1 x VOR, 1 x TACAN, 1 x NDB, 1 ILS
1 x Radarhöhenmesser, 1 x IFF / SIF
1 x Navigations- und Suchradar
2 x Digitales Kartengerät möglich (1 x Cockpit, 1 x Luftfahrzeugoperationsoffizier)

Ausblick

Die zurzeit im Dienst befindlichen fliegenden Waffensysteme der Marine werden im Rahmen von Nutzungsverlängerung und Kampfwertanpassung der Waffensysteme auf den notwendig gewordenen neueren technischen Ausrüstungsstand gebracht. Als Nachfolgemuster für die Hubschrauber Sea King und Sea Lynx ist die Marineversion des Hubschraubers MH 90 vorgesehen. Zurzeit sind 30 Hubschrauber in der Planung.

Marineluftstreitkräfte haben im Rahmen der Krisenreaktion sowie Konfliktverhütung an Bedeutung gewonnen. Ihre taktischen Fähigkeiten reichen von der Aufklärung bis zum Waffeneinsatz. Grundvoraussetzung für einen wirkungsvollen Einsatz der Seeluftstreitkräfte ist die zentrale einheitliche Führung und eine rasche Verfügbarkeit, mit direktem Zugriff und Einwirkmöglichkeit des Befehlshabers.

Die Flugzeuge der Marine und in Teilen auch anderer Teilstreitkräfte (die Luftwaffe hat die Aufgabe zur „Seekriegführung aus der Luft mit Jagdbombern" übernommen) sind als reaktionsschnelle, flexible, durchsetzungsfähige und schlagkräftige Seekriegsmittel ein unverzichtbarer Bestandteil unserer modernen Flotte.

Einsatz von Raketentäuschkörpern (Flares).
Sea King releasing anti-missile decoys.

MFG 5 – Außenstelle Dschibuti im Jahr 2002

Korvettenkapitän Roland Voigt

Die Reaktion der Bundesregierung auf die Anschläge vom 11. September 2001 führte zum weiterhin bestätigten Einsatz von maritimen Streitkräften im Rahmen der „Operation Enduring Freedom" (OEF). Für das Marinefliegergeschwader 5 bedeutete dies neben den ständigen SAR-Außenstellen Helgoland und Warnemünde den Aufbau einer Außenstelle im nordostafrikanischen Land Dschibuti am 21. Januar 2002. Diese wurde betrieben, um das deutsche Flottenkontingent im Golf von Aden in einem hohen Einsatzstatus zu halten. Es wurden Personal- und Materialtransporte gewährleistet und eine ständige SAR-Bereitschaft für den Einsatzverband gestellt.

Was heißt das konkret?
Die Infrastruktur der Außenstelle auf dem internationalen Flugplatz umfasste einen mittlerweile grundsanierten Hangar und ein neu asphaltiertes Hallenvorfeld. Auf diesem Vorplatz standen zwei, mit viel Schweiß aufgebaute Instandsetzungszelte, die eigentlich dem TORNADO Unterschlupf gewähren sollen. Alles wurde eingezäunt und rund um die Uhr durch eine Fallschirmjägereinheit bewacht.

Mit einem Airbus BELUGA kamen die beiden Hubschrauber im Lufttransport in Afrika an. Im Gegensatz zur Infrastruktur, konnte der Kommandoführer die Hubschrauber in kürzester Zeit einsatzklar melden. Der Flugbetrieb stützte sich auf zwei Hubschrauber, sodass immer ein klares Luftfahrzeug zur Verfügung stand. Dies bedeutete für die verbandseigenen Versorger und Techniker, die eigene Logistik über eine Entfernung von 5.600 km aufrechtzuerhalten. Das Arbeiten unter der afrikanischen Sonne ist eine Herausforderung

für Mensch und Material. Die Kameraden vom fliegenden und technischen Personal hatten mit dem Frühlingsklima zu kämpfen. Morgens um 10 Uhr bei 35°C im Schatten, am Nachmittag geht es schon knapp über 40°C, Tendenz stark ansteigend. Wenn der Asphalt auf dem Hallenvorfeld 70°C erreicht, dann hat dies nichts mit unserem gewohnten norddeutschen Sommer zu tun. Die Einheimischen sprachen dabei im Februar noch von einem ungewöhnlich kalten Winter. Bei uns erreicht der Hochsommer noch nicht einmal derartige Temperaturen. Hinzu kommt eine Luftfeuchtigkeit, die über 80% beträgt. Wasser trinken ist das Wichtigste für jeden, der in nicht klimatisierten Bereichen arbeiten muss. Die schwierigste Zeit beginnt im Mai, es ist „Kamsin"-Zeit. Kamsin ist Arabisch und heißt 50. Für 50 Tage wird der sonst vorherrschende Seewind aus dem Golf von Aden von einem Landwind aus der Sahara abgelöst. Nicht nur, dass die Temperaturen weit über 50°C ansteigen, es fällt eine Unmenge an Wüstensand über Dschibuti ein und kriecht in jede Ritze.

Wo war das Personal untergebracht?
Nach einem Umzug aus einem kleineren Hotel in der Innenstadt wohnte das Kontingent des MFG 5 in der „Pension Stadelmann". Weder der Name, noch der Anschluss an eine Hotelkette bürgen hier für Luxus pur. Die Sternvergabe erfolgte landestypisch und der Begriff Pension Stadelmann unterstreicht in etwa den damalig vorzufindenden Stil. Da die Kameraden sich im Durchschnitt 2,5 Monate dort aufhalten und es keine Möglichkeiten gibt, einen kurzen Landgang zu unternehmen, ins Kino zu gehen oder Ähnliches, ist der Swimming-Pool die einzige Abwechselung. Es ist übrigens der einzige öffentlich zugängliche Pool in

Dschibuti, aber auch diese Wochen sind gezählt. Im Frühsommer wird das Wasser aus dem Pool entfernt, die Gefahr, sich zu verbrühen, ist in dem ungekühlten Pool zu groß.

Für Pauschaltouristen, die die Strände des Mittelmeeres bevölkern oder sich in sonst touristisch erschlossenen Urlaubsorten aufhalten, ist die Stadt ein Schock. Für Kameraden, die das erste Mal in Afrika sind, ist es ein doppelter Schock. Die Armut ist allgegenwärtig, sobald das Hotel verlassen wird. Reichtum beginnt hier mit einem Pappkarton als Schlafbehausung. Krankheiten sind weit verbreitet, Müll und Dreck säumen jede Straße. Eine hohe Anzahl von Einwohnern sind Flüchtlinge aus den angrenzenden Staaten. Diese leben weitgehend in einfach strukturierten Hüttensiedlungen am Rande der Hauptstadt.

Wo liegt Dschibuti eigentlich?
Dschibuti liegt an einer wichtigen strategischen Position am Ausgang des Roten Meeres hinein in den Golf von Aden. Im Gebiet des heutigen Dschibuti bauten die Franzosen ein Gegengewicht zur englischen Kolonie im Jemen auf. Es wurde 1946 französische Kolonie, seit 1977 ist das Land unter dem Namen Dschibuti unabhängig. Dschibuti ist die offizielle deutsche Schreibweise, Djibouti im englischsprachigen Raum. Frankreich gewährt weiterhin die Unabhängigkeit nach außen. So sind in Dschibuti französische Streitkräfte stationiert. Durch die Seeverbindung „Bab el Mandeb" läuft der gesamte Schiffsverkehr, der durch den Suezkanal fährt. Sie ist damit von großer Bedeutung für den Seehandel von und nach Europa. Sowohl die Tankerverbindung, als auch die Containerschifffahrt nach Asien passiert diese Meerenge.

Das Land selbst ist ein karges Land mit Hochgebirge von über 3.500 m, Steppenlandschaft und Wüstenregionen. Für Mitteleuropäer unvorstellbar, dort zu leben. Jeder Flug über das Land wurde mit dem Gedanken begleitet, nur keine Außenlandung zu machen, die Hitze auf den Lavafeldern, der Staub in den Wüstenbereichen lässt nichts Gutes erwarten. Sehr beeindruckend für alle war der Lac Assal, ein Salzsee, der 500 ft unter dem Meeresspiegel liegt und den tiefsten Punkt Afrikas bildet.

Wie lautet der Auftrag?
Die Deutsche Marine hat im Rahmen der Operation Enduring Freedom die Aufgabe bekommen, dieses Seegebiet mit zu überwachen, die Piraterie zu unterbinden und lokalen Schiffsverkehr aufzuklären. Auch ein Kommandeur der Deutschen Einsatzgruppe Commander Task Group (CTG) hatte zeitweilig von der amerikanischen Marineführung für das Einsatzgebiet Navy Central Command (NAVCENTCOM) die Befehlsgewalt über die gesamte dort eingesetzte Flotte erhalten. Dies ist ein Novum in der deutschen Marinegeschichte. Das Haupteinsatzgebiet ist der Golf von Aden. Hier war von Dschibuti aus nach Osten ein Gebiet in der Ausdehnung von 850 km abzudecken. Richtung Norden, in das Rote Meer, sogar 1.200 km. Um diesen Aufgaben gerecht zu werden, befanden sich bis zu drei deutsche Fregatten vor Ort, fünf Schnellboote waren anfangs ebenfalls zur Überwachung der Meerenge eingesetzt. Deren Einsatz ging bis in das späte Frühjahr. Die nicht klimatisierten Boote konnten ab Mai die gestiegenen Temperaturen im Fahrbetrieb nicht mehr bewältigen. Neben der Deutschen Marine befinden sich auch ausländische Marineeinheiten vor Ort. So wurden spanische Marineschiffe neben britischen Einheiten und japanischen Einheiten durch unsere SEA KING Hubschrauber versorgt. Die Amerikanische Marine ist ebenfalls öfters im Golf von Aden präsent. Es sind Transitfahrten von Flugzeugträgergruppen Carrier Strike Group (CSG) oder Amphibische Landungsgruppen Expeditionary Strike Group (ESG) auf dem Weg aus oder zum Suezkanal zu begleiten. Diese Einheiten werden über eine eigene Versorgungseinrichtung betreut und sind weitgehend auf sich gestellt.

SEA KING unmittelbar vor dem Start. / Just before take-off.

Die schwimmenden Einheiten nutzen den Hafen von Dschibuti als Anlaufpunkt, jedoch werden sie regelmäßig in See durch die Versorger mit sogenannten Nass- und Trockengütern versorgt.

Welche Aufgaben hatte der SEA KING bei diesem Auslandseinsatz zu bewältigen? Es bleibt eine ganze Menge. Wenn der Airbus der Luftwaffe am Donnerstag in Dschibuti landete, hieß es bis zu 56 Tonnen Material ausladen und eventuell am gleichen Abend noch Personal auf Schiffe in See verbringen. Die Schiffe verbleiben etwa sechs Monate im Einsatz. Dies bedeutet, auch die Stellenwechsel erfolgen im Einsatzland. Die Materialcontainer sind zu leeren und das Material wird sortiert. Dies geschieht mit Hilfe eines Fuhrparks vor Ort. Ohne die Lastwagen sowie den Gabelstapler des MFG 5 wäre die Marinelogistikbasis im Einsatzland (MLBE) nicht so flexibel gewesen. Auch der mitgeführte Kran hat schon vielfach Instandsetzungen an den Schiffen unterstützt.

Mit dem Personal wird, wenn möglich, auch schon die wichtige „Crewmail" auf die Schiffe verbracht. Handelt es sich um größere Gebinde, wird ein Extraflug benötigt. Rekordverdächtig waren bis jetzt ca. 360 kg Post für die Fregatte BAYERN, die in einem Flug bewältigt worden sind. Kurz zusammengefasst, im Großteil werden PMC-Flüge (Personen, Mail und Cargo) durchgeführt. Jeder Flug in den Golf von Aden bedeutet gleichzeitig eine Unterstützung der Einheiten in der Seeraumüberwachung. Kontakte werden gemeldet oder für die Einheiten identifiziert und dokumentiert. Dies geschieht aus einer sicheren Entfernung zu den Objekten. Die großen Schiffe, ob Container- und Massengutfrachter oder Tanker, stellen nicht die Bedrohung dar. Die über 35 Knoten laufenden, kleinen wendigen Speedboote oder die typischen

„Crewmail" für die BRANDENBURG. / Flying postmen deliver BRANDENBURG mail.

kleinen Handelsschiffe, die zum Schmuggel von Mensch und Gütern eingesetzt werden, können schnell zu einer Bedrohung werden. Der Beschuss der Fregatte EMDEN zeigte, dass Warlords oder Schmuggler hier nicht zurückschrecken. Piraterie ist immer noch die größte Bedrohung für die zivile Schifffahrt in der Region. Die im gesamten Bereich der arabischen Welt benutzten Dhows sind schwer zu verfolgen. Sie tragen keinen Namen und haben in der Regel auch keine Flagge gesetzt. Sie sind nur an ihrem sehr bunt gehaltenen Anstrich zu identifizieren. Ursprünglich waren es Lastensegler, aber die heutigen Holzboote werden mit Dieselmotoren angetrieben. Nur die stabile Bootsform ist so erhalten geblieben. Sie werden mit allem Möglichen beladen und fahren bis nach Indien oder in den Arabischen Golf. Da es nur um eine reine Überwachungstätigkeit geht, darf in die Hoheitsgewässer der angrenzenden Staaten nicht eingeflogen werden. Für den Golf von Aden bedeut dies, im Norden die Grenze zum Staat Jemen und im Süden von Somalia.

Die SAR-Bereitschaft gab den Kameraden in See ein beruhigendes Gefühl der weitergehenden

medizinischen Versorgung. So musste ein britischer Kamerad bei Nacht schnellstmöglich in das französische Militärkrankenhaus ausgeflogen werden, da er eine akute Blinddarmentzündung hatte. Bei einem Flugzeugabsturz vor Dschibuti an einem späten Abend leisteten die Kameraden Unterstützung. Trotz der widrigen Umstände war der Hubschrauber nach 35 Minuten startklar. Am darauffolgenden Tag wurden die verfügbaren Taucher der deutschen Marineeinheiten zur Wracksuche eingeflogen und die französischen Kräfte unterstützt. Der längste Flug im Rahmen einer medizinischen Evakuierung ging weit über den Eingang des Golfs von Aden hinaus und ermöglichte die rechtzeitige Behandlung eines verletzten deutschen Soldaten im Heimatland. Hierzu war eine gute Zusammenarbeit und zeitliche Koordinierung mit den in See stehenden Einheiten nötig, um immer zur rechten Zeit eine „Tankstelle" vorzufinden. Die Hubschrauber haben sich in den extremen Klimabedingungen bewährt. Es waren keine großen technischen Ausfälle während der landgestützten Zeit zu vermelden.

Mittlerweile wird der Einsatz nicht mehr landgestützt durchgeführt. Die Hubschrauber schiffen als organische Bordhubschrauber mit den fliegenden und technischen Soldaten auf die Einsatzgruppenversorger ein und stellen dort den Hauptabschnitt 500. Der Einsatz OEF wird von dort unterstützt und ist flexibler durchführbar. Wie sich im Januar 2005 gezeigt hat, ist die schnelle Verlegung von Mensch und Material möglich – die Hubschrauber flogen humanitäre Einsätze im Tsunami-Katastrophengebiet von Indonesien.

SEA KING Wartungsarbeiten auf der FRANKFURT AM MAIN bei 40°C. / Servicing a SEA KING on board FRANKFURT AM MAIN at 40°C.

Schiffahrtmedizinisches Institut der Marine

Das SchiffMedInstM ist eine Dienststelle der Marine. Es untersteht fach- und truppendienstlich dem Admiralarzt der Marine im Flottenkommando. Gemeinsam mit Dienststellen des Zentralen Sanitätsdienstes der Bundeswehr liegt es auf dem Gelände des ehemaligen Bundeswehrkrankenhauses in Kronshagen bei Kiel.

Das Institut ist die zentrale medizinische Einrichtung der Marine und für alle Belange der maritimen Medizin zuständig und gleichzeitig die „Alma mater" aller Sanitätsoffiziere der Marine. Es erbringt spezifische Dienstleistungen in erster Linie für die Flotte und für die Marine insgesamt. Auf speziellen Gebieten werden auch Leistungen für die gesamte Bundeswehr erbracht. Hervorzuheben ist die intensive Zusammenarbeit mit zivilen und militärischen Einrichtungen des In- und Auslandes.

Der Leiter des Institutes im Rang eines Flottenarztes führt das SchiffMedInstM und ist Vorsitzender des Tauchunfall-Untersuchungsausschusses der Bundeswehr. Ihm unterstehen die Abteilungsleiter der Abteilungen „Maritime Medizin", „Tauch- und Überdruckmedizin" sowie „Forschungswissenschaft und Lehre". Insgesamt 78 Mitarbeiter, davon 60 Soldaten, arbeiten themenübergreifend in den Abteilungen und Fachgebieten.

Die Abteilung **Maritime Medizin** ist vornehmlich mit der Erarbeitung von Grundlagen für die maritime Einsatzmedizin befasst. Ihr Nukleus ist das Fachgebiet Schifffahrt- und Arbeitsmedizin. Dieses leistet die Beratungen vor, während und nach Auslandseinsätzen und ist federführend auf dem Gebiet der Arbeits- und Umweltmedizin an

Bord tätig. Ein wesentliches Arbeitsfeld stellt die Entwicklung und Planung marinespezifischen Wehrmaterials und fachdienstlicher Anweisungen dar. Darüber hinaus nimmt dieses Fachgebiet die Aufgaben der obersten Gutachterstelle der Marine für Fragen der Borddienstverwendungsfähigkeit wahr und erstellt schifffahrtmedizinische Lagebilder der Auslandshäfen, damit sich die Einheiten der Flotte auf die spezifischen Gegebenheiten vorbereiten können (Impfungen, Hygienemaßnahmen etc.). Mittels der Telemedizinanlage ist sie das Bindeglied zu dem Arzt an Bord und kann diesen in Echtzeit mit medizinischen Daten, Diagnosen und Fachexpertisen unterstützen.

Das Fachgebiet **Medizinische Ergonomie und Schifffahrtpsychologie** ist in erster Linie mit der psychologischen Krisenintervention nach psychisch traumatisierenden Ereignissen, der psychologischen Eignungsfeststellung für Spezialverwendungen befasst. Darüber hinaus werden ergonomisch/arbeitspsychologische Untersuchungen an Bord sowie die truppenpsychologische Unterstützung von Einheiten der Marine (Einsatzvorbereitung, -begleitung und -nachbereitung) durchgeführt.

Das Fachgebiet **Zahnärztliche Behandlung und Begutachtung** begutachtet Probanden im Rahmen der Verwendungsfähigkeitsuntersuchungen, bildet angehende Schiffsärzte in der zahnmedizinischen Notfallbehandlung aus und ist zuständig für das Management der mobilen Bordzahnstationen und entwickelt die hierfür erforderlichen Verfahren.

Neu aufgebaut wird das Fachgebiet **Medizinischer ABC-Schutz/B-Detektion Bord**. Die Hauptauf-

gabe liegt in der Adaptation von Konzepten und Verfahren des medizinischen ABC-Schutzes und des Schutzes vor Toxic Industrial Hazards (TIH) an Bord. Darüber hinaus ist es mit dem Aufbau und der Fortschreibung der Fähigkeiten zum Umgang mit ABC-Kampfstoffen und (TIH) an Bord befasst und gewährleistet die Verzahnung des maritimen, technischen und medizinischen ABC-Schutzes.

Die Abteilung **Tauch- und Überdruckmedizin** stellt in erster Linie die Durchführung und Weiterentwicklung der Verfahren und Maßnahmen der Tauchmedizin sicher. Ein wesentlicher Aspekt ist die U-Boot-Medizin/-Rettung.

Das Fachgebiet **Grundsatz/Untersuchung und Begutachtung** leistet Routineuntersuchungen für das gesamte tauchende Personal der Bundeswehr, einschließlich des U-Bootpersonals. Es werden rund 2.800 Untersuchungen jährlich durchgeführt. Modernste Ausrüstung steht für Ergospirometrie, Lungenfunktionsanalyse, Audiometrie, Sehtestung und Labordiagnostik zur Verfügung. Bei auffälliger Krankengeschichte oder auffälligen Befunden können zusätzlich Ultraschalldiagnostik, Farbdoppler-Echokardiographie, Langzeit-EKG sowie Langzeit-Blutdruckmessung durchgeführt werden.

Übung oder Ernstfall? Sanitätsübung mit Hubschraubereinsatz als Vorbereitung auf den Einsatz im Ernstfall an Bord EGV FRANKFURT AM MAIN. / Is it an exercise or the real thing? Medex with a helicopter on board the FRANKFURT AM MAIN.

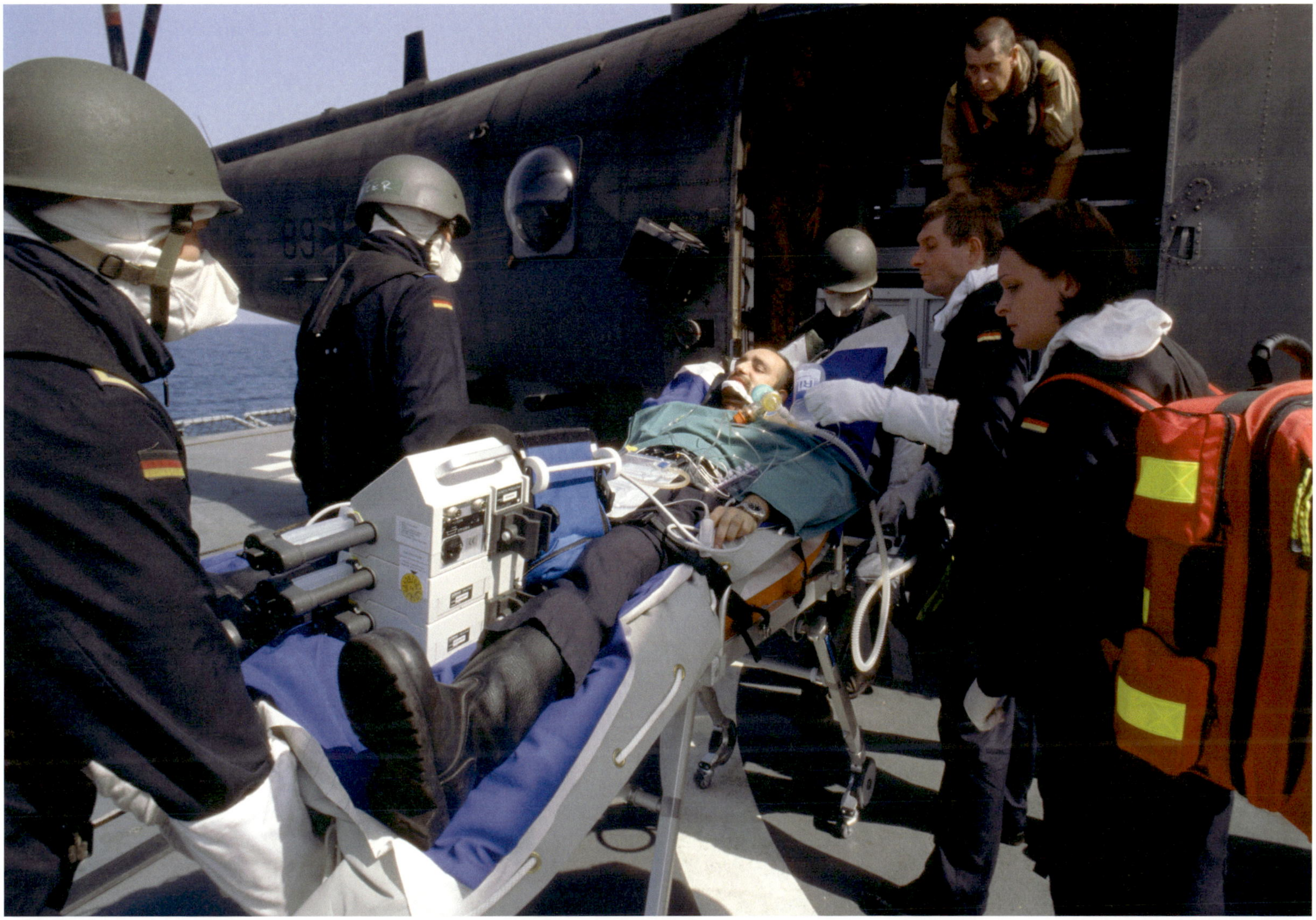

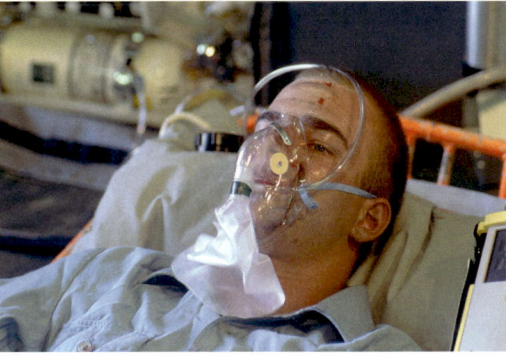
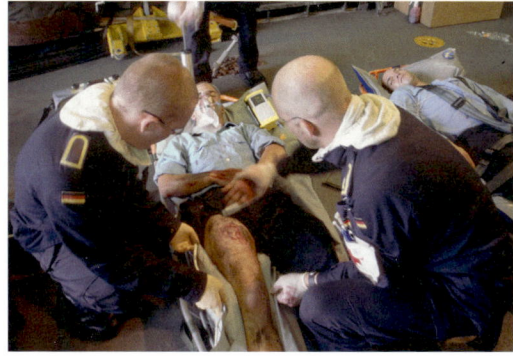

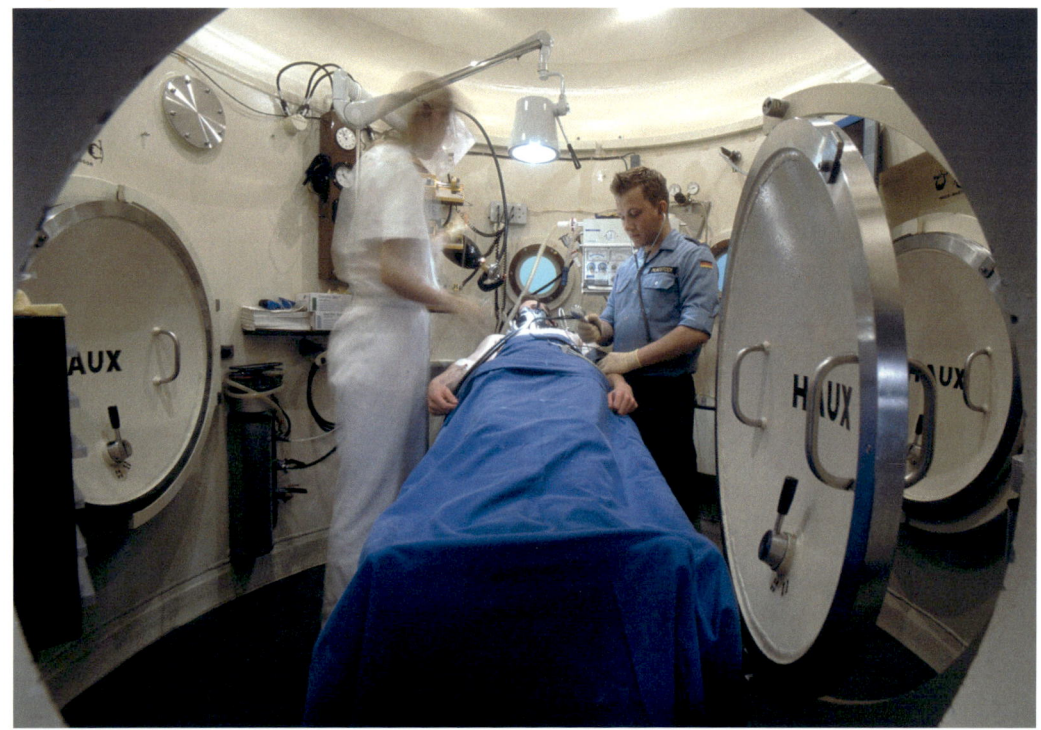

Im Fachgebiet **Druckkammerzentrum** wird ganzjährig (24 Std.) eine Behandlungsdruckkammer mit dem hierfür erforderlichen medizinischen und technischen Personal einsatzbereit gehalten. Sie gehört damit zu der kleinen Gruppe der rund um die Uhr einsatzbereiten Notfalldruckkammern in Deutschland. Das Behandlungsspektrum umfasst die Tauchunfallbehandlung sowie alle Notfallindikationen der hyperbaren Sauerstofftherapie und die Indikationen der ambulanten und chronischen Therapien für militärische und zivile Patienten.

Die Anlage hat eine Gesamtlänge von 14 m, bei einem größten Durchmesser von 2,8 m. Sie besteht aus drei Druckkammern, die unabhängig voneinander betrieben werden können. Die Simulationskammer bietet Platz für 10 Personen. Die Therapiekammer kann einen schwerstkranken, beatmeten Patienten und bis zu drei Personen betreuendes Fachpersonal aufnehmen. Die mit Wasser gefüllte Diagnostikkammer wird für Forschung und Erprobung unter realitätsnahen Bedingungen bis zu einer technischen Maximaltauchtiefe von 200 m genutzt. Im Bereich Tauchunfallbehandlungszentrum Bundeswehr stehen Betten für die

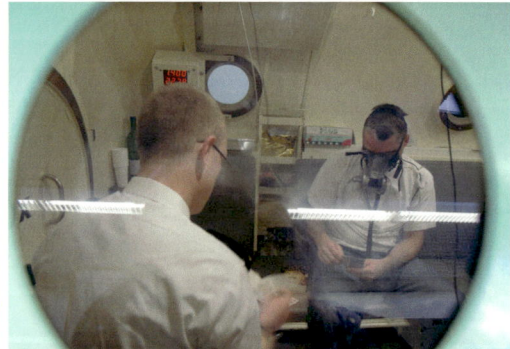

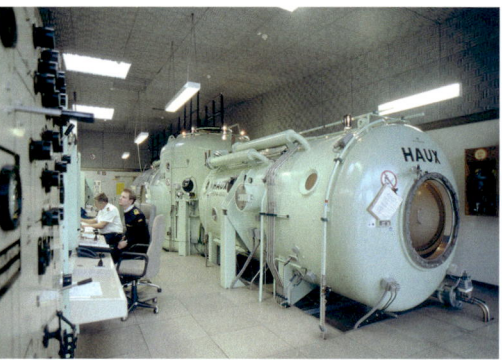

Bild oben: Nach Taucherunfällen, bei Gasbrand oder Kohlenmonoxydvergiftungen werden Patienten zur intensivmedizinischen Behandlung eingeschleust. Bilder links, im Uhrzeigersinn: Fahrstand, Simulationskammer, Nasstank, Gesamtansicht des Druckkammersystems.

After diving accidents, clostridial myonecrosis or CO poisoning, patients are treated in the compression chamber (above).
The control board, a doctor and patient, the water tank compression compartment and the compression chamber (adjacent, clockwise).

Behandlung verunglückter Taucher und deren umfassende Rehabilitation zur Verfügung.

Die Abteilung **Forschungswissenschaft und Lehre** leistet Wehrmedizinische Forschung auf den Gebieten der Tauch- und Allgemeinen Leistungsphysiologie sowie der medizinischen Prävention und erarbeitet marinemedizinische und einsatzmedizinische Grundlagen und Verfahren. Darüber hinaus entwickelt es Testverfahren und Ausbildungsgrundlagen für alle Gebiete der maritimen Toxikologie, Umweltmedizin, medizinischen ABC-Abwehr und maritimen Psychologie. Es betreibt eigene Untersuchungslabore (kreislaufphysiologisches Labor, Ultraschallechokardiographielabor, Hochdruck-Flüssigkeits-Chromatographielabor und Experimental-Druckkammerlabor). Die Studienschwerpunkte liegen in der hyperbaren Sauerstofftherapie, im tauchphysiologischen Bereich und im schifffahrtmedizinischen Bereich. Die Studien finden in enger Zusammen-arbeit mit der Universität Kiel statt. Die gesamte Expertise des Instituts auf allen Gebieten der maritimen Medizin fließt unmittelbar „aus der Praxis in die Praxis" in die Ausbildung ein, vornehmlich in den Schiffsarzt- und den Taucherarztlehrgang und die Lehrgänge für medizinisches Hilfspersonal. Weiterhin finden u.a. Lehrgänge und Kurse auf den Gebieten Tropenmedizin, Epidemiologie, Notfallsonographie, Drogenprävention, Stressbewältigung u.v.m. für medizinisches und nichtmedizinisches Personal der Flotte statt. Für die praxisnahe Ausbildung steht ein „Simulator Schiffslazarett" zur Verfügung, in dem die Gegebenheiten an Bord simuliert und das schiffsärztliche Team unter realitätsnahen Bedingungen „zusammengeschweißt" werden kann.

Nach der Neustrukturierung des Sanitätsdienstes der Bundeswehr ist das Schiffahrtmedizinische Institut der Marine heute die einzige der Flotte unterstehende landgebundene Sanitäts-einrichtung mit der großen Bandbreite von wissenschaftlichen, experimentellen, versorgenden, präventiven und lehrenden Bereichen.

Marinemusikkorps

Die Marinemusikkorps „Ostsee" und „Nordsee" sind mit ihren je fünfzig Musikern die Stützen des Zeremoniells und der Stimmung bei offiziellen und inoffiziellen Anlässen der Marine.
Ob bei Vereidigungen, Kommandowechsel, aus- und einlaufenden Schiffen oder bei geselligen Veranstaltungen und Konzerten, immer sind die Musikkorps einsatzbereit, um den Anlässen einen feierlichen und abgerundeten Rahmen zu geben. So können die Musiker ihrer „Einsatzaufgabe" – als Sanitäter – nur in ganz seltenen Fällen gerecht werden, denn die verfügbare Dienstzeit wird, neben den musikalischen Einsätzen, dringend für Proben und Vorbereitungen gebraucht.

Marinemusikkorps. / The navy orchestra.

3. Kapitel

Das Marineamt

Auftrag

Das Marineamt in Rostock, geführt von einem Konteradmiral, ist eine der beiden Höheren Kommandobehörden der Marine und unmittelbar dem Inspekteur der Marine unterstellt. Zu den Aufgaben des Marineamtes zählen die Versorgung der schwimmenden und fliegenden Verbände der Flotte, deren Materialerhaltung und Modernisierung, die Grundlagenarbeit für militärisch-technische Forderung für Neubauten, Koordination der lehrgangsgebundenen Ausbildung aller Soldaten, die Steuerung der Nachwuchswerbung der Marine, die geowissenschaftliche Unterstützung der Marine sowie die Er- und Bearbeitung der personellen und materiellen Ausstattungsgrundlagen der Marine.

Das Marineamt ist für diese vielfältigen Aufgaben in den Stab, für die internen Arbeitsabläufe, sowie in mehrere Fachabteilungen gegliedert, die vom Stellvertreter Amtschef und Leiter der Fachabteilungen geführt werden. Diese sind:
● Abteilung Marinelogistik
● Abteilung Marineausbildung
● Abteilung POCAR M
● Abteilung Weiterentwicklung der Marine
● Abteilung Geoinformationswesen
● Abteilung Verwaltung

Des Weiteren ist dem Leiter der Fachabteilungen das Kommando Marineführungssysteme unterstellt. Der Abteilungsleiter Marinelogistik, ein Flottillenadmiral, führt nicht nur die Gruppen seiner Abteilung, sondern ist ebenfalls Vorgesetzter der Marinestützpunktkommandos und des Kommandos Truppenversuche der Marine. Der Abteilungsleiter Marineausbildung, ebenfalls ein Flottillenadmiral, führt neben seiner Abteilung auch die Marineschulen.

Die Ölauffangschiffe Klasse 738 BOTTSAND und EVERSAND unterstehen den Stützpunktkommandos Warnemünde und Wilhelmshaven. Durch eine spezielle Konstruktion dieser Schiffe, mit einem Scharnier am keilförmig ausgeschnittenen Heck, sind sie in der Mittelachse aufklappbar, sodass die beiden Rumpfhälften auseinandergefahren werden können. Das dadurch gebildete offene Dreieck mit einem Öffnungswinkel von 65° bildet eine

Ölauffangfläche von 40 m^2. Eine hierin zusammengeschobene Ölschicht kann mit einer Abschöpfeinrichtung über einen Wasserabscheider abgesaugt und in einem bordeigenen Sammeltank gebunkert werden. Mit einer Saugleistung bis zu einer 2 mm dicken Ölschicht können die Schiffe bei 1 kn Fahrt etwa 140 m^3/Std auffangen.

BOTTSAND (Kl. 738)	
L/B/Tiefgang:	46,30 / 12 / 5,20 m
Verdrängung:	500 BRT
Geschwindigkeit:	10 kn
Antrieb:	dieselelektr. Schottelantrieb
Besatzung:	6
Bewaffnung:	keine

EVERSAND (Kl. 738)	
L/B/Tiefgang:	43,98 / 12 / 3,51 m
Verdrängung:	886 BRT
Geschwindigkeit:	10 kn
Antrieb:	dieselelektr. Schottelantrieb
Besatzung:	6
Bewaffnung:	keine

Arbeitspferde der Marine: Ölauffangschiff BOTTSAND (rechts), Schlepper LANGENESS (oben). / Navy workhorses: Hinged oil recovery vessel BOTTSAND (right) and tug LANGENESS (above).

Die zum 01.10.03 im Marineamt neu aufgestellte Abteilung Pocar M befasst sich mit dem Themenkomplex „Organisation und Strukturen". Hinter der Bezeichnung POCAR M verbergen sich die Handlungsfelder Personalstruktur, Organisation, Controlling, Aufwandsbegrenzung und Rationalisierung Marine. Hinzu kommen Infrastruktur und Stationierung sowie die Einführung von SASPF in die Marine. Damit sind alle Aufgabenfelder, die unterhalb der ministeriellen Ebene mit Organisation und Strukturen zu tun haben, in einer Abteilung zusammengefasst. Truppendienstlich untersteht die Abteilung POCAR M dem Amtschef Marineamt, fachlich erhalten die einzelnen Gruppen ihre Aufträge aus den entsprechenden Referaten des Führungsstabes Marine. Obwohl organisatorisch dem Marineamt zugeordnet, dient POCAR M den beiden Höheren Kommandobehörden der Marine gleichermaßen. Durch die Arbeit der vier Gruppen von POCAR M werden Organisation und Strukturen der Marine so gestaltet, dass die neuen Aufgaben sowohl im Einsatz als auch im Übungs- und Ausbildungsbetrieb effektiver und effizienter wahrgenommen werden können. POCAR M leistet damit einen Beitrag für die Zukunftsfähigkeit der Marine.

Das Marineamt mit seinen Fachabteilungen führt die Marineschulen, das Kommando für Truppenversuche Marine, das Kommando Marineführungsdienste und die Marinestützpunktkommandos. Außerdem wurde mit Auflösung der Marineunterstützungskommandos der Beauftragte für Havarieuntersuchungen in den Stab des Marineamtes integriert.

Die Schulen der Marine werden durch den Abteilungsleiter der Abteilung Marineausbildung, einem Flottillenadmiral, geführt. Seit 1994 befindet sich die Schulland-

Segelschulschiff GORCH FOCK vor der Marineschule Mürwik. / Sail training vessel GORCH FOCK anchored off the Naval Acadamy in Mürwik.

schaft der Marine im Umbruch. Die ursprünglich 16 fachbezogenen Schulen und Ausbildungseinrichtungen der Marine wurden so umorganisiert/umstrukturiert, dass nur noch die bisher bestehenden beiden Vorgesetztenschulen und drei Funktionsschulen mit einer abgesetzten Lehrgruppe (Ausbildungszentrum Schiffsicherung in Neustadt/Holstein) sowie die dem Kommando Marineführungssysteme zugeordnete Lehrgruppe Systemausbildung bei der Marine bestehen:

- Marineschule Mürwik, Flensburg, für die Offizierausbildung
- SSS GORCH FOCK, Kiel als Heimathafen
- Marineunteroffizierschule Plön, für die Unteroffizierausbildung
- Marineoperationsschule Bremerhaven
- Marineversorgungsschule List
- Marinetechnikschule Parow
- Ausbildungszentrum Schiffsicherung Neustadt.

In einer weiteren Lehrgruppe, der „Lehrgruppe Systemausbildung Marine" in Wilhelmshaven als Teil des Kommandos Marineführungsdienste, wird operatives und technisches Systemverständnis an den nur dort vorhandenen Referenzanlagen vermittelt sowie eine bundeswehrweite Ausbildung zum Softwareentwickler durchgeführt.

Die Marinefernmeldeschule, die Marinewaffenschule sowie die Technische Marineschule wurden geschlossen und die Ausbildungsbereiche Technik und Fernmeldetechnik an die Marinetechnikschule nach Parow sowie die gesamte Ausbildung der Operationsbereiche an die Operationsschule nach Bremerhaven verlegt. Die Marineversorgungsschule in List/Sylt wird 2007 aufgelöst. Die Verpflegungsausbildung wird an die Marineunteroffizierschule nach Plön, die Ausbildung im Stabs- und Versorgungsdienst an zentrale Schulen der Streitkräfte überführt. Mit der Neuordnung der Schulorganisation wurden somit bei der Marineoperationsschule alle taktisch/operativen Ausbildungsgänge konzentriert und bei der Marinetechnikschule alle technischen Ausbildungsgänge.

Marineschule Mürwik

Nach den Plänen des Marinebaurates Kelm gebaut und in der äußeren Gestaltung maßgeblich an der Marienburg orientiert, wurde die Marineschule Mürwik, als Ausbildungsstätte für alle Marineoffiziere, 1910 von Kaiser Wilhelm II. eingeweiht. Nach Stettin, Danzig, Berlin und Kiel sind die Offizieranwärter der Marine seit dem 1. Oktober 1910 hier an der Flensburger Förde in der Ausbildung. Nach dem Ersten Weltkrieg diente die Schule alliierten Truppen, die die Abstimmung im deutsch-dänischen Grenzgebiet zu überwachen hatten, als Unterkunft. Der Ausbildungsbetrieb für die Marineoffiziere wurde aber bereits 1920 wieder aufgenommen.

In den letzten Kriegswochen des Jahres 1945 wurde das Hauptgebäude der Marineschule Mürwik als Lazarett genutzt. Wenige Tage vor Kriegsende wurde der Sportschulbereich der Marineschule letztes politisches und militärisches Führungszentrum. Großadmiral Dönitz übernahm am 1. Mai 1945 die letzte deutsche Reichsregierung und verlegte zwei Tage später sein Hauptquartier in das Gelände der Marineschule Mürwik. Nach 1945 diente die Schule weiterhin als Krankenhaus, ab 1949 als Zollschule und später war in einem Gebäudeflügel die Pädagogische Hochschule untergebracht.

1956 zog die Bundesmarine mit der Crew I/56 in den Nordteil des Hauptgebäudes ein und seit 1959 werden die Einrichtungen der Schule wieder uneingeschränkt für die Offizierausbildung der Marine genutzt.

Die Ausbildung der Marineoffiziere

Die Marineschule Mürwik (MSM) führt die Laufbahnausbildung (Offizierlehrgang) für Berufs-, Zeitoffizier-, Sanitätsoffizier-, Reserveoffizieranwärter und -anwärterinnen sowie den Laufbahnlehrgang für Offizieranwärter und -anwärterinnen des Militärfachlichen Dienstes durch. Hier werden Werte und Grundeinstellungen vermittelt und die jungen Menschen zu verantwortungsbewusstem Handeln erzogen. Darüber erfolgt die Führerausbildung nach dem Studium, der Wachoffizierlehrgang für angehende Brücken-Wachoffizier (WO), die Vorbereitung auf den Stabsoffizierlehrgang sowie die nautische Weiterbildung der Offiziere der Marine. Handelsschiffsoffiziere werden mit den Besonderheiten der Marineschifffahrtsleitung sowie dem Einsatz

Mürwik: ein Campus mit Tradition. / Mürwik: a campus steeped in tradition.

als Embargokontrolloffizier vertraut gemacht und erwerben den Status eines Reserveoffiziers. Die Offizieranwärter kommen zu Beginn ihrer Ausbildung erstmalig zur soldatischen Basisausbildung an die Marineschule Mürwik und erwerben zunächst Grundkenntnisse und Fähigkeiten, die sie benötigen, um sich im Dienst wie in der Öffentlichkeit als Soldat korrekt zu verhalten. Anschließend durchläuft der Offizieranwärter an der Marineunteroffizierschule eine sechswöchige infanteristische Ausbildung. Hier werden Exerzieren und der Umgang mit der Waffe ebenso ausgebildet wie die Sicherung militärischer Einrichtungen. (Ab 2007 wird dieser Ausbildungsabschnitt ebenfalls an der MSM durchgeführt).

Nach dieser militärischen „Grundausbildung" wechseln die Offizieranwärter für sechs Wochen zur seemännischen Basisausbildung auf das der Marineschule unterstellte Segelschulschiff GORCH FOCK. Hier lernen die angehenden Offiziere den Einfluss von See, Wind und Wetter auf Schiff und Besatzung, lernen den Umgang mit Masten, Rahen, Segeln und Tauwerk als einfachste Mittel der Seefahrt kennen und lernen, sich in eine Gemeinschaft einzufügen und sich einzubringen. Im Anschluss an die seemännische Basisausbildung erhalten die Offizieranwärter, jetzt wieder an Land an der MSM, die nautische Basisausbildung. Kraftbootführerschein, Segelführerschein, Navigation und nautische Gesetzeskunde bilden in diesem Abschnitt, zusammen mit einer intensiven Englischausbildung, den Schwerpunkt. Nach insgesamt sechs Monaten ist die Basisausbildungsphase abgeschlossen. Nach der vorhergehenden Trennung der Crew in die einzelnen Ausbildungsabschnitte wird der Offizierjahrgang anschließend geschlossen den sechsmonatigen Offizierlehrgang an der Marineschule in Mürwik durchlaufen. Dieser Lehrgang ist das tragende Element der Ausbildung. Lehrproben, Orientierungsmärsche, praktische Nautik an Bord des Ausbildungsbootes NORDWIND, sechs Wochen Bordpraktikum in der Flotte, Schießübungen, Segeln, Kraftbootfahren – kurz, alle Ausbildungsinhalte, die der Festigung der Persönlichkeit als Soldat, Seeoffizier und Führer dienen.

Nach diesem Ausbildungsabschnitt teilt sich der Jahrgang, im fünften Quartal seiner Ausbildung, in unterschiedliche Ausbildungszweige. Praktika in der Truppe, in der Flotte, ein technisches Praktikum in Werkstätten als Voraussetzung für ein Studium als Ingenieur oder Sprachausbildung für künftige Piloten. Ein Teil der dann zum Seekadetten beförderten Offizieranwärter bleibt als Ausbilder für die Nachcrew an der Marineschule und

Moderner Unterricht in geschichtsträchtigen Räumen. / Modern education in a historical ambience.

wird erstmalig, ob Mann oder Frau, selbst vor der Front stehen. Jetzt ist Gelegenheit, Gelerntes umzusetzen und erste Führungserfahrungen zu sammeln.

Das Studium an den Universitäten der Bundeswehr in Hamburg und München, mit Ausnahmen auch an einer zivilen Seefahrtsschule, ist als nächster Ausbildungsabschnitt zu durchlaufen. Informatik, Wirtschaftsingenieurwesen und Pädagogik, Sportwissenschaft, Wirtschaftsorganisationswissenschaft, Geschichte, Maschinenbau, Elektrotechnik und Betriebswirtschaft werden unter anderem angeboten. In mindestens drei, höchstens vier Jahren wird das Studium abgeschlossen. Die Männer und Frauen, inzwischen zum Leutnant zur See oder Oberleutnant zur See befördert, treffen sich spätestens nach vier Jahren an der Marineschule wieder. Hier erwartet sie der fünfwöchige Führerlehrgang sowie der dreimonatige Wachoffizierlehrgang – die abrundende Ausbildung für die erste Verwendung als Wachoffizier in der Flotte. Nach rund sechs Jahren endet die Offiziersausbildung. Unter Berücksichtigung von Charaktereigenschaften, Vorbildung und Fähigkeiten des Einzelnen werden in der Offiziersausbildung Vorgesetzte ausgebildet, die die soldatischen Tugenden wie Tapferkeit, Treue, Disziplin und Gehorsam beherzigen und zum verantwortungsbewussten Führen von Menschen, Schiffen und Flugzeugen befähigt sind.

GORCH FOCK raumschots unter Segeln mit 14 Knoten. / GORCH FOCK reaching at 14 knots under shortend sails.

GORCH FOCK

Die GORCH FOCK wurde bei Blohm + Voss gebaut und am 23. August 1958 in Dienst gestellt. Sie ist das zweite Schiff dieses Namens und das fünfte ihrer Klasse. Ihre Schwesterschiffe, die vor dem Zweiten Weltkrieg auf der gleichen Werft gebaut wurden, stehen bei verschiedenen Nationen noch aktiv im Dienst der Ausbildung des seemännischen Nachwuchses. Sie ist eine Bark, deren Rumpf und Masten aus Stahl sind.

Technische Daten:

Verdrängung:	1.870 t
Segelfläche:	2.037 qm
max. Geschwindigkeit:	16 kn
max. Geschwindigkeit unter Hilfsmotor:	12 kn
Stammbesatzung:	12 Offiziere
	55 Unteroffiziere/ Mannschaften
Lehrgangsteilnehmer:	140

Die GORCH FOCK ist ein Ausbildungsschiff der Deutschen Marine. Offizier- und Unteroffizieranwärter erhalten hier ihre praktische und theoretische Ausbildung für spätere Verwendungen in der Flotte. Gerade die Ausbildung auf einem Segelschulschiff mit dem besonderen Einfluss des Wetters prägt die Charaktereigenschaften und den Gemeinschaftssinn, welche für einen militärischen Führer und Vorgesetzten unerlässlich sind. Nirgendwo wird der Einfluss des Wetters auf Schiff und Besatzung so intensiv erlebt, nirgendwo der Erfolg durch die Gemeinschaft so deutlich wie auf einem Großsegler. Nirgends kann die Bedeutung der Seemannschaft als berufsspezifische Grundlage der Seefahrt so glaubhaft vermittelt werden.

Die GORCH FOCK hat sich als „Botschafter in Blau" für die Verbesserung zwischenstaatlicher Beziehungen, als Ausbildungsschiff für den Offizier- und Unteroffiziernachwuchs sowie als Werbeträger für die Marine in mehr als vier Jahrzehnten bewährt.

GORCH FOCK

Oberfähnrich zur See Florian Ellermann und Gefreiter OA Sebastian Schmonsees

Auf dem Weg in eine neue Welt

Am Hamburger Flughafen hat es geregnet, als wir uns auf den Weg Richtung Süden machten. Im Hafen von Valencia an der spanischen Mittelmeerküste lag unser Ziel: das Segelschulschiff GORCH FOCK. Schon vom Flugzeug aus war sie zu sehen und hob sich deutlich von den anderen Schiffen im Hafen ab.

Als wir dann zum ersten Mal an Oberdeck in der Sonne antraten und in verschieden Divisionen mit sogenannten Korporalschaften eingeteilt wurden, war vielen von uns bewusst geworden, dass die nächsten sechs Wochen völlig anders werden sollten als das, was wir bisher erlebt hatten. Es begann direkt mit der Unterbringung und den Schlafgelegenheiten. Jeder bekam eine Hängematte und etwas Stauraum in den Divisionsdecks zur Verfügung gestellt. Zusätzlich empfingen wir jeweils noch fünf weitere Gegenstände, die sich später als sehr wichtige Utensilien im Leben eines Seemannes herausstellten: einen „Blaumann", Ölzeug, das bei vielen jungen Damen begehrte Mützenband, den Toppsgurt und die „Flunder". Bei der Flunder handelt es sich um einen Plan, in dem etwa 170 Belegnägel (Einrichtungen zum Belegen von Tampen und Tauwerken der Segel), vermerkt sind. Die Frage nach dem Sinn und Zweck dieser Flunder klärte sich sehr rasch: Wir mussten sie schlicht und ergreifend auswendig lernen.

Nach der üblichen Administration und einem schnellen Snack folgte bald die erste Nacht in der Hängematte. Diese musste selbstverständlich vorher irgendwie in den Decks gespannt werden; aufgrund des sehr begrenzten Raumes in bis zu drei Etagen. Wir waren wie die meisten von uns sehr überrascht, wie bequem und angenehm es sich in einer solchen Hängematte liegt und schliefen sehr bald, erschlagen von einem ersten sehr langen Tag als Seemann, ein. Besonders bewusst wird einem der Komfort der Hängematte, wenn man sie in der Frühe wieder verlassen muss.

Reise, Reise, aufstehen!

So oder zumindest in diesem Wortlaut findet jeden Morgen auf der GORCH FOCK das allgemeine Wecken für die Besatzung statt. Nein, nein, es handelt sich dabei nicht um eine nette Geste mit der Bitte irgendwann in nächster Zeit aufzustehen. Bereits früh morgens lauscht man den schrillen Klängen eines über Jahrhunderte technisch ausgereiften Gerätes, der „Bootsmannmaatenpfeife".

Jeder Befehl, jede Information wird durch einen speziellen Pfiff angekündigt. Gedanklich einige Jahrzehnte zurückversetzt, damals waren ja technische Hilfsmittel wie Lautsprecheranlagen nicht verfügbar, erkennt man durchaus den Sinn einer solchen Pfeife. Während der Arbeiten musste die Besatzung an jedem Ort auf dem Schiff mittels Pfiff erreichbar sein. Es wurden verschiedene Töne und Tonfolgen entwickelt, die dem Matrosen, sogar weit oben im Mast einen Befehl übermittelten. Heutzutage in unserer Situation als Kadetten auf der GORCH FOCK erscheint uns dieses Gerät eher als erbarmungsloses Foltergerät im sowieso schon stressigen Tagesablauf. Obwohl, da wäre eine Ausnahme zu erwähnen: Pünktlich kurz vor den Mahlzeiten wird die entsprechende Pause durch den Unteroffizier vom Dienst per Pfiff angekündigt.

Backen und Banken

Nach der Ankündigung erfolgt zügig das „Aufklaren" der jeweiligen Arbeitsstelle, es ist jedes Mal ein Wettlauf mit der Zeit, denn es geht darum nicht ständig am Ende der Warteschlange zu stehen. Eventuell ein wenig später zu essen ist ja an sich nicht unbedingt ein Problem, jedoch gehört zum „Backen und Banken" auch jeweils das Geschirrspülen und Klarieren der Kombüse. Trotz des unermüdlichen Einsatzes der Smuts, die uns sogar mit Kuchen oder leckerem „Mousse au Chocolat" bei Laune hielten, blieb einem schon mal die Kartoffel im Halse stecken oder es lief einem eine „Laus über die Leber", wenn man nach halbstündigem Warten in der Schlange und dem Empfang eines Essensbleches gerade mal fünf Minuten Zeit zum Essen fand, bevor man den Spüldienst antrat oder wir uns klarmachten zur nächsten Segelwache.

Die Segelwache

Jede Segelwache beginnt mit dem Erfassen der aktuellen Lage an Oberdeck. Für eine Segelmannschaft wie uns war dabei wichtig zu wissen, welche Segel gesetzt sind und welche Windverhältnisse vorherrschen. Als Nächstes informier-

Auf der GORCH FOCK wird in Hängematten geschlafen. / Sailors sleep in hammocks on the GORCH FOCK.

ten wir uns natürlich über die jeweilige Segel-stellung der Segel, auch Brassstellung genannt. Eine der häufigsten Tätigkeiten während einer Segelwache ist das damit verbundene Brassen. Abhängig von der Windrichtung und dem dabei anvisierten Kurs müssen die Segel jeweils in die beste Lage zum Wind verbracht werden. Mit dem Brassen ist es ähnlich wie mit dem Autofahren... jeder hat da so einen individuell ausgeprägten Stil. Ganz gleich ob die Segelmannschaft kürz-lich erst an der „Feinbrassstellung" gearbeitet hat oder nicht, eine Ablösung des Segeloffiziers

bewirkte in den meisten Fällen auch eine neue Segelstellung. Für den Fall, dass der Segeloffi-zier mal keine Wünsche diesbezüglich äußerte, meldete sich spätestens in dem Moment der Wind mit einer Richtungsänderung.

„An die Backbord-Vorbrassen!", schrillte es über Oberdeck. Gemeint war damit die Neuausrich-tung der Segel des gesamten vorderen Masten. Ein solches Kommando bewirkt insbesondere während nächtlicher Segelwachen nicht unbe-dingt Begeisterung. Aber wie der Schriftsteller

Johann Kinau (bekannt unter dem Namen „Gorch Fock"/Namensgeber der Drei-Mast-Bark) einst beschrieb: „Seefahrt ist Not".

Um diese Not möglichst gering zu halten bildeten wir innerhalb kürzester Zeit aus einer Ansammlung junger Matrosen eine äußerst effektive Segelcrew. Wir zogen nicht nur Sprich-wörtlich an einem Strang, nein wir „brassten" im Gleichtakt und mit voller Kraft, sodass jedes Segelmanöver so sicher und so schnell wie möglich ablief. Kaum war das Brassen erledigt,

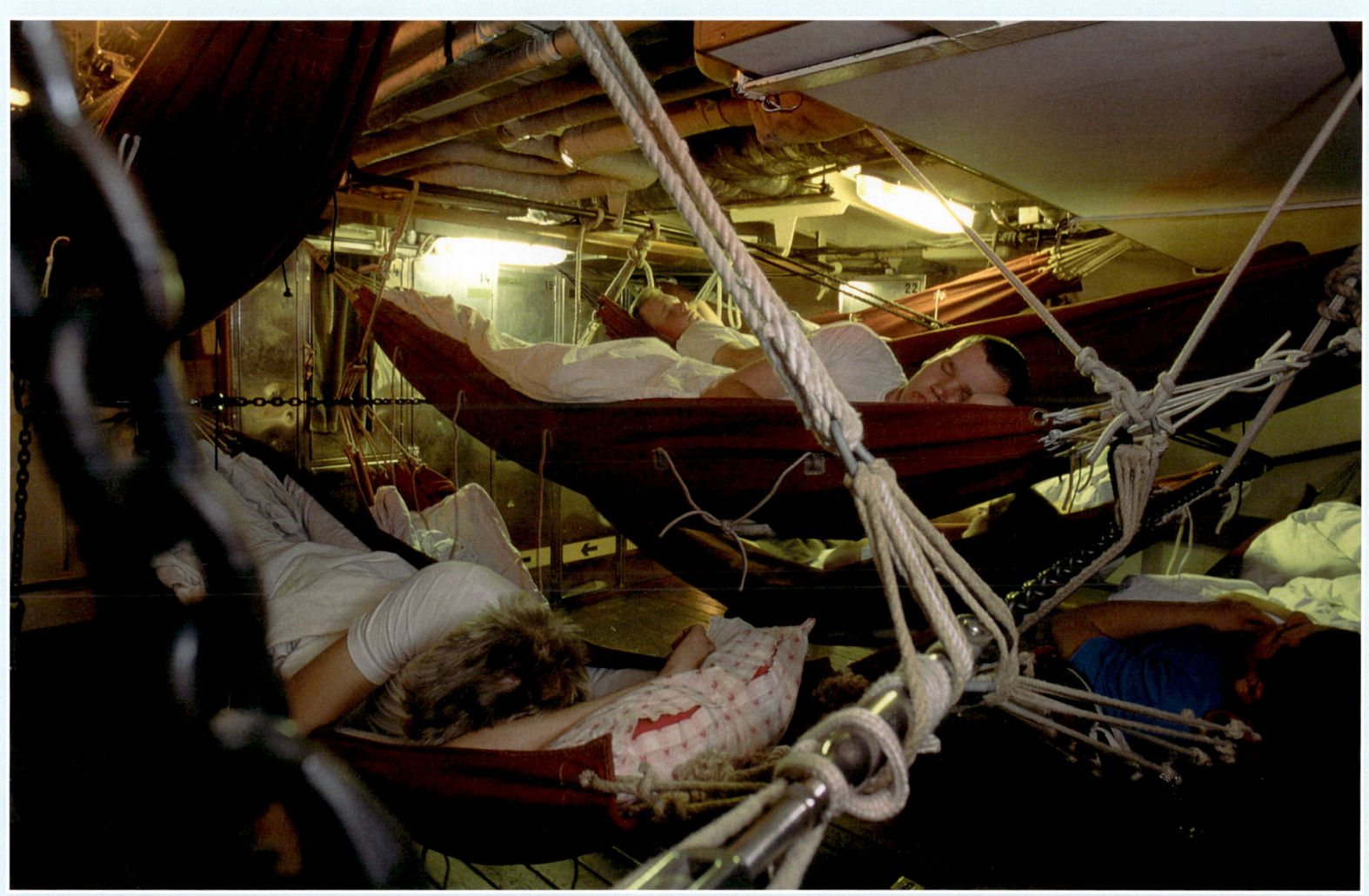

konnte es passieren, dass der Wind abermals auffrischte. Waren dann die Segel geborgen, um ein Reißen derselben zu vermeiden, ertönte ein weiteres Kommando: „Enter auf!". Das bedeutete dann sogleich das Hinaufklettern (Aufentern) in die Rahen, zum Verpacken der Segel. Dort oben so etwa 42 Meter über dem Meeresspiegel, auf der Rah des Royalsegels, rutschte einem schon mal das Herz in die Hose, insbesondere bei viel Wind und Wellengang. Doch für Furcht blieb kaum Zeit: Nach etwa einer halben Stunde Arbeit dort oben in luftiger Höhe sollte so ein Segel verpackt sein, ansonsten hätten wir uns den Zorn unseres Korporals zugezogen. Anschließend stiegen wir wieder hinab, oder wie des Öfteren passiert: schweiften wir etwas ab, holten tief Luft und genossen ein wenig die interessante Aussicht: mehrmals begleitete uns eine Schule Delfine und einmal überholte uns sogar eine geschleppte Bohrinsel.

„Leg ein, Enter nieder!", rief uns einer der Korporäle, „das ist hier kein Kreuzfahrtschiff", erinnerte er uns sogleich. Noch während wir uns auf den Weg nach unten, zurück an Deck machten, zeichnete sich eine weitere wichtige Aufgabe ab:

Reinschiff

Wem das Putzen Freude macht, der kommt auf dem weißen Schiff voll auf seine Kosten. Und zwar täglich. Über das ganze Schiff verteilt gibt es die verschiedensten Reinschiff-Stationen. Jede Station hat so ihre Vor- und Nachteile: Reinigt man zum Beispiel an Oberdeck, kann man weiterhin die frische Luft und den Sonnenschein genießen, aber natürlich auch frieren. Reinigt man jedoch das Schiff im Wohn- und Sanitärbereich, so hat man es selbstverständlich auch hin und wieder mit der sogenannten Abortanlage, wie die Toilette hier genannt wird zu tun, was uns bei weitem nicht unbedingt angenehm erschien. Dennoch gehört dies zur täglichen Hygiene, die in solch beengten Lebensverhältnissen besonders wichtig ist. Eines haben sämtliche Reinschiffarbeiten gemeinsam, sie bieten stets Zeit zum Nachdenken. Zum Beispiel über die typische Seemannssprache. Einem von uns fiel einmal auf, dass er gerade mit einem „Backslappen" auf der „Back" die „Backskiste an Backbord reinigt und nur darauf wartet, dass man zum nächsten „Backen und Banken" pausiert.

Das fahrende Klassenzimmer

Im Vorlauf unserer Zeit auf der GORCH FOCK hatten wir noch keine Ahnung, welcher Unterricht uns wohl erwarten werde. Das Einzige, was uns bekannt war und uns auch sinnvoll erschien, war, dass wir etwas über das Entern, Brassen und sonstige seemännischen Manöver lernen würden. Zwischen den Manövern auf See erhielten wir außerdem noch Unterricht in „Statik und Dynamik der Atmosphäre", wohl um zukünftig tadellos unser eigenes Wetter bestimmen zu können. Auch „Spleiße, Taklings und Segelnähte" sowie „Zusammenhänge der Takelage" standen der Vollständigkeit halber auf dem Plan. Für einige Kameraden bot der Unterricht eine willkommene Gelegenheit, um etwas Schlaf nachzuholen. Obgleich wir stets dagegen ankämpften, haben viele von uns den „Kampf gegen die Müdigkeit" verloren. Kein Wunder, denn unser Tag wäre ja auch ohne Unterricht mehr als ausgefüllt gewesen. Schlafdefizit hin oder her, der Unterricht über Wolken, Wind und allgemeiner Witterung war ebenso wichtig wie die Grundbegriffe der Takelage.

In „Spleiße, Taklings und Segelnähte" lernten wir schließlich nützliche Handgriffe um unseren Müttern einmal zur Hand gehen zu können, denn je-

der von uns stellte einen handgefertigten Seesack her und kennt nun Begriffe wie Bootsmannstich, Kreuzstich oder „Z-Schlag". Auch die gängigsten Seemannsknoten sind uns nicht mehr fremd. Mit sehr viel Mühe und ein wenig Überredungskraft überzeugte uns der Bootsmann, dass ein richtiger Seemann sich natürlich auch mit Gebrauchsknoten auskennt. Denn diese sind der Rohstoff zum Spinnen von Seemannsgarn.

Die Seekrankheit vergeht in Lee

Seekrank, waren wir natürlich niemals! Na ja, wenn doch, dann hatte dies eher den Charakter einer Magenverstimmung, keiner von uns wollte es so richtig zugeben, denn ein „Mariner" der seekrank ist, das passt doch nicht ins Bild. Egal, dachten wir uns und machten weiter mit Spaß ... oder wir versuchten es, „das wächst sich doch mit der Zeit heraus", erzählte eines Abends der Wachtmeister, „Ihr müsst arbeiten, dann werdet Ihr auch nicht krank!"

Nach einigen Tagen, mit der Übelkeit im Hals und den Worten des Wachtmeisters im Nacken, stellten wir dann tatsächlich fest, dass alles eine Frage der Gewohnheit ist. Genauso wie die Furcht,

vergeht dann auch die Seekrankheit in Lee ... Außerdem wurde bereits durch den „Alten" Marokko angepriesen und spätestens zum Einlaufen muss alles vergessen sein, weil: Wer krank ist, geht auch nicht an Land.

Eindrücke eines Auslandshafens – Marrakesch

An einem Samstagmorgen: Die Marokkaner beginnen den Tag mit dem Ruf des Muezzin, und mit diesen Klängen im Ohr sitzen wir bereits um halb sieben in einem alten Bus nach Marrakesch, die 0,8 Millionen Einwohner umfassende „Perle des Südens" von Marokko.

Die Fahrt dauert viereinhalb Stunden, führt über den Desert Highway, die letzten Ausläufer des Atlasgebirges und durch die endlose, flache, steinige Marokkanische Wüste. Zwei Dinge bleiben auch dem minder aufmerksamen Tagesgast einprägsam im Gedächtnis, die wir dem Noch-nicht-Marrakesch-Besucher gerne schildern möchten. Es fahren Busse, mit denen man als Ausländer so irgendwie überhaupt nichts anfangen kann: Minibusse, die innerstädtisch diverse Routen abfahren und auch den Überlandverkehr bewältigen. Weiße Taxis fahren genau wie die Minibusse los, wenn

sie voll sind, und dann meist bestimmte Routen zu Festpreisen pro Mitfahrer, und gelbe Taxen fahren, wo man hin will und mit Taxameter, wie man das von Taxis kennt. Ziemlich wild, aber man kommt immer ganz schnell weg, wenn man sich nicht von den Geld witternden gelben Taxifahrern beirren lässt.

Und die Kurzgeschichten der Bettler, die von ihren vier Frauen und 16 Kindern berichten – der Erzähler aber allerhöchstens 25 Jahre alt ist. Am Schluss kommt die Auflösung und der Touri ist der Dumme. Die Reaktion darauf sind ähnliche merkwürdige Witze, mit Händlern beispielsweise. So werden oft schöne Steine verkauft bei irgendwelchen Sehenswürdigkeiten. Einfach irgendeinen Stein vom Weg aufheben, und wenn der nächste Herr ankommt, und irgendwelche drei Steine für zehn Dirham verkaufen will, einfach den eigenen Stein im Return anbieten. Oder die manchmal nervigen Pferdereiter, die einen alle zwei Minuten zu einem Horse Ride überreden wollen, fragen, ob man ihr Pferd am Spieß grillen darf und wie teuer das wäre. Da lachen alle, die Kulturen freuen sich übereinander und man ist den nervigen Anpreiser los ...

Marinetechnikschule

Die Marinetechnikschule (MTS) hat ihren Hauptsitz in Parow bei Stralsund mit Ablegern für die Marinefliegerausbildung in Westerland auf Sylt und für das Ausbildungszentrum Schiffssicherung in Neustadt/Holstein. Die Schule besteht aus fünf Lehrgruppen. Die Lehrgruppe Ausbildung ist für die gesamte Lehre, die Ausbildungsanlagen und für die Grundsätze der Erziehung an der Schule zuständig. Nach ihren Vorgaben führen die Lehrgruppen A, B und C mit ihren Hörsaalleitern und Hörsaalgruppenleitern die Ausbildung durch. Das Ausbildungszentrum Schiffssicherung bildet die 5. Lehrgruppe.

Die Schule wurde nach der Wende ab 1992 neu aufgebaut. Heute werden an der MTS jährlich 139 verschiedene Lehrgänge durchgeführt, die im Jahr 360-mal beginnen. Die Dauer der einzelnen Lehrgänge reicht von wenigen Tagen bis hin zu 21 Monaten. Durch die Lehrgangsabfolge lernen einzelne Soldaten mit kurzen Unterbrechungen bis zu drei Jahre an der MTS. Die bis zu 4.000 Lehrgangsteilnehmer pro Jahr werden durch 400 Ausbilder in etwa 200 Hörsälen, Laboren, Praxisräumen, Übungsanlagen und Werkstätten ausgebildet. Durchschnittlich sind ca. 1.700 Lehrgangsteilnehmer gleichzeitig an der Schule.

Ihre Wurzeln hat die MTS in acht Schulen und selbständigen Lehrgruppen der Marine, die bis 2002 in der Marinetechnikschule in Parow zusammengefasst wurden. Hier findet die Ausbildung aller Marinetechniker vom Mannschaftsdienstgrad mit Hauptschulabschluss bis zum Offizier der nachuniversitären Ausbildung in folgenden Bereichen statt:

- Marineelektronik
- Informationstechnik
- Luftfahrzeugtechnik
- Schiffstechnik und Seemännischer Dienst
- Waffenmechanik und Waffenelektronik
- zivil anerkannte Aus- und Weiterbildung (ZAW)

Für alle Verwendungsreihen (Fachsparten) wird eine qualifizierte Berufsausbildung vorausgesetzt, die aus dem Zivilleben mitgebracht werden muss oder im Rahmen der ZAW erworben werden kann. Diese Qualifikation können Soldatinnen und Soldaten mit einer 8-jährigen Mindestverpflichtungszeit in einer 21-monatigen Berufsausbildung erhalten. Jedes Jahr schließen bis zu 260 junge Menschen hier eine Berufsausbildung ab. Die Lehrgruppen sind wie folgt gegliedert:

Lehrgruppe Ausbildung
- Hauptfachbereiche
- Schiffstechnik
- Marinewaffentechnik – Systemtechnik – Führungsmitteltechnik
- Waffenelektronik
- Naturwissenschaften – zivile Aus- und Weiterbildung – Informationstechnik
- Luftfahrzeugtechnik

Seemännischer Dienst
Dieser Fachbereich bildet bis zur Ebene der Unteroffiziere mit Portepee aus und vermittelt die Kenntnisse und Fertigkeiten in Seemannschaft und Decksdienst auf Booten und Schiffen der Deutschen Marine. Dazu zählen:
- Tau- und Blockwerk, Arbeiten mit Leinen
- Umgang mit persönlichen und kollektiven Rettungsmitteln
- Kraftbootfahren
- Kutterpullen
- Segeln in Theorie und Praxis, sowie
- das dazugehörige Regelwerk

Schiffstechnik
In diesem Bereich werden alle Themen der gesetzlichen und marinekonformen Vorschriften für den Betrieb der Schiffe und Boote der Marine behandelt, z.B. Unfallverhütungsvorschriften, Umweltschutzbestimmungen, Gefechtdienst- und Betriebsvorschriften, Prüffristen sowie Bericht- und Meldewesen. Ein wesentlicher Teil dieses Bereiches ist auch die Managementlehre von der „Organisation von Werftliegezeiten" über „Betriebsführung-Truppe" bis zur Lehre von der „Organisation von Manövern und Einsätzen".

Waffentechnik
In Waffentechnik werden die Soldaten, im Rahmen der integrierten Waffensystemausbildung, mit allen Waffensystemen und der Munition der Marine vertraut gemacht.
- Unterwasserwaffentechnik
- Sonaranlagen
- U-Jagd-Waffen
- Sperrwaffen (Minen)
- Überwasserwaffentechnik
- Rohrwaffen
- Lenkflugkörper
- Täuschkörperanlagen
- Führungsmittel- und Waffeneinsatz
- Überwachungs- und Feuerleitradar
- Automatisiertes Gefechts- und Informationssystem auf Schnellbooten (AGIS)
- Multisensorplattform MSP 500
- Marinemunitionstechnik
- Sachkunde
- Fachkunde

Fachbereich Führungsmittel- und Systemtechnik
Hier werden alle Elektroniker der Marine an Navigationsradar- und Fernmeldeanlagen

MTS Parow: modernstes Ausbildungszentrum in einer Parklandschaft mit Ostseeanbindung.
School of Naval Engineering with modern facilities in a park on the Baltic.

ausgebildet. Da der Elektroniker, unabhängig von seinem späteren Einsatz auf einer Land- oder Bordeinheit, verantwortlich ist für die Materialinstandsetzung und -erhaltung der ihm zugewiesenen Anlagen, wird er militärfachlich in einem Grundlagenteil und einer anschließenden Systemausbildung geschult.

Fachbereich zivile Aus- und Weiterbildung (ZAW)

Für nahezu alle an der MTS ausgebildeten Verwendungsreihen (Fachsparten) wird eine qualifizierte Berufsausbildung vorausgesetzt, die entweder aus dem zivilen Vorleben mitgebracht wird oder an der Marinetechnikschule mit Hilfe der hier installierten zivilberuflichen Ausbildung erworben werden kann. Dazu ist der Fachbereich zivile Aus- und Weiterbildung (ZAW) eingerichtet. Ungelernte Soldatinnen und Soldaten können an der Marinetechnikschule bei einer Verpflichtungszeit von acht Jahren innerhalb von 21 Monaten eine Berufsausbildung erhalten.

In den Sparten

- Kommunikationselektroniker
- Energieelektroniker
- Feinwerkmechaniker und
- IT-Systemelektroniker

schließen bis zu 260 junge Menschen jedes Jahr ihre Berufsausbildung an dieser Schule ab. Zusätzlich zu diesem Ausbildungsgang, der regelmäßig mit dem Facharbeiterbrief bzw. dem Gesellenbrief endet, bietet die Marinetechnikschule noch eine 6-monatige Weiterbildung für Soldatinnen und Soldaten mit elektronischen Berufsabschlüssen an und führt diese zum Industriemeister Elektrotechnik, Fachrichtung Nachrichtentechnik. Damit ist die MTS auch eine Meisterschule in der Berufsausbildung Mecklenburg-Vorpommerns.

Grundlagenausbildung

In den sieben Wochen Grundlagenausbildung werden die Unteroffiziere in Logistik Materialerhaltung, Fernmeldetechnik, Radartechnik, Navigationstechnik, Hydroakustik und Laser-

technik ausgebildet. Im Ausbildungszentrum Schiffssicherung findet zusätzlich eine Woche Ausbildung in der Schadensabwehr statt. In der typspezifischen Ausbildung wird eine verwendungsbezogene Geräte- und Systemausbildung in 18 speziellen Systemlehrgängen durchgeführt. Diese Ausbildung ist gezielt auf die Anlagen und Geräte und Systeme bezogen, an denen die Soldaten anschließend eingesetzt werden.

Lehrgruppe A

In der Lehrgruppe A findet die Ausbildung von Offizieren, Unteroffizieren und Mannschaften in folgenden Bereichen statt:

- Ausbildung für Offiziere des Truppendienstes und des Militärfachlichen Dienstes der Verwendungsbereiche
- Schiffstechnik
- Marinewaffentechnik
- Ausbildung für Portepeeunteroffiziere, Unteroffiziere und Mannschaften für die Verwendung
- Seemännischer Dienst

In Parow, technische Ausbildung an der Waffe. / Technical training on weapon systems.

- Schiffsantriebstechnik
- Schiffselektronik
- Schiffsbetriebstechnik
- Schiffsartillerie
- Flugkörpersysteme
- Sonartechnik
- Minentechnik und Minenabwehrtechnik
- Zivilberufliche Aus- und Weiterbildung in den Berufen
- Energieelektronik (Anlagentechnik)
- Feinwerkmechanik (Maschinenbau) Boote

Darüber hinaus finden in der Lehrgruppe A Sonderlehrgänge statt.
- Feuerwerkerausbildung
- System- und Leitstandsausbildung für Schiffe und Boote
- Lehrgänge für Offiziere aus Nicht-NATO-Ländern

Lehrgruppe B

In der Lehrgruppe B werden alle Soldaten der Marine im Bereich Marineelektronik und Infor-mationstechnik ausgebildet. Diese Ausbildung umfasst auch eine zivil anerkannte Facharbei-terausbildung und Berufsausbildung bis zum Meisterbrief. Diese Ausbildung wird gemeinsam mit der Industrie- und Handelskammer und der Handwerkskammer durchgeführt. Aufgeteilt in vier Inspektionen werden die Ausbildungsberei-che für Bedienung, Wartung und Instandsetzung von
- Fernmeldegeräten
- Radargeräten
- Navigationsgeräten und
- Geräten zur Elektronischen Kampfführung, die auf Schiffen, Booten und Landeinheiten der Marine eingesetzt werden, sowie die Ausbildung zum Elektroniker für Geräte und Systeme (ZAW), Informationstechniker und Funktechniker.

Darüber hinaus findet die zivil anerkannte Ausbil-dung zum IT-Systemelektroniker (ZAW) mit den Schwerpunkten
- Betriebssysteme
- Netzwerktechnik
- Vernetzte IT-Systeme
- Mikrocomputersysteme
- Datenbanken
- Programmiersprache und
- Telekommunikationssysteme
statt.

Lehrgruppe C

In der Lehrgruppe C wird für die unterschiedli-chen technischen Verwendungsreihen die Grund-ausbildung durchgeführt. Bis zu 600 Rekruten werden gleichzeitig in den Bereichen ausgebildet.
- Allgemeinmilitärische Ausbildung mit grund-legenden militärischen Fähigkeiten und Ver-haltensnormen (Marschieren, Bewegung in der Formation, Zeremoniell)
- Wachausbildung, einschließlich der sichere Umgang mit Pistole und Gewehr und
- praktische Übungen im Gelände sowie
- seemännische Grundlagen und Verhalten an Bord.

Schiffstechnische Ausbildung – auch für Gäste aus dem Ausland. / Engineer training – overseas guests are welcome participants.

Ausbildungszentrum Schiffssicherung der Marine

Die „Lehrgruppe Schiffssicherung", in Neustadt/Schleswig-Holstein, die jährlich von etwa 6.000 Soldaten durchlaufen wird, umfasst den Brandabwehrdienst, den Leckabwehrdienst, den ABC-Abwehrdienst, den Rettungs- und Bergungsdienst sowie den Sanitätsdienst im Gefecht und den Taucherdienst, einschließlich des Tauchersanitätsdienstes sowie die Einsatzgrundlagen. Da die Schiffssicherung integraler Bestandteil des Gesamtgefechtes ist, stehen auch die aufgeführten Dienste nicht einzeln nebeneinander, sondern sind ineinandergreifende Teiloperationen, die nur im Verbund wirksam sein können. Das Anforderungsprofil reicht deshalb von den handwerklichen Fähigkeiten über die schnelle und richtige Lagebeurteilung bis hin zum Einsetzen und Führen von Kräften.

Die Ausbildung der Truppführer, Gruppenführer, Schiffstechnik-Offiziere, Schiffs- und Geschwaderführung und Taucher bildet im Zusammenhang die erforderliche Sicherheit für ein zielgerichtetes Handeln bei Gefechtseinwirkungen. Im Rahmen der Einsatzausbildung der Flotte findet in Neustadt die Schadensabwehrgefechtsausbildung (SAGA) statt. Hier erfolgt auf den jeweiligen Schiffen und Booten eine konzentrierte Ausbildung für die gesamte Besatzung, um das Gesamtsystem in Gefechtssituationen sicher zu beherrschen.

Marineunteroffiziersschule

Die Marineunteroffizierschule hat den Auftrag, Laufbahnlehrgänge zum Maaten, zum Bootsmann, zum Maaten der Reserve und zum Bootsmann der Reserve durchzuführen, um die Befähigung zum militärischen Vorgesetzten sowie zum Führen und Ausbilden von unterstellten Soldaten zu vermitteln. Darüber hinaus finden an der Marineunteroffizierschule Module der Basisausbildung für die Offizieranwärter des Truppendienstes der Marine, Grundausbildung, Fach- und Sonderlehrgänge statt.

Nach Beginn der zentralen Unteroffizierausbildung in der Bundesmarine 1956 in Cuxhaven und ab 1957 in Eckernförde wurde die Unteroffizierschule 1960 wieder an ihren Traditionsstandort Plön

Leckabwehr „Sofortmaßnahme" bei eiskaltem Wasser.
Battling an icy leakage below the water line.

verlegt. Namensgebend für die Schule war und ist, dass hier Jahr für Jahr junge Soldaten für ihre Aufgaben als Vorgesetzte in einer Vielzahl von Lehrgängen ausgebildet und erzogen werden, um anschließend als Führer und Ausbilder in der Truppe Verantwortung übernehmen zu können.

Ausbildungsgänge

- Unteroffizierlehrgang 1 (Laufbahnlehrgang Maat) und 2 (Laufbahnlehrgang Bootsmann),
- Module der Basisausbildung für Offizier-anwärter,
- Grundausbildung für Marinesicherungs-soldaten und Marineuniformträger der Streitkräftebasis,
- Fachlehrgänge Marinesicherung für Offiziere und Unteroffiziere auf der Ebene Gruppen-führer und Zugführer, auch für Angehörige der Reserve,
- Fachlehrgänge im Objektschutz bis hin zum Objektkommandanten und
- Sportleiterlehrgänge zeigen die Vielfältigkeit der angebotenen Ausbildung.

Wehrrecht, Soldatische Ordnung, Handwaffen- und Schießausbildung, Methodik der Ausbildung und Politische Bildung sind zusammen mit der Menschenführung zentrale Themen der theore-tischen und praktischen Ausbildung. Sie werden ergänzt durch Praktische Seemannschaft, For-maldienst (Exerzieren), Sanitätsausbildung und Sport. Durchaus gewollt sind auf diesen Lehr-gängen die vielseitigen geistigen, körperlichen und psychischen Anforderungen an die Lehr-gangsteilnehmer. Sie sollen nach erfolgreichem Abschluss als vielseitig einsetzbare, zuverlässige und belastungsfähige Vorgesetzte vor ihre Sol-daten treten können. Aber auch die bereits in der Truppe bewährten und erfahrenen Portepeeunter-offiziere haben die Möglichkeit zur Weiterbildung. So werden für diesen Personenkreis regelmäßig vierwöchige Weiterbildungsseminare angeboten,

um sie mit Neuerungen, Veränderungen in der gesellschaftlichen und politischen Entwicklung oder auch mit Grundsatzerwägungen der Marine-führung vertraut zu machen.

Für aktive und angehende Ausbilder werden Lehrgänge durchgeführt, damit sie ihre Fähig-keiten als Lehrer und Unterrichtende verbessern können. Insgesamt ist jeder länger dienende Unteroffizier im Verlaufe seiner Dienstzeit bis zu dreimal an der Marineunteroffizierschule, sodass hier eine große Verantwortung für die Erziehung und Ausbildung der Soldaten der Marine liegt. Im Jahr 2007 wird zusätzlich die Fachausbildung für die Köche der Marine und anderer Teilstreit-kräfte in Plön etabliert werden. Die infrastruk-turellen Rahmenbedingungen werden derzeit geschaffen.

Marineoperationsschule

1956, im Gründungsjahr der Bundesmarine, wurde auch in Bremerhaven der Neubeginn der Marineschulen eingeleitet. In der seinerzeit noch teilweise von amerikanischen Truppen genutzten Kasernenanlage nahm die Marineortungsschule im September ihren Betrieb auf. Als im Mai des folgenden Jahres die gesamte Anlage von den Amerikanern an die Marine übergeben wurde, konnte der Lehrbetrieb den Erfordernissen entsprechend ausgebaut werden. Mit damals modernen Navigations- und Radaranlagen und einem ehemaligen Minenräumboot begann die Navigationsausbildung.

Dem zunehmenden Bedarf an Elektronikern in der Flotte wurde durch eine qualifizierte Elektro-nikausbildung für alle Dienstgradgruppen begeg-net. Die dafür eingerichteten Ausbildungsanlagen wurden den Erfordernissen entsprechend fortlau-fend modernisiert. Schon 1963 konnten Soldaten nach erfolgreicher Beendigung ihrer Elektronik-ausbildung auch einen zivilen Abschluss vor der

Industrie- und Handelskammer erwerben. Diese Möglichkeiten der zivilberuflichen Anerkennung wurden konsequent weiterentwickelt. Seit 1990 war dann der Abschluss als Kommunikations-elektroniker Fachrichtung Funk und Informatik möglich. Im Jahr 1997 wurde die Ausbildungsein-richtung für die taktische Weiterbildung der Mari-neoffiziere von Wilhelmshaven nach Bremerhaven verlegt und in die Marineortungsschule integriert. Damit verbunden wurde die Namensänderung in „Marineoperationsschule" (MOS).

Im Zuge der Neuordnung der Schullandschaft in der Deutschen Marine wurde mit der Integration der operativen Anteile der ehemaligen Marine-waffenschule in Eckernförde und der Marinefern-meldeschule in Flensburg die Neuorganisation der MOS im April 2003 abgeschlossen. Heute umfasst die Ausbildungstätigkeit in drei Lehr-

Navigationsunterricht. / Tuition in navigation.

gruppen und dem Taktikzentrum Marine unter der Überschrift „Ausbildung für den Einsatz" alle Bereiche von der allgemeinmilitärischen und militärfachlichen Grundausbildung der Rekruten über die verwendungsspezifischen Ausbildungs-gänge der Unteroffiziere, Portepeeunteroffiziere und Offiziere in allen Aspekten der Führungs-dienste, des Waffeneinsatzes, der Nautik und Taktik bis zur hochwertigen operativen Weiterbildung der Offiziere der Flotte. Die Ausbildungsinhalte werden zunehmend mitbestimmt durch die einsatzorientierte Ausrichtung unserer maritimen Streitkräfte. In einem ständigen Prozess werden die Inhalte daher an den Bedarf der Flotte angepasst. Die MOS verfügt nach noch nicht ganz abgeschlossenen Baumaßnahmen über zeitgemäße Infrastruktur in den Unterkunfts- und Ausbildungsbereichen. Die Ausbildung wird unterstützt durch moderne Simulationsanlagen in allen Bereichen sowie durch leistungsfähige Einrichtungen für das Teamtraining.

Lehrgruppe A

Der Auftrag der 5 Inspektionen dieser Lehrgruppe besteht in der militärfachlichen Aus- und Weiterbildung von Soldaten aller Dienstgradgruppen. In der **1. Inspektion** werden Offizieranwärtern und Offizieren des Truppendienstes und/oder des Militärfachlichen Dienstes Kenntnisse und praktische Fertigkeiten vermittelt, die sie auf ihre operativen und waffeneinsatzspezifischen Aufgaben an Bord seegehender Einheiten der Flotte vorbereiten. Je nach Ausbildungsgang und spezifischem Ausbildungsziel erstreckt sich die Lehrgangsdauer über sechs Wochen oder bis hin zu neun Monaten. Darüber hinaus werden Marieoffiziere der Reserve und Offiziere ausländischer Marinen in dieser Inspektion aus- und weitergebildet.

In der **2. Inspektion** werden Unteroffizieranwärter und Unteroffiziere sowie zukünftige Portepeeunteroffiziere der Verwendungsbereiche Überwasser- und Unterwasseroperationsdienst aus- und weitergebildet. Die erfolgreiche Teilnahme an den verschiedenen Ausbildungsgängen befähigt die Soldaten, in Operationszentralen von Über- und Unterwassereinheiten sowie U-Jagdflugzeugen und Hubschraubern der Marine Dienst zu tun. Ein weiterer Schwerpunkt des Auftrags dieser Inspektion liegt in der Ausbildung von Portepeeunteroffizieren und Offizieren im Bereich der Zusammenarbeit mit und Leitung von Luftfahrzeugen der Marine und Luftwaffe.

Der Schwerpunkt des Auftrags der **3. Inspektion** liegt in der Ausbildung des Navigationspersonals der Marine in den Laufbahnen Unteroffizier und Portepeeunteroffizier. Die theoretische Ausbildung reicht dabei von der Vermittlung theoretischer Grundlagen terrestrischer und astronomischer Navigation bis hin zur praktischen Anwendung navigatorischer Verfahren und der Bedienung modernster technischer Navigationsgeräte zur Standortbestimmung und Reisevorbereitung und -planung. Im Rahmen freier Ausbildungskapazitäten werden Weiterbildungslehrgänge für Angehörige von Flotteneinheiten durchgeführt.

Ein Teilauftrag dieser Inspektion liegt in der Durchführung von Lehrgängen „Informationstechnik-Systemkaufmann/-frau". Im Rahmen dieser Ausbildung wird ausgewählten Unteroffizieren und Portepeeunteroffizieranwärtern die Möglichkeit eröffnet, einen zivil anerkannten und IHK-zertifizierten Berufsabschluss zu erlangen.

Das Aufgabenspektrum der **4. Inspektion** ist breit gefächert. In dieser Inspektion findet die Englischausbildung für Unteroffiziere und Portepeeunteroffiziere der Marine sowie für Soldaten aller Dienstgradgruppen aus anderen Teilstreitkräften statt. Vor dem Hintergrund von Auslandseinsätzen sowie der damit verbundenen Zusammenarbeit in multinationalen Verbänden und Verwendungen von Soldaten auf Dienstposten im Ausland kommt der Sprachausbildung eine besondere Bedeutung zu.

Ebenfalls in dieser Inspektion findet die Ausbildung für Unteroffiziere und Portepeeunteroffizieranwärter der Verwendungsreihe „Elektronische Kampfführung" statt. Diese Ausbildung umfasst nicht nur die Vermittlung theoretischer Kenntnis-

se, sondern auch die Bedienung des im Bereich der Ausbildung nur an der MOS vorhandenen Originalgerätes. Auch findet hier die Instandhalterausbildung für diese Geräte sowie für Navigations- und Fernmeldegeräte und -anlagen statt.

Im Verantwortungsbereich der **5. Inspektion** liegt die Ausbildung für alle zukünftigen Unteroffiziere und Portepeeunteroffiziere im Fernmelde- und Signaldienst. Das Berufsbild und damit auch die Ausbildung hat sich im Vergleich zur Vergangenheit komplett gewandelt. Vom Handwerk des Funk- und Fernmeldepersonals an Bord mit der Morsetaste ist nichts mehr übrig geblieben. Vielmehr konzentriert sich die Ausbildung auf den Fernmeldebetrieb mit hochmodernen IT-gestützten Systemen und auf die Administrierung dieser komplexen Systeme sowie die Nutzung von Schlüsselsystemen zum notwendigen Schutz der übertragenen Daten und Informationen.

Lehrgruppe B

Diese Lehrgruppe führt für Wehrpflichtige und Soldaten auf Zeit in einem dreimonatigen Ausbildungsabschnitt die Grundausbildung durch. Hier erhalten die jungen Soldaten eine allgemeinmilitärische Ausbildung wie auch ein auf die künftige Verwendung abgestimmtes fachliches Wissen. Marinespezifische Themen fließen in diese Unterrichtungen mit ein und fördern somit die Identifikation mit dem blauen Tuch der Marine. In der militärfachlichen Ausbildung werden in Hinsicht auf die Spezialisierung für die spätere Verwendung an Bord, aber auch an Land oder für weiterführende Lehrgänge Grundlagen auf den Gebieten der Navigation, der elektronischen Kampfführung, des Operationsdienstes, des Unterwasseroperationsdienstes sowie des Fernmelde- und Signalbetriebes vermittelt.

Brandabwehrausbildung.
Firefighting training.

Neben allem fachlichen und militärischen Wissen wird großer Wert daraufgelegt, durch kameradschaftliches Verhalten Vertrauen und Zusammenhalt zu schaffen und die Werte und Frage nach dem „Dienen wofür?" glaubwürdig zu verdeutlichen. Im Anschluss an die Grundausbildung sind die Soldaten vorbereitet, an Bord oder Land eingesetzt oder aber in die weiterführende Ausbildung eingesteuert zu werden.

Die Lehrgruppe Ausbildung ist verantwortlich für die Planung, Organisation, Leitung und Kontrolle der lehrgangsgebundenen fachlichen Ausbildung. Den Kern der Lehrgruppe bilden die Hauptfachbereiche Führungsdienste und Waffeneinsatz. In ihnen angesiedelt sind die Fachbereiche Operationsdienst, Elektronische Kampfführung/Nachrichtengewinnung und Aufklärung, Fernmeldedienst, Minenkriegführung, Flugabwehr/Luftverteidigung, Ubootjagd sowie Überwasserseekrieg. Neben den beiden Hauptfachbereichen werden im Fachbereich Nautik/Naturwissenschaften die zivilen Lehrkräfte für die Navigationsausbildung, die naturwissenschaftlichen Grundlagen sowie Geophysik zusammengefasst. Eine Gruppe für die Ausbildung in Fliegerleitung und in Geräteinstandhaltung vervollständigen die Lehrgruppe. Die Sprachausbildung wird durch eine Abteilung des Bundessprachenamtes sichergestellt, die fest in die MOS integriert ist.

Die Truppenfachlehrer der Lehrgruppe Ausbildung setzen die vorgegebenen Ausbildungsziele in Lehrstoffpläne für die zahlreichen Lehrgänge um. Zugleich sind sie maßgeblich beteiligt an der Durchführung der lehrgangsgebundenen mili-

Immer ein besonderer Anlass: die Vereidigung der Rekruten. / The oath-taking ceremony is always a very special occaison for young seamen.

tärfachlichen Ausbildung der Lehrgruppen A und B. Daneben sind die Fachbereiche verantwortlich für die Fachaufsicht über die Ausbilder dieser Lehrgruppen.

Taktikzentrum der Marine (TZM)

Das TZM wurde 1997 im Rahmen der Straffung der Ausbildungsorganisationen als Lehrgruppe der MOS neu aufgestellt. Sie ist zentraler Ort der Taktik- und Verfahrensausbildung für die Flotte. Ausbildungsanteile, die früher in Wilhelmshaven und Eckernförde angesiedelt waren, wurden mit dem TZM (zunächst als Ausbildungszentrum Taktische Verfahren, AZTV) nach Bremerhaven überführt.

Das Aufgabenspektrum des Taktikzentrums deckt den weiten Bogen von einfachen Radar- und Plotübungen über das Verfahrenstraining in allen Bereichen des Einsatzes von Seestreitkräften sowie der taktisch-operativen Ausbildung in den „warfare areas" bis hin zu komplexen Planübungen für maritime Hauptquartiere (MHQ) ab. Mithin kommen die Lehrgangteilnehmer aus allen Dienstgradgruppen: Mannschaften, Unteroffiziere und Offiziere, angefangen mit Wehrpflichtigen, die die ersten fachlichen Ausbildungsabschnitte in der Marine absolvieren, über Unteroffiziere und Offiziere in den verschiedenen Stadien ihrer Karriere bis hin zu Kommandanten und Geschwaderkommandeuren der Flotte und Offizieren des Flottenstabes. Das TZM ist somit die „Alma Mater" der Taktik für die Soldaten der Marine. Die Verfahrensausbildung für alle Dienstgrade wird vorwiegend am Verfahrentrainer MOS durchgeführt. Das gilt auch für Trainerübungen im Rahmen der Hubschrauber- und Fliegerleitlehrgänge. Übungen für weiterführende Lehrgänge und Planübungen mit überwiegend taktisch-operativem Hintergrund finden im TVTM statt. Zur Nachbereitung steht jedem Trainer ein Auditorium zur Verfügung, wo die Übung jeweils im Replay-Ver-

fahren mit Zeitraffer oder in Zeitlupe auf Großleinwänden nachvollzogen werden kann.

Neben den „Standardlehrgängen" führt das Taktikzentrum der Marine eine Reihe von Sonderlehrgängen und Seminaren durch, wie z.B. Seminare zur Thematik Operation und Seerecht oder Seminare für Personal aus dem Bereich Rüstung und Industrie. Einen besonderen Stellenwert hat

Nationalhymne. / National Anthem.

die Unterstützung der Einsatzausbildung für Flotteneinheiten im Rahmen eines Command Team Training, in dem Teams der Schiffe für bevorstehende Einsätze geschult werden. Außerdem ist das TZM an der Einsatz- und Manövervorbereitung der Flotte unterstützend beteiligt und wird auch von befreundeten Marinen zur Vorbereitung auf Operationen in internationalen Verbänden genutzt.

Marineversorgungsschule

Die Marineversorgungsschule hat als eine der Funktionsschulen der Marine den Auftrag Soldaten für die Tätigkeiten im Stabsdienst mit Geschäftszimmerfunktion, Bürokommunikation, Personalführung und Rechnungsführerwesen, Verpflegungsdienst und Versorgungsdienst auszubilden. Sie führt die Grundausbildung und die militärfachliche Ausbildung für Rekruten durch sowie die militärfachliche Ausbildung für angehende Unteroffiziere und Portepeeunteroffiziere. Darüber hinaus wird an der Marineversorgungsschule die Offizierausbildung in einer Reihe von unterstützenden Führungsgrundgebieten und Fachgebieten der Marine durchgeführt. Gleichermaßen für Offizieranwärter des Militärfachlichen Dienstes wie auch für Offiziere, die künftig als Schiffsversorgungsoffiziere an Bord von Zerstörern, Fregatten und Versorgern eingesetzt werden oder als Versorgungsoffiziere in Bootsgeschwadern und Landdienststellen, z.B. in Depots, Stützpunkten, Bataillonen oder Führungsstäben. Des Weiteren wird die Ausbildung der künftigen Personaloffiziere und der Sachbearbeiter für Alarm- und Mobilmachung hier durchgeführt. Für diese vielen, leider im militärischen Alltag oft unterbewerteten Dienste, ist eine ebenso gründliche wie auch fachlich qualifizierte Ausbildung erforderlich.

Was wäre ein Schiff oder Boot ohne eine gut funktionierende Kombüse, was könnte eine Sicherungskompanie im Einsatz leisten, wenn der Versorgungsoffizier nicht für den erforderlichen Nachschub gesorgt hätte und wer wollte Schiffsverbände und Flugzeuge über Wochen und Monate operieren lassen, wenn Personalsteuerung, Versorgung und Nachschub nicht von kompetenten Fachleuten organisiert und durchgeführt würden. Jede einzelne Verwendungsreihe des Unterstützenden Dienstes hat ihre Bedeutung, bedarf für das Funktionieren der Flotte einer gründlichen Ausbildung und ist wie jede technische oder operative Ausbildung von einsatzentscheidender Bedeutung. Gegenwärtig findet diese Ausbildung noch an der Versorgungsschule der

Marine in List auf Sylt statt, wird aber in der Zukunft, ab 1. April 2007, an die Unteroffizierschule in Plön, für die Verpflegungsausbildung und für die Stabs- und Versorgungsdienste an die zentralen Schulen der Streitkräfte verlagert.

Kommando Truppenversuche der Marine

Das Kommando Truppenversuche der Marine wurde am 1. September 1968 als Nachfolger des Schiffsübernahmekommandos aufgestellt. Seine Aufgaben können in zwei Tätigkeitsfeldern zusammengefasst werden. Das erste ist der Truppenversuch bzw. die Einsatzprüfung, d.h. die Prüfung von neuen Waffensystemen, Anlagen und Geräten auf ihre Truppenverwendbarkeit, das zweite ist die Auswertung von Waffenübungen der Marine. Im Truppenversuch ist eine begründete Aussage zu treffen, ob die zu prüfenden Systeme/ Geräte den Anforderungen des zu Grunde liegenden Einsatzkonzeptes entsprechen und somit truppenverwendbar sind. Dabei erstrecken sich die Untersuchungen sowohl auf die militärischen, ergonomischen wie auch auf die betrieblichen

Für die Moral wichtig: Gute Verpflegung / Vital for morale: Good food.

Anteile. Der Schwerpunkt der Truppenversuche/ Einsatzprüfungen liegt im Seebetrieb.

Zur Auswertung von Waffenübungen der Marine gehören umfangreiche Vermessungen, Aufzeichnungen und Auswertungen von Daten der Flugkörper-, Artillerie- und Torpedoschießabschnitte der Fregatten, S-Boote und U-Boote sowie der Minenjagdübungen der Einheiten der MS-Flottille. Die hier gewonnenen Erkenntnisse erlauben Aussagen über die tatsächlichen Fähigkeiten der eingesetzten Waffen und ermöglichen darüber hinaus Hinweise zur Aus- und Weiterbildung des am Schießen beteiligten Personals. Hervorzuheben ist die besondere Bedeutung dieser Bewertung durch eine, von Beschaffung, Betrieb und Ausbildung, unabhängige Dienststelle in der Marine.

Zur Durchführung der dargestellten Aufgaben ist das Kommando in vier Dezernate gegliedert. In den Dezernaten Führungsmittel und Waffeneinsatzsysteme/Überwasserwaffen und Führungsmittel und Waffeneinsatzsysteme/Unterwasserwaffen sind ehemalige Kommandanten, Schiffselektronikoffiziere, Offiziere des militärischen Fachdienstes und Portepeeunteroffiziere eingesetzt, die über vielfältige Erfahrungen aus ihrer Borddienstzeit verfügen und umfassende Kenntnisse aus Betrieb, Taktik und Operation einbringen. In Zusammenarbeit mit dem Dezernat „Datenerfassung und -auswertung" werden die Waffenübungen vorbereitet, durchgeführt und ausgewertet mit dem Ziel, in möglichst realitätsnahen Gefechtsszenarien Erkenntnisse über das Einsatzverhalten eingeführter Waffensysteme zu gewinnen und um eventuellen Schwachstellen oder Ausbildungsdefiziten entgegenwirken zu können. Bereits wenige Stunden nach durchgeführten Waffenübungen wird für das Command-Team ein Briefing durchgeführt. Die hier gewonnenen Erkenntnisse fließen dann in weiterführende Übungen ein.

In dem Dezernat **Schiffstechnik/Versorgungsreife** werden vornehmlich die schiffstechnischen und logistischen Anteile der Truppenversuche/Einsatzprüfungen geplant, durchgeführt und mit den Ergebnissen vorangegangener Tests verglichen, ausgewertet und zusammengefasst. Die daraus resultierenden Daten sind die Grundlage zur optimierten Nutzung der Einheiten durch die Besatzungen. Die logistischen Prüfaktivitäten im Rahmen der Einsatzreife laufen als Langzeitversuche auch abschnittsübergreifend in allen technischen Anteilen an Bord.

Das Dezernat **Datenerfassung und -aufbereitung** berät und unterstützt in allen Fragen der Technik, Physik, Mathematik und Informatik das Kommando und stellt für die Auswertungen die Beurteilungs- und Bewertungsgrundlagen bereit. In diesem Dezernat befinden sich die technischen Ausstattungen, um eine verlässliche Datenbasis für objektiv gesicherte Aussagen sowie eine effektive und reproduzierbare Datenaufbereitung zu schaffen.

Die 70 Soldaten und zivilen Mitarbeiter des Kommandos Truppenversuche der Marine bearbeiten zurzeit die Truppenversuche der Fregatten Klasse 124, der Uboote Klasse 212A sowie des Schwergewichtstorpedos DM2 A4 und befinden sich darüber hinaus in der Vorbereitungsphase Truppenversuch/Einsatzprüfung für die Korvetten K130 und Fregatte F125.

Kommando Marineführungssysteme (KdoMFüSys)

Seit fast 40 Jahren hat das KdoMFüSys seinen festen Platz in der Marine und darüber hinaus eine feste Bindung zu Industrie und dem Bundesamt für Wehrtechnik und Beschaffung (BWB). Bereits 1967 wurde das Kommando in Wilhelmshaven aufgestellt, um die Aufgaben zusammenzuführen, die sich aus der Anwendung bordgestützter Führungs- und Waffeneinsatzsysteme (FüWES) und landgestützter Führungsinformationssysteme (FüInfoSys), den heutigen Führungsunterstützungssystemen (FüUstgSys), ergaben. Das erste Ergebnis war das 1969 auf den Zerstörern der LÜTJENS-Klasse integrierte System SATIR (System zur Auswertung Taktischer Informationen), dem 1976 das Automatisierte Gefechts- und Informationssystem (AGIS) für die Schnellboote der Klasse 143 und 1990 das Passiv-/Aktiv-LINK-System (PALIS) für die Minenstreitkräfte folgten.

Heute stellt das Kommando Marineführungssysteme als Systemzentrum der Marine die erforderliche Systemkompetenz zur Planung, Realisierung, Nutzung und Änderung der Führungs- und Waffeneinsatzsysteme und Führungssysteme der Marine. So lautet der Auftrag. Darüber hinaus werden Aufgaben zur Eigenentwicklung und -programmierung von Systemen, bis hin zur Begleitung industrieller Softwareentwicklung übernommen. Hierfür steht die in der praktischen Seefahrt gewonnene Kompetenz abrufbereit in jedem Entwicklungsstadium zur Verfügung. Für die Einspielung von Änderungen an Bord werden Spezialisten des KdoMFüSys eingesetzt. Aufwendig ist die Konditionierung der einzelnen, mit FüWES fahrenden Einheiten, wobei eine Vielzahl aufeinander abgestimmter Parameter eingestellt werden muss. Hierfür orientiert sich der Aufwand nicht an der Zahl der Systeme, sondern an der Zahl der Schiffe, die für jede Seefahrt individuell zu konditionieren sind.

Ein völlig neuer Weg wird bei der Entwicklung neuer Systeme gegangen. Ein zu entwickelndes FüWES wird künftig an einem gegnerischen Anforderungsmodell (GAM) orientiert. In einer Analyse bestehender Systeme, Verfahrensabläufe, taktisch-operativer Zusammenhänge, absehbarer Entwicklungen und Visionen ist ein Anforderungskatalog an ein vorhabens- und geräteunabhängiges FüWES der Marine zu erstellen. Der sich daraus ergebende Katalog wird dann bei der Entwicklung konkreter FüWES eingesetzt. Mit der „Test- und Ausbildungsunterstützung für Einsatzsysteme", kurz „TAUES", hat das KdoMFüSys seit kurzem eine Plattform und die dazugehörige Organisation, die das nationale und internationale sowie teilstreitkraftübergreifende Vernetzen von Waffeneinsatzsystemen erlaubt. Jedes Jahr finden unter maßgeblicher Beteiligung des Kommandos gemeinsame Übungen mit den NATO-Partnern statt, in die sowohl Ausbildungszentren an Land als auch Operationszentralen an Bord, aber auch z.B. AWACS- oder PATRIOT-Einheiten eingebunden sind. So können reale Szenarien „trocken" vorgeprobt und Fehler in den verlinkten Systemen für den Einsatz vermieden werden. In der Organisationsstruktur untersteht das KdoMFüSys dem Leiter Fachabteilungen im Marineamt und unterhält enge Verbindungen zum BWB, zum Bundesamt für Informationsmanagement und Informationstechnik der Bundeswehr sowie zur Industrie.

Die Struktur wird sich künftig unter Beibehaltung des bestehenden Auftrages auch im Zuge der Transformation der Bundeswehr, und damit der Marine, verändern. Sie muss den neuen Gegebenheiten angepasst werden. Nur so wird die hohe Kompetenz angesichts der großen Anzahl von Systemen, Systemanteilen und -schnittstellen bei kontinuierlicher Anpassung der Aufgaben an die Entwicklungen erhalten bleiben können. Das Kommando kann zuversichtlich in die Ende 2007 zu erwartenden STAN-Verhandlungen gehen. Es ist für die künftigen Aufgaben gut gerüstet und aufgestellt.

Kapitel 4

WTD 71

Die Wehrtechnische Dienststelle für Schiffe und Marinewaffen (WTD 71) in Eckernförde wurde 1957 auf dem Gelände der ehemaligen Torpedoversuchsanstalt (TVA) als Erprobungsstelle für Marinewaffen (E71) gegründet. Ihre Aufgabe war es, industrielle Entwicklungen im Bereich der Torpedowaffe, der Sperrwaffe (Minen und Minenräumgeräte) sowie der Artillerie- und Flugkörperwaffen zu untersuchen und zu bewerten.

1970 wurden alle in Schleswig-Holstein beheimateten Erprobungsstellen (E71 in Eckernförde, E72 in Schirnau, E73 in Kiel und die Außenstelle 81A in Surendorf) in der Erprobungsstelle 71 in Eckernförde zusammengefasst. Dies hatte zur Folge, dass sich der Aufgabenbereich der Dienststelle um den Magnetischen Schiffsschutz, den Bereich Schiffstechnik sowie die Ortungs- und Navigationstechnik erweiterte. Durch die spätere Umbenennung in WTD 71 wurde zum Ausdruck gebracht, dass auch der Bereich Forschung und Technologie in Zusammenarbeit mit der Forschungsanstalt für Wasserschall und Geophysik (FWG) in Kiel zu den Kernaufgaben gehört.

Heute ist die WTD 71 im Bereich maritimer Wehrtechnik die zentrale Kapazität des Rüstungsbereichs und für das Projektmanagement im Bundesamt für Wehrtechnik und Beschaffung (BWB) in Koblenz, für die Marine und auch für die Industrie unverzichtbar. Die WTD 71 verfügt besonders im Bereich maritimer Aufgaben mit Bezug zur Küstennähe und/oder Flachwasser über eine auch international anerkannte Kompetenz.

Die ca. 850 Mitarbeiter der WTD 71, davon über 200 Wissenschaftler und Ingenieure, arbeiten in 16 sogenannten Geschäftsfeldern, die das gesamte Spektrum der maritimen Wehrtechnik abdecken. Die Dienststelle ist auf neun Liegenschaften in Schleswig-Holstein verteilt und verfügt über zahlreiche und zum Teil einzigartige Test- und Versuchseinrichtungen. Hierzu gehören mobile sowie stationäre Messanlagen für die magnetische Vermessung und Behandlung von Schiffen und Komponenten.

In diesem Zusammenhang sind insbesondere zu erwähnen: ein Erdmagnetfeldsimulator für Schiffe, eine akustische Messstelle für Flachwasserbedingungen sowie eine gemeinsam mit den Niederlanden und Norwegen betriebene Tiefwassermessstelle in Norwegen, eine mobile Unter- und Überwasserbahnvermessungsanlage, ein Versuchsgebiet für Unterwasseransprengungen im Flachwasser, eine Unterwasserversuchsanlage für Hochgeschwindigkeitsversuche mit Unterwasserlaufkörpern, Torpedoschießstand und -bahn, schiffstechnische Prüfstände (u.a. diverse Schock-, Rüttel- und Klimaprüfstände), Infrarot-Messeinrichtungen, eine Messkammer für elektromagnetische Verträglichkeit (EMV) und nicht zuletzt eine Flotte von acht modernen Erprobungsschiffen.

Am 31. Mai 2005 wurde das neue Forschungsschiff PLANET in Eckernförde in Dienst gestellt. Mit der PLANET verfügt der Rüstungsbereich über ein hochmodernes, hochseetaugliches Schiff, das durch den Einsatz innovativer Technik besticht. Es wurde in der sogenannten SWATH-Bauweise (Small-Waterplane-Area Twin-Hull) gebaut, die ein außergewöhnlich ruhiges Bewegungsverhalten gewährleistet und damit die Durchführung von Forschungs- und Erprobungsarbeiten auch in sehr rauer See erlaubt.

Das Schiff wird von der WTD 71 bereedert und steht auch der FWG für Forschungsfahrten zur Verfügung. Neben seiner Fähigkeit, Torpedoversuche in See durchführen zu können, ist das neue Forschungsschiff aufgrund der hohen Anforderungen an die eigene Geräuschabstrahlung auch für Untersuchungen im Bereich Sonartechnologie bestens geeignet.

Schwimmende Einheiten der WTD 71

Forschungsschiff Klasse 751 PLANET

Einsatzverdrängung:	3.500 t
L/B/Tiefg:	73 / 27,20 / 6,80 m
Leistung:	4.160 kW, dieselelektrisch, 4 PM Antriebe (permanentmagneterregte Maschinen) 2 Wellen, 2 Ruder
E-Leistung:	2 x 1.275 kW plus 2 x 1700 kW
Geschwindigkeit:	ca. 15 kn
Besatzung:	20 + 20 Wissenschaftler
Bewaffnung:	keine

Forschungsschiff PLANET am Liegeplatz in Eckernförde und im Kieler Marine Arsenal. / Research vessel PLANET berthed in Eckernförde and at the Navy Arsenal in Kiel.

Mehrzweckboot klein Klasse 745
Y 863 Stollergrund, Y 864 Mittelgrund,
Y 866 Breitgrund

Einsatzverdrängung:	457 t
L/B/Tiefg:	33,54 / 9,2 / 3,82 m
Leistung:	Deutz, 820 kW, dieselmechanisch,
E-Leistung:	2 x 138 kW
Geschwindigkeit:	12 kn
Besatzung:	7
Bewaffnung:	keine

Mehrzweckboot mittel Klasse 748
Y 860 Schwedeneck, Y 861 Kronsort,
Y 862 Helmsand

Einsatzverdrängung:	980 t
L/B/Tiefg:	56,5 / 10,8 / 3,5 m
Leistung:	dieselelektr. 1.095kW, 1 PM Antrieb (permanent-magneterregte Maschinen)
E-Leistung:	3 x MTU je 520 kW
Geschwindigkeit:	13 kn
Besatzung:	13
Bewaffnung:	keine

Erdmagnetfeldsimulatoren der WTD 71. Hier wird das magnetische Erdfeld des für die Einheit vorgesehenen Einsatzgebietes simuliert und die magnetische Eigenschutzanlage einjustiert.
The WTD 71's magnetic force facility simulates the magnetism to be encountered in future mission areas, enabling the attuning of a ship's self-protection system.

Marinearsenal

Das Marinearsenal ist nicht wie im traditionellen Sinne der Arsenale ein Zeughaus oder Waffenlager, in dem militärische Ausrüstungsgegenstände und Waffen gelagert werden, sondern eine moderne Bundeswehrdienststelle, die für die Instandsetzung von Marineeinheiten zuständig ist und dabei wie ein industrielles Unternehmen arbeitet.

Das Marinearsenal gehört zum Geschäftsbereich des Bundesamtes für Wehrtechnik und Beschaffung (BWB) und damit zum zivilen Rüstungsbereich der Bundeswehr. Als größte Einzeldienststelle abgesehen vom BWB selbst untersteht es damit nicht der Marine, auch wenn der Name dies zunächst vermuten lässt.

Mit etwa 2.300 Mitarbeiterinnen und Mitarbeitern an zwei großen und mehr als fünf weiteren Dienstorten an der Nord- und Ostseeküste werden Reparatur- und Instandsetzungsarbeiten durchgeführt. In den großen Werkstätten in Wilhelmshaven und Kiel stehen moderne Maschinen, Werkzeuge, Vorrichtungen sowie Mess- und

Marinearsenal in Kiel: Schnellboote und Schwimmkräne (oben), im Druckdock wird das gesamte Uboot auf Dichtigkeit geprüft (rechts). The Navy Arsenal in Kiel: FTBs and floating cranes (above), pressure dock for checking submarines for leakages (right).

Prüfgeräte zur Verfügung. Zu den sogenannten „Kunden" des Arsenals gehören ca. 215 Schiffe und Boote sowie rund 65 Landanlagen.

Die zentrale Gruppe „Instandsetzungsmanagement" in Wilhelmshaven übernimmt zusammen mit den Dienststellen der Marine die Vorbereitung, Koordinierung und Überwachung der Zwischen- oder Depotinstandsetzung der Schiffe und Boote. Hierzu werden die Einheiten in regelmäßigen Abständen von ihren Geschwadern abgezogen und unter Einbindung der Werftindustrie instandgesetzt. Die erforderlichen Arbeiten an schiffstechnischen Anlagen, wie Antriebsmotoren, Ruderanlagen und Schiffskörper, werden von Fachfirmen durchgeführt und von den Mitarbeitern des Arsenals vor Ort

kontrolliert und abgenommen. Die Leistungen an den hochwertigen elektrischen und elektronischen Anlagen, Waffen, Geräten und Systemen werden von den Arsenalbetrieben grundsätzlich selbst durchgeführt. Die Ingenieure der Betriebe und insbesondere der zentrale Servicebereich „Technik" erstellen dabei auch Fehleranalysen und lassen durch Verbesserungsvorschläge die Erfahrungen aus der Instandsetzung wieder in die Konstruktion von Neubauten einfließen.

Ein weiterer Bereich beschäftigt sich mit der Realisierbarkeit von Änderungsvorschlägen im Lebenszyklus der Einheiten, um die Waffensysteme im Laufe der langen Nutzungsdauer an die sich wandelnden Anforderungen anzupassen. Das breit gefächerte Wissen der Mitarbeiter

ermöglicht es, den gesamten Rüstungsbereich mit fachtechnischen Beiträgen zu unterstützen.

Eine weitere Aufgabe des Marinearsenals ist das Beheben von Schäden als Serviceleistung „Sofortinstandsetzung". Darunter ist das Beheben von Schäden zu verstehen, die im täglichen Betrieb der fahrenden Einheiten bzw. bei den Ausbildungsanlagen an Land auftreten und mit „Bordmitteln" nicht beseitigt werden können. Die Spezialisten sind, sofern dies erforderlich ist, spätestens innerhalb von zwei Tagen weltweit an Bord. Alle Instandsetzungen, ob an Bord oder an Land, werden von einer intensiven Qualitätssicherung und Reintegrationsleistung begleitet, um der Marine stets einwandfreie, betriebssichere Schiffe zur Verfügung stellen zu können.

Instandsetzungsarbeiten werden von dem Marinearsenal, z.B. in Wilhelmshaven, selbst erledigt (links) oder an die Werft vergeben – und dort durchgehend überwacht, wie z.B. bei Blohm + Voss Repair in Hamburg (rechts). / Repairs and refits are either completed by the Navy Arsenal, for example in Wilhelmshaven (left), or are commissioned to German shipyards such as Blohm + Voss Repair in Hamburg (right).

5. Kapitel

Reservisten

Reservisten finden sich in allen Schichten der Bevölkerung und in allen Bereichen der Bundeswehr. Die Betreuung und Förderung der Reservisten ist einerseits Aufgabe der aktiven Truppe, andererseits Auftrag des Verbandes der Reservisten der Deutschen Bundeswehr. Als vom Deutschen Bundestag beauftragter Träger für die beorderungsunabhängige freiwillige Reservistenarbeit außerhalb der Bundeswehr verfolgt der Verband das Ziel, den Grundgedanken der Sicherheit und Verteidigung der Bundesrepublik Deutschland im Bündnis nach innen und nach außen zu fördern.

Der Verband spricht für alle Reservisten, vom Gefreiten bis zum Admiral. Er betreibt verteidigungspolitische Arbeit, militärische Förderung und vermittelt Kontakte zur aktiven Truppe, damit Reservisten sich auch in dienstlichen Veranstaltungen und Lehrgängen militärisch in Übung halten können. Hierbei versteht sich der Verband als Partner der Bundeswehr und nimmt als Interessenvertreter aller Reservisten konstruktiv an der verteidigungspolitischen Diskussion teil. Mitglieder sind die Reservisten aller Dienstgrade, wobei das zahlenmäßige Verhältnis der Dienstgradgruppen zueinander etwa dem der Bundeswehr entspricht.

Über die nationalen Kontakte zu Parteien, zum Parlament, Bundesregierung und der Bundeswehr hinaus, ist der Verband mit seinen Mitgliedern international in die Vereinigung der Alliierten Reserveoffiziere und in die Vereinigung der Europäischen Reserveunteroffiziere eingebunden. An mehr als 30 deutschen Hochschulen haben sich Studenten, die Reservisten der Bundeswehr sind, zu sicherheitspolitischen Arbeitsgemeinschaften zusammengeschlossen, um die Kontakte zur Bundeswehr zu pflegen. Sie dienen freiwillig, wollen gefordert und gefördert werden und sind bereit, sich in ihrer Freizeit für die Belange der Bundeswehr zu engagieren. Sie nehmen teil an Fortbildungen, Übungen, Manövern, Wettkämpfen und geselligen Veranstaltungen und spiegeln somit das Bild der Bundeswehr wider. Die Marine muss auf Reservisten zurückgreifen können, um zu jeder Zeit allen Anforderungen gerecht werden zu können. Dabei ist weniger interessant, wo und in welcher Funktion der Reservist in seiner aktiven Zeit eingesetzt war, sondern vielmehr, was er darüber hinaus in seinem Zivilberuf gelernt hat, um daraus die sinnvollste Verwendung zu bestimmen. Eine fortlaufende Erfassung und Einplanung qualifizierter Reservisten, insbesondere vor dem Hintergrund der veränderten Einsatzspektren der Flotte, ist deshalb für eine nutzbringende Verwendung zwingend erforderlich.

Die Reservisten der Marine sind eine gut motivierte Truppe, die sich aus allen zivilen Beschäftigungsbereichen zusammensetzt, fortlaufend ergänzt, mit einer durch ständiges Üben abgerundeten Ausbildung, die bei Erfordernis schnell verfügbar ist und zur Unterstützung der aktiven Einheiten eingesetzt werden kann.

Tradition: Reservisten der Marine schießen Salut während der Kieler Woche. / Tradition: Navy reservists fire a gun salute during the Kiel Week.

6. Kapitel

Schlussbetrachtung

Die Deutsche Marine hat im Rahmen der Transformation ihre neue Struktur weitgehend eingenommen und die konzeptionelle Neuausrichtung abgeschlossen. Ein Prozess, der bei der veränderten sicherheitspolitischen Lage auch in der Zukunft fortgesetzt werden muss, um ständig den sich ändernden Anforderungen gewachsen zu sein. Tatsächlich hat die Deutsche Marine ihren Kurs seit ihrer Entstehung nach dem Zweiten Weltkrieg entschieden geändert.

Fest eingebunden in das Nordatlantische Bündnis galt es bis 1989 mit der Bundesmarine die Ostsee und die Ostseeausgänge zu schützen und die für die Versorgung und den Nachschub erforderlichen Seeverbindungen in der Nordsee zu sichern. Ein Auftrag, der es zuließ, die erforderlichen Seekriegsmittel und ihre Fähigkeiten an einem potenziellen Gegner und an einer wahrscheinlichen militärischen Lage zu orientieren.

Durch die Wiedervereinigung Deutschlands, die internationale Ost-West-Entspannung und die asymmetrische Bedrohung durch den Eintritt der terroristischen Bedrohung in das sicherheitspolitische Weltbild, mussten sich der Auftrag und damit die Struktur der Marine ändern.

Neben der nach wie vor bestehenden Aufgabe, zusammen mit den Partnern aus Bündnissen und Koalitionen Küsten, Hoheitsgewässer und die für den Handel notwendigen Seeverbindungen zu schützen, beinhaltet der erweiterte Auftrag der Deutschen Marine Aufgaben in der Krisenbewältigung, Konfliktverhinderung und in der Bekämpfung des Terrorismus. Die Marine als flexibles Mittel der politischen Führung, die überall dort eingesetzt werden kann, wo die Sicherheitsinteressen Deutschlands oder die der Verbündeten

berührt sein können, gewährleistet eine Erweiterung des politischen Handlungsspielraums in Krisengebieten durch schnelle Reaktionen mit Marineeinheiten zur Präsenz, Überwachung oder Durchsetzung von erforderlichen Maßnahmen.

Ein weites Einsatzspektrum für eine ausgewogene Flotte, die befähigt sein muss zur Überwasser- und Unterwasser-Seekriegführung, Minenabwehr, zur Überwachung und Aufklärung sowie zur Seekriegführung aus der Luft und im Verbund mit anderen Teilstreitkräften und/oder internationalen Partnern. Diesen Aufgaben muss sie gleichermaßen auf hoher See, mit einer dafür erforderlichen logistischen Unterstützung, wie auch in Randmeeren, auch mit angemessenen Fähigkeiten zum Wirken von See her in die küstennahen Landregionen, gerecht werden. Dies erfordert unterschiedliche Einheiten die für bestimmte Aufgaben oder Seegebiete optimiert sind, die jedoch im Verbund zu einer geschlossenen Aufgabenerfüllung befähigt sind.

Die Deutsche Marine ist in der neuen Struktur und im andauernden Prozess der Transformation, mit den vorhandenen und den zulaufenden Seekriegsmitteln in der Lage, ihren Auftrag zu erfüllen. Sie kann die Landesverteidigung in den Seegebieten um Deutschland gewährleisten, stellt der politischen Führung einsatzbereite Seestreitkräfte zum weltweiten Einsatz zur Verfügung und leistet ihren Beitrag in der Völkergemeinschaft zur Sicherung des Friedens.

F124 SACHSEN und die britische DUKE Klasse Fregatte PORTLAND im Manöver vor der südenglischen Küste. / German F124 SACHSEN and Royal Navy Type 23 DUKE Class frigate PORTLAND operating off Cornwall.

145

7. Kapitel

Zusammenarbeit von Industrie und Marine

Die Deutsche Marine kann sich auf eine besonders leistungsfähige nationale wehrtechnische Industrie stützen, die sie dank gezielter Forschung und Entwicklung, präziser Fertigung, innovativer Technik und technischer Kompetenz seit Jahrzehnten mit zuverlässigen Fahrzeugen und Ausrüstung versorgt.

Einsatz modernster Technologien und enge Zusammenarbeit mit Behörden, Instituten, Laboren und nicht zuletzt mit der Marine selbst, dem „Endverbraucher", haben alle Projekte begleitet und zu den guten Erfolgen geführt. Perfekte Fertigung bei höchsten Qualitätsansprüchen, zuverlässige Funktionsfähigkeit bei extremen Belastungen und hohe Handhabungssicherheit haben die Produkte über den nationalen Bereich hinaus zu einem weltweiten Ansehen geführt.

Trotz der schwierigen wirtschaftlichen Verhältnisse in allen Bereichen der Industrie, trotz der sehr begrenzten Verteidigungsetats, konnten immer wieder Mittel eingesetzt werden, um die Bereiche Forschung und Entwicklung auszubauen und auf einem hohen Niveau zu halten. Eine Voraussetzung, um mit hochwertigen und zuverlässigen Produkten im nationalen und internationalen Markt zu bleiben. Hierbei darf nicht außer Acht gelassen werden, dass die wehrtechnische Industrie wegen ihrer hohen Exportabhängigkeit, die in weiten Bereichen sogar existenz-

entscheidend ist, auch immer auf internationale Kooperation angewiesen sein wird und deshalb bestrebt bleiben muss, den wehrtechnischen Weltmarkt mit zu bestimmen. Ohne Export kann das für modernen, hoch qualifizierten Schiffbau erforderliche Know-how nicht erhalten werden. So bleibt auch die Deutsche Marine ständig im Zugriff auf neuste Entwicklungen und modernste Technologien.

Die Umstrukturierung der deutschen Streitkräfte, die Transformation, betrifft in hohem Maße auch die wehrtechnische Industrie und wird auch hier ein fortlaufender Prozess bleiben müssen. Insbesondere ist wegen der veränderten Anforderungen an die Einheiten der Marine eine ständige Anpassung, auch der Industrie, an die sich verändernden Einsatzgegebenheiten erforderlich.

Die Generalunternehmer, Werften und Zulieferindustrie werden in Zukunft mehr denn je ihre Angebote an den Aufgaben der Streitkräfte orientieren müssen, auch wenn dieses bei der Vielfalt der internationalen Forderungen ein hohes Maß an Flexibilität im Bereich der Konstruktion und Fertigung erfordert.

Im Wirtschaftsministerium und im Verteidigungsministerium ist deshalb die Zustimmung für die Bitten der Werften um Unterstützung ihrer Exportbemühungen gewachsen. Der wehrtechnischen Industrie muss viel Verständnis für die Notwendigkeit von Exportaufträgen entgegengebracht werden, um den Erhalt von Fachwissen, Forschung, Entwicklung und Fertigung von Marinetechnologie sicherstellen zu können.

Dieses ist umso bedeutender, als es in Deutschland keine marineeigenen Werften gibt, wie sie in vielen anderen Ländern noch vorhanden sind. So werden deutsche Marineschiffe ausschließlich von zivilen Werften gebaut, die gleichzeitig internationalen Schiffbau vielfältigster Art betreiben.

Die deutsche Zulieferindustrie hat an den Bauprogrammen für die Marine und für den Export einen großen Anteil. Bei Antrieben, elektronischer Ausrüstung, Klimatisierung, Kommunikation und Waffentechnik gibt es seit Jahr-

Uboot-Fertigung bei HDW in Kiel (oben), Taufe der U31 (rechts).
Submarine production at HDW in Kiel (above), christening U31 (right).

zehnten traditionell eine bewährte, förderliche Zusammenarbeit zwischen der Werftindustrie, die in der Regel auch der Generalunternehmer ist, und der Zulieferindustrie als Unterauftragnehmer.

Nur in der Anfangsphase der Bundesmarine gab es bedeutende Abhängigkeiten von ausländischen Industrieprodukten. So war insbesondere die Ausrüstung der ersten in Deutschland gebauten Uboote und Fregatten so lange mit den Zulieferfirmen der NATO-Partner eng verbunden, bis die deutsche Industrie aufgrund kontinuierlicher Forschung, Entwicklung und Fertigung ihre internationale Marktposition behaupten konnte und heute fast ausschließlich die Ausrüstung der deutschen Schiffe und Boote sicherstellt. Torpedos, Sonargeräte und Feuerleitanlagen werden ebenso selbstverständlich in Deutschland gefertigt wie automatische Steuerstände, optronische Anlagen, jegliche Art von Antrieben, Ausfahrgeräten, Navigationsgeräte und Fernmeldeeinrichtungen. Ausnahmen bilden lediglich die Antriebsturbinen der Fregatten sowie die Rohrwaffen- und Raketensysteme, die nicht aus deutscher Produktion stammen. Alle halten einen hohen Standard und sind auch auf dem internationalen Markt fest etabliert. Eine Marktposition, die wegen des direkten nationalen Zugriffs für die Deutsche Marine von besonderer Bedeutung ist. Trotzdem will und darf die deutsche Industrie weder auf internationale Zusammenarbeit noch auf Aufträge für fremde Marinen verzichten.

Bei der erforderlichen sparsamen Haushaltsführung des Bundes und den von der Politik abhängigen Rüstungsaufträgen kann es nicht ausbleiben, dass die Marineindustrie sich auch weiterhin um Auslandsaufträge bemühen muss, um

in Zeiten nicht vorhandener deutscher Aufträge ihre Kapazitäten zu erhalten, auszulasten und auszubauen.

Auslastung des Personals, Erhalt von Fertigkeiten, Einsatz von Betriebsmitteln für Forschung und Entwicklung dienen insbesondere auch der Deutschen Marine. Weiterentwicklungen, Zugewinn von Know-how und Umsetzen operativer Erfahrungen in neue Techniken können jederzeit, auch für kurzfristige Aufträge abgerufen werden. Darüber hinaus werden Arbeitskräfte gebunden, die für Sofortaufträge bei Instandsetzungen zum Erhalt der Einsatzbereitschaft dringend gebraucht werden.

Sparsamste Kalkulation bei vollem Risiko für fortschreitende Technologien, permanente Weiterentwicklung und Verbesserungen sind nur dann möglich, wenn internationale Zusammenarbeit und Lieferungen in das befreundete Ausland auch

Industrielle Partnerschaft: Die erste K130 wird bei Blohm + Voss zum Ausrüsten eingedockt (oben), MEKO® 200 SAN Fregatte SPIOENKOP für Südafrika auf Seeerprobungsfahrt im Kattegat (rechts). / Partnership with industry: The first K130 docking for outfitting at Blohm + Voss (above), MEKO® 200 SAN frigate SPIOENKOP for South Africa on sea trials in the Kattegat (right).

in Zukunft gewährleistet bleiben. Nur so kann die deutsche Marineindustrie auch in der Zukunft auf dem internationalen Markt konkurrenzfähig bleiben und im Sinne einer sparsamen Haushaltsführung für die eigene Marine kostengünstig anbieten.

Es ist also unstrittig, dass eine so leistungsfähige, zukunftorientierte Spezialindustrie Synergieeffekte für die Deutsche Marine nur über den internationalen Markt erzielen kann. Hierzu bedarf es allerdings einer politisch getragenen, ausgewogenen und kalkulierbaren Investitionsstrategie, um die Kernfähigkeit der wehrtechnischen Industrie am Standort Deutschland zu erhalten.

Neben den herausragenden Produkten der letzten Jahrzehnte, der perfekten Fertigung, der ständig neuen Entwicklungen und der gesicherten Betreuung während der Nutzungsphase, bleibt aber die Deutsche Marine, als „Parent Navy", der wichtigste Partner.

Mit der Deutschen Marine und ihren international anerkannten Einheiten, Geräten und Anlagen aus eigener Industrie, ihrem hohen Ausbildungsstand sowie ihren Leistungen in weltweiten Operationen erwirbt auch die Industrie Anerkennung, Mitspracherecht und Konkurrenzfähigkeit auf dem internationalen Markt. Deshalb darf auch in der Zukunft weder der Industrie noch der Deutschen Marine durch zu enge politische oder vertragliche Bindungen der Zugang zu internationalen Erfahrungen aus Forschung, Entwicklung oder Betrieb genommen werden. Vielmehr müssen beide in gutem Einvernehmen eine Produktpalette anbieten können, die der Industrie den Erhalt dieses Spezialbereiches sichert und damit der Marine einen hohen Stand technischer Zuverlässigkeit gewährleistet.

Die Deutsche Marine. / The German Navy.

Danksagung

Ein sachgerechtes Buch über die gegenwärtige Deutsche Marine zu erstellen war uns nur möglich durch die vielseitige Unterstützung, die wir aus allen Bereichen der Marine erfahren haben.

Über die gegenwärtige Struktur der Marine, ihre Aufgaben und Zukunftsplanungen, mit aktuellen Bildern aus dem Leben und dem Betrieb der Marine, konnten wir berichten, weil uns Zugang zu allen Bereichen gestattet wurde. Unser herzlicher Dank gilt deshalb dem Inspekteur der Marine, Vizeadmiral Wolfgang Nolting und dem ehemaligen Inspekteur der Marine Vizeadmiral Lutz Feldt. Ohne ihre wohlwollende Begleitung des Projektes hätte dieses Buch in seiner breiten, facettenreichen Form nicht entstehen können.

Gleichermaßen gilt unser Dank dem Befehlshaber der Flotte, Vizeadmiral Hans-Joachim Stricker, dem Amtschef Marineamt Konteradmiral Ulrich Otto, den Typkommandeuren, Geschwaderkommandeuren, Kommodores, Schiffs- und Bootskommandanten, Schulkommandeuren und Kompaniechefs, die uns Einblick in ihre Einheiten gewährten, uns informierten und uns durch sachkompetente Offiziere begleiten ließen.

Unser besonderer Dank gilt Kapitän zur See Jürgen Mannhardt für seinen Beitrag zur Neuausrichtung der Marine sowie Korvettenkapitän Roland Voigt, Oberfähnrich zur See Florian Ellermann, Gefreiter OA Sebastian Schmonsees, Oberleutnant zur See Daniel Auwermann und Gefreiter Torben Gefken für Ihre Erlebnisberichte.

Dennoch bleibt ein Buch immer lückenhaft. Nicht jede Situation kann im Bild festgehalten werden, nicht jedes System kommt in seiner Komplexität zur Geltung und nicht jeder Soldat in der Marine wurde fotografiert. Die gezeigten Bilder stehen exemplarisch für die Marine, in denen sich jeder erkennen sollte der zur Deutschen Marine steht. Wir bedanken uns herzlich für die Unterstützung von:

Oberleutnant zur See Uwe Bös
Kapitän zur See Heribert Brauckmann
Kapitän zur See Günter Braunmiller
Fregattenkapitän Joachim Bruhne
Kapitänleutnant Dirk Brühne
Fregattenkapitän Roland Bühner
Fregattenkapitän Volker Buller
Fregattenkapitän Michael Busse
Fregattenkapitän Michael Büsching
Oliver Dahms
Kapitän zur See Martin Eichhorst
Kapitänleutnant Andreas Frank
Fregattenkapitän Peter Görg
Fregattenkapitän Detlev Haas
Fregattenkapitän Gerd Hamann
Fregattenkapitän Michael Hänschke

Oberleutnant zur See Boris Heide
Korvettenkapitän Gerald Heuer
Leitenden Baudirektor Rüdiger Hoppe
Flottillenadmiral a.D. Wolfgang Kalähne
Lars Kinnemann
Kapitän zur See Michael Kirchgäßner
Baudirektor Klaus Klaßen
Fregattenkapitän Michael Koch
Fregattenkapitän Andreas Kreger
Fregattenkapitän Kurt-Josef Kühn
Kapitän zur See Klaus Mathew
Flottillenadmiral Manfred Nielson
Thomas Ott
Fregattenkapitän Ingo Pache
Kapitän zur See Lutz Panknier
Fregattenkapitän Klaus Perschmann

Flottenarzt Dr. Rainer Pinnow
Oberleutnant zur See Falk Plankenhorn
Lt. Regierungsdirektor a.D. Uwe Reelmann
Dr. Jürgen Rohweder
Korvettenkapitän Patrick Rothehüser
Fregattenkapitän d.R. Thomas Ruckert
Kapitänleutnant Lars Ruth
Fregattenkapitän a.D. Heinz Sass
Kapitän zur See Christian Seele
Flottenarzt Dr. Klaus Seidenstücker
Kapitän Werner Schmidt
Sebastian Schröder
Fregattenkapitän André Sabzog
Bernd Titel
Dr. Uwe Vogel
Fregattenkapitän Werner Weis

Wir bedanken uns auch bei den vielen nicht genannten Helfern, die uns mit Rat und Tat zur Seite gestanden haben und deren Hilfe uns wertvoll war. Ein besonderes Dankeschön sagen wir den Herren des Presse- und Informationszentrums, Fregattenkapitän Gerhard Deisenroth und Fregattenkapitän Werner Hupfeld. Dank ihrer Unterstützung fanden wir bereitwillige Hilfe in allen Bereichen der Flotte und des Marineamtes. Fototermine an Schulen und in Landeinrichtungen, Mitfahrten und -flüge auf Schiffen, Booten, Hubschraubern und MPA sowie Zugang zu amtlichen und persönlichen Schriften haben unsere Arbeit maßgeblich unterstützt.

Hannes Ewerth, Peter Neumann

Literaturverzeichnis/Bezugsdokumente

Auf folgende Dokumente und Ausführungen wurde Bezug genommen:

„Vorbefehl zur Einnahme der Marinestruktur 2010", Stand II. Quartal 2005,
Bundesministerium der Verteidigung.

„Wir sind auf dem Weg zur Expeditionary Navy", Vortrag von FltlAdm Krause

„Die neue Offizierausbildung", Vortrag FltlAdm Nielson, Marineforum 7/8-2004

„Das Flottenkommando" Broschüre von FK Werner Hupfeldt

„WTD 71 – auch zukünftig die Fachkapazität des Bundes für maritime Wehrtechnik"
in Wehrtechnik 2002 zur Jahresveranstaltung der Sektion Ostsee.

„Das Kommando für Truppenversuche der Marine in Eckernförde"
in Wehrtechnik 2002 zur Jahresveranstaltung der Sektion Ostsee.

„Kommando Marineführungssysteme, Strategie und Technik 2006"
FK Klaus Perschmann „Wehrtechnischer Report" 4/2002, Report Verlag

Silent Fleet – The German Designed Submarine Family

Sentinals of the Sea

Die Ubootflottille der Deutschen Marine

Flaggenparade auf der SACHSEN / *Colours on the* SACHSEN

Blick aus der Beobachterkanzel einer Bréguet-Atlantic auf die EMDEN. / *View from the Bréguet-Atlantic reconnaissance cockpit on the F122* EMDEN..

U31 passiert das Marine-Ehrenmal in Laboe. / U31 passing the memorial in Laboe for sailors of all nationalities who died at sea.

EADS – Partner for the German Navy

DS is the defence and security pillar meeting the needs of EADS' customers in the area of Network Enhanced Capabilities (NEC). As the main driver of the Group's development of fully integrated system solutions using the capabilities of its System Design Centre, DS has both streamlined its businesses and built up its capabilities in Large System Integration (LSI) to face the new challenges confronting armed forces and in particular navies the world over. Naval technology is an important part of the EADS' product portfolio coupling the extensive knowledge of subsystems and radars, naval combat systems and integrated advanced missile systems. DS can count Germany, France, UK, Spain, Italy, Norway, Sweden, Denmark, Finland as well as the US among its customers. As early as the 70's EADS was the prime contractor for the German FPB's class 143 as well as designer and integrator for the F122 frigates combat management system.

Through its "Systems House", the Defence and Communications Systems (DCS) Business Unit, EADS is active in the important sector of naval combat systems through the Advanced Naval Combat Management System (ANCS™), part of the Advanced Product Family. Other areas in-clude,the simulation of data transmission networks and the development of coastal surveillance systems – already delivered to Estonia and Portugal. EADS is responsible for:

- real-time operational software,
- combat management system,
- and radar, electronic warfare and communication systems

for the German F124 frigates as well as for the upcoming Germany K130 corvettes. In addition to these accomplishments, EADS is the selected supplier of the future German F125 frigate's combat management system. As part of the Finnish Navy's Squadron 2000 programme, EADS has received "combat readiness" confirmation for ANCS™ and held the overall responsibility for design, delivery and integration of the entire combat system. As an innovative user interface for the systems operator, OMADA – an open multimedia ANCS™ deployment architecture development – was created by EADS' direct customer-oriented approach for system solutions.

As a further step to broaden the EADS' naval product portfolio, the joint acquisition of Atlas Elektronik by EADS and ThyssenKrupp Technologies will combine all the strengths of the three companies in a future "German Maritime Electronics System House". With its unique capabilities, products and strengths it is optimally positioned to provide highly complex, integrated system solutions for platforms and large defence systems.

For more than 40 years Hagenuk Marinekommunikation (HMK), a subsidiary of EADS' business unit Defence & Communications Systems has provided communication systems and equipment to the German Navy.

It's long tradition and comprehensive experience in the fields of HF, audio and data switching as well as message handling are key capabilities for successful system performance. Currently, more than 520 systems have been delivered for all classes of ships world-wide, including 103 systems for submarines. HMK also provides a full service package including feasibility studies, system engineering, hardware and software design, production, system integration and setting to work as well as integrated logistics combined with comprehensive after sales services over the whole product life cycle.

EADS
Defence & Security Systems
Wörthstr. 85
89077 Ulm/Germany
Telephone: +49 (0) 731. 392-0
www.eads.com

SEE | DECIDE | ACT

EADS
DEFENCE
& SECURITY

IDAS
Innovative Technology for Submarines

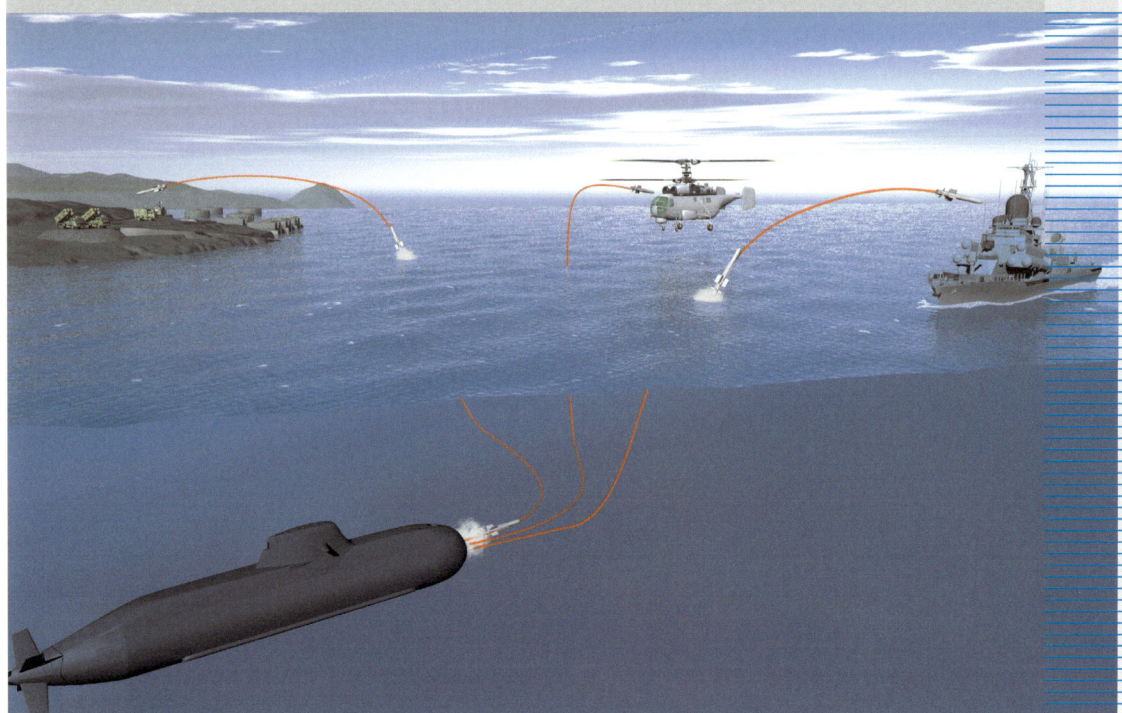

IDAS, a lightweight multi-purpose missile system, can be employed from submerged submarines against a broad spectrum of air, land and sea targets. Diehl BGT Defence, in co-operation with HDW, is developing the IDAS missile for class 212A submarines and also for other submarine classes built by HDW. IDAS is intended to be integratied on both newly built and refurbished submarines.

In today's likely operational scenarios IDAS represents an ideal complement to the existing submarine armament. IDAS will provide capabilites to submarines which do not exist today such as the precise, escalatable attack of small to medium size – and also very fast – surface vessels. The operator's option to influence via fibre-optic cable the course of the mission and to command the exact impact point on the target, reduces the risk of collateral damage – also when attacking coastal targets. The ability to defend himself effectively against ASW helicopters fulfils the long held desire of all submariners.

Diehl BGT Defence GmbH & Co. KG

Postfach 10 11 55
88641 Überlingen
Tel.: +49 7551 89-6122
Fax: +49 7551 89-4080
info@diehl-bgt-defence.de
www.diehl-bgt-defence.de

DIEHL
VA Systeme

DIEHL
BGT Defence

LÜRSSEN

Stealth – Innovation – Performance

Flexible solutions for future Naval Tasks

MTU – Power for the World's Navies

MTU is represented worldwide as a supplier of power systems for land vehicles, marine and rail applications as well as gensets for decentralized energy supply. With the world's navies, MTU is connected through a partnership which has grown over several decades, and which is marked by reliability and competence.

Experience

MTU has supplied around 37,900 marine engines; of those almost 14,400 have been placed in naval vessels. Our reference list includes all varieties of naval vessels, from small patrol boats up to frigates – FPBs, offshore patrol vessels, corvettes, MCMVs, submarines, landing crafts, etc.

Know-how

System engineering is the basis for our success. We accept resposibility as main contractor for the design and supply of complete propulsion plants, including our modern monitoring and control systems, which precisely match the prime movers.

Qualifications

MTU propulsion systems and electronics fulfill the qualification criteria of all the world's major navies.

Diversity

MTU diesel engines and gas turbines cover a power range of 125 to 27,600 kW. We supply them as individual diesel engines as well as combined with gas-turbine power plants in CODAD, CODOG or CODAG configurations.

Europe / Middle East / Africa / Latin America	**Asia / Australia / Pacific**	**USA / Canada / Mexico**
MTU Friedrichshafen GmbH 88040 Friedrichshafen Germany	MTU Asia Pte. Ltd. 1, Benoi Place Singapore 629923, Republic of Singapore	MTU Detroit Diesel, Inc. 13400 Outer Drive West Detroit, Michigan 48239, USA
Phone +49 7541 90 7003 Fax +49 7541 90 7081 Michel.Wees@mtu-online.com www.mtu-online.com	Phone +65 6861 5922 Fax +65 6861 3615 Alex.Choe@mtu-online.com www.mtu-friedrichs-hafen.com.sg	Phone +1 313 592 7806 Fax +1 313 592 5137 Bernard.Bentgen@detroit-diesel.com www.mtudetroitdiesel.com

NOSKE-KAESER

Cool down.
Get the Technology!

- Air Conditioning Technology
- Ventilation Technology
- Refrigeration Technology
- Fire Fighting Technology
- Pipe Installations
- Service

Noske-Kaeser

Noske-Kaeser GmbH · Schnackenburgallee 47-51 · D-22525 Hamburg · Tel. +49-40-85 44-0 · Fax +49-40-85 44-26 39 · www.noske-kaeser.de

Radio Communications
secure, reliable, fast

TELEFUNKEN
RACOMS

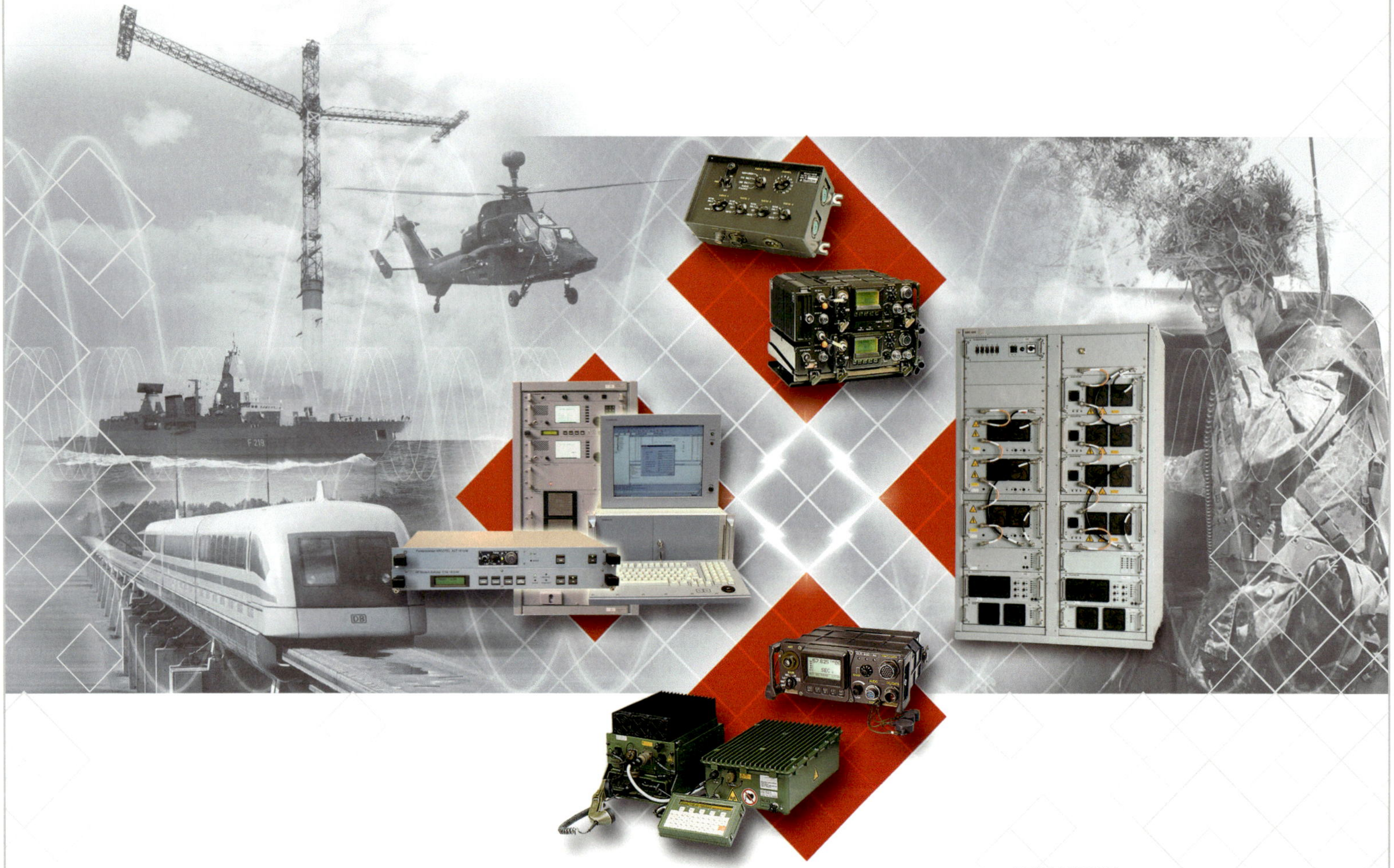

Fleet Builders

There are only two types of naval ships ThyssenKrupp Marine Systems does not design and build: Aircraft carriers and nuclear submarines. ThyssenKrupp Marine Systems is arguably the world's most innovative group of shipbuilders, supplying a range of proven vessels ranging from brown water OPVs to blue water MEKO® corvettes and frigates, from the phenominally stealthy VISBY to the high-tech twin hulled SWATH naval research vessel PLANET. Talking submarines, ThyssenKrupp Marine Systems' technological leadership is ably demonstrated by the world's first AIP/Fuel Cell powered submarines, endowed with anti-magnetic hulls and a long list of further state-of-the-art features, all of which are impressive enough to give a flat top the shivers and let a nuke scramble.

ThyssenKrupp Marine Systems

A company of ThyssenKrupp Technologies

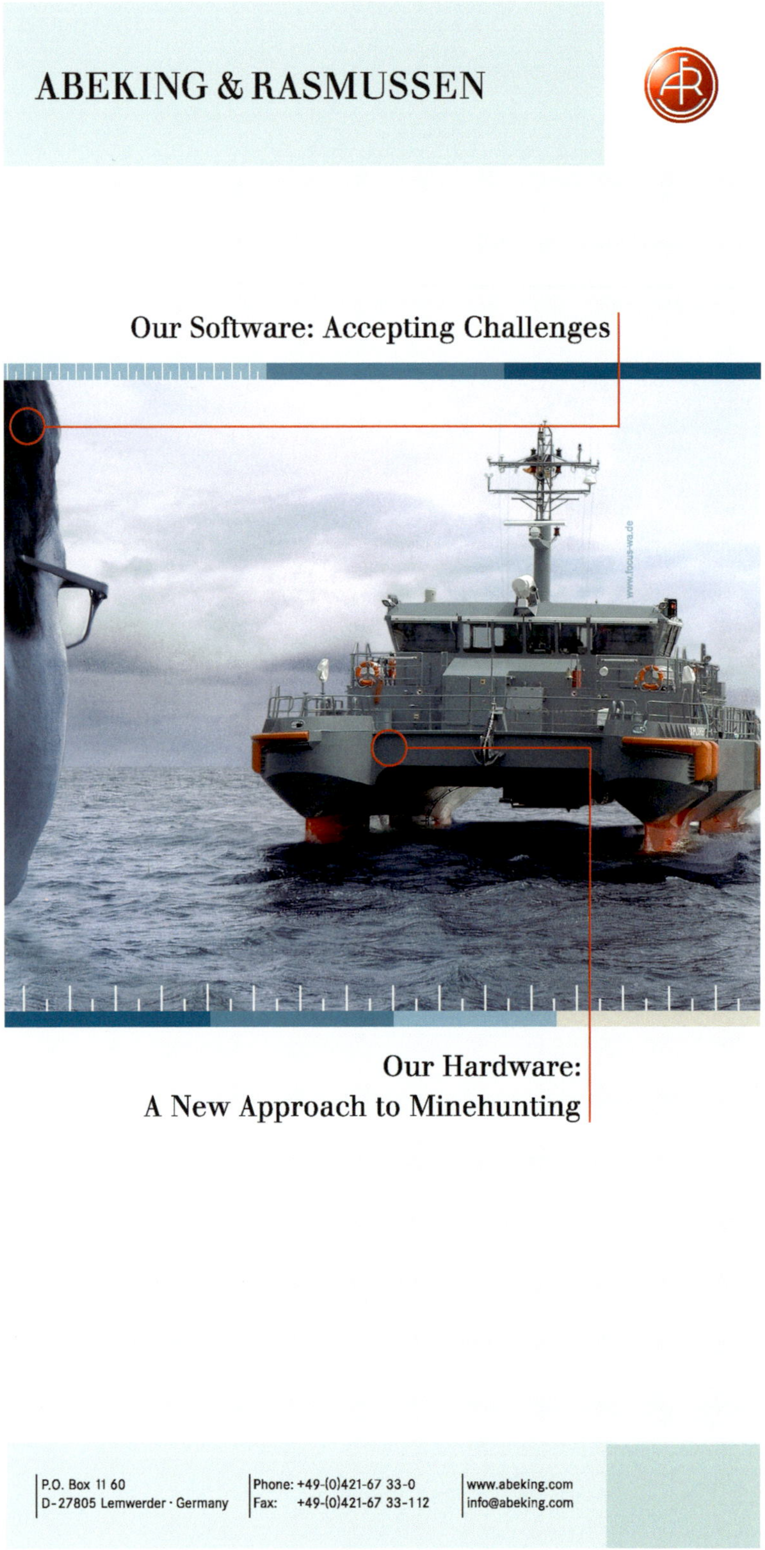
ABEKING & RASMUSSEN
Our Software: Accepting Challenges
Our Hardware:
A New Approach to Minehunting
P.O. Box 11 60
D-27805 Lemwerder · Germany
Phone: +49-(0)421-67 33-0
Fax: +49-(0)421-67 33-112
www.abeking.com
info@abeking.com

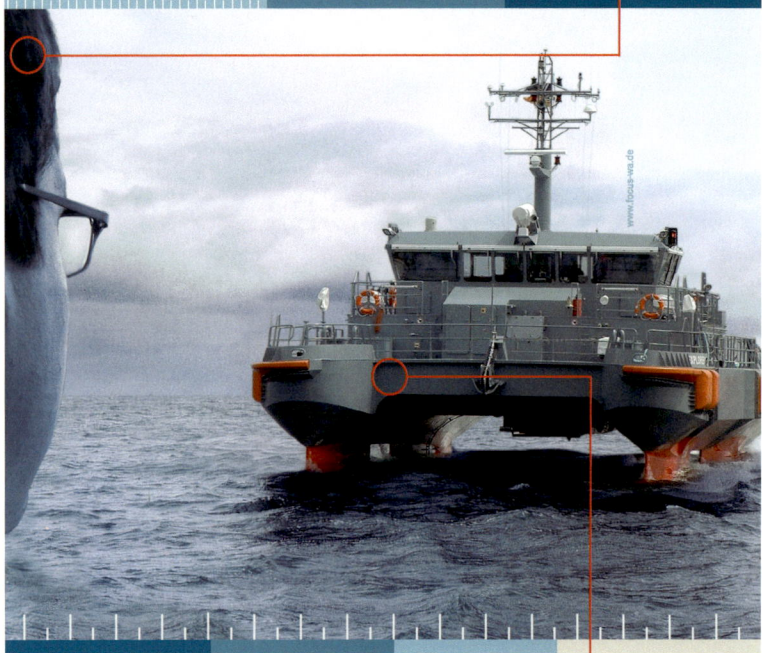

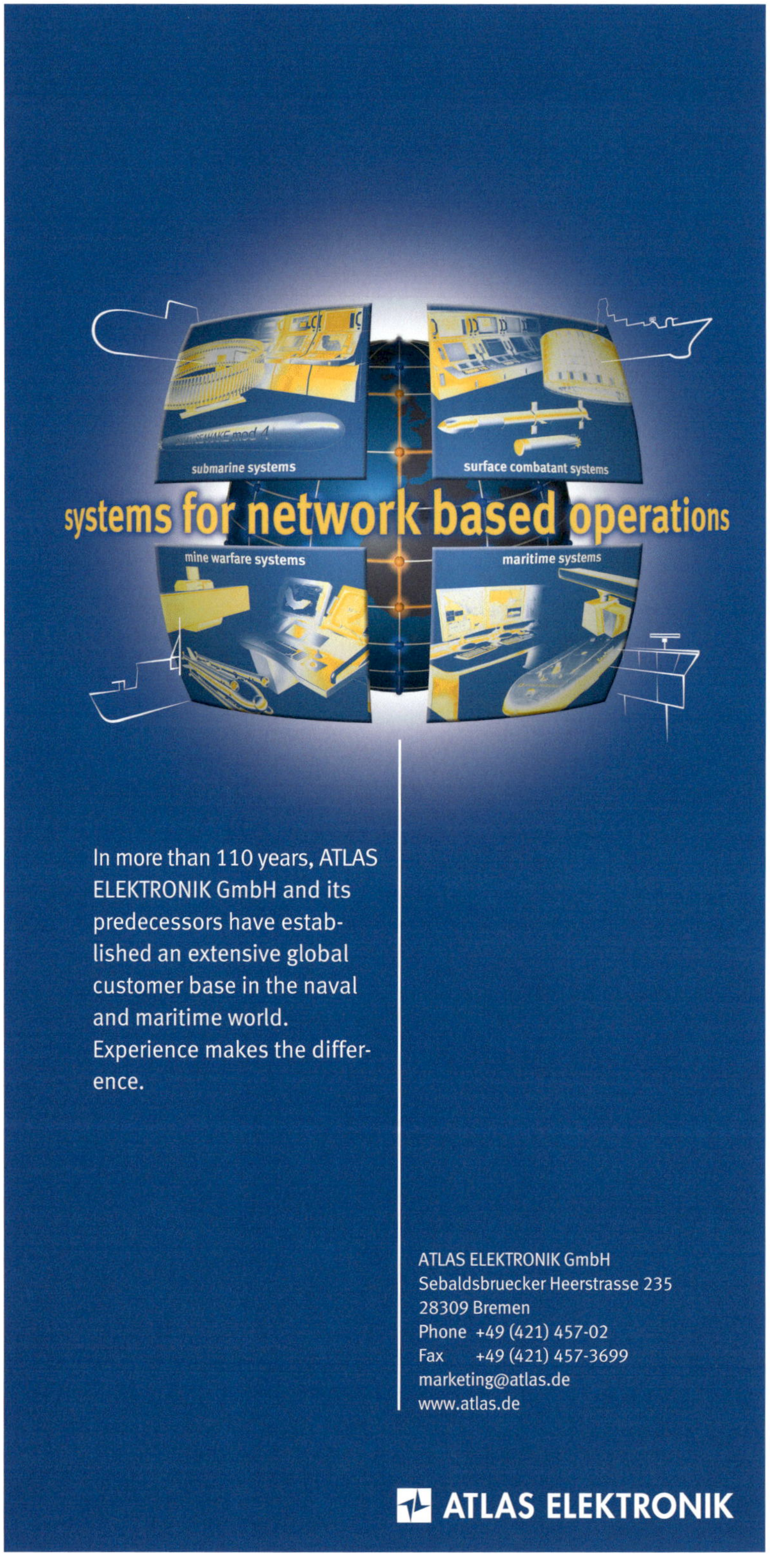
submarine systems
surface combatant systems
systems for network based operations
mine warfare systems
maritime systems
In more than 110 years, ATLAS ELEKTRONIK GmbH and its predecessors have established an extensive global customer base in the naval and maritime world. Experience makes the difference.
ATLAS ELEKTRONIK GmbH
Sebaldsbruecker Heerstrasse 235
28309 Bremen
Phone +49 (421) 457-02
Fax +49 (421) 457-3699
marketing@atlas.de
www.atlas.de
ATLAS ELEKTRONIK

A full range of rugged visualization solutions

Barco's innovative visualization solutions offer more than meets the eye. Barco provides an extensive range of products and solutions for observation, situational awareness and network centric systems aboard aircraft, surface ships, submarines, vehicles and mobile shelters.

Find out more at **www.barcodefense.com**

Tailor-made Marine Equipment

Seit Gründung der Deutschen Marine ist Consilium als ein treuer und zuverlässiger Partner bekannt. Die Anfänge wurden positiv geprägt durch das SAL-59 Log, welches in dreistelliger Stückzahl an den Jubilar bis in die 80er Jahre geliefert wurde. Nunmehr 50 Jahre später stellt Consilium im Bereich Navy sein Produktportfolio, vom Log über Feuermeldeanlagen bis hin zur Ruder- und Propellerwellenlagerung, der Deutschen Marine erfolgreich zur Verfügung. Eine zentrale Kernkompetenz unseres Hauses liegt in der Anpassung der Produkte an die Anforderungen, welche an Bord der Marineschiffe vorgefunden werden. Jedes neue Schiffdesign erfordert die stetige Anpassung der gelieferten Produkte. Hierbei stellen das Know-how unserer langjährigen Mitarbeiter, sowie der direkte Zugriff auf die Entwicklungsabteilungen unserer Lieferanten, ein solides Fundament dar.

Since the German Navy was founded, Consilium has always been regarded to be a reliable partner. Right from the very beginning a positive relationship was established with the SAL-59 LOG, which was supplied in triple digit numbers until well into the the late 1980ies. Today, after a 50 year partnership, Consilium is proud to support the German Navy with a product portfolio ranging from the LOG System, Fire Detection Systems to propeller shaft and rudder bearings. One of Consilium's main core competences is the adaptation of standard products which meet the requirements demanded onboard naval vessels. Every new ship design requires continual product development – the long experience in this business and the direct access to our suppliers' design departments is the excellent foundation for a successful handling of naval projects.

**Consilium, AGI und Railko
wünschen der Deutschen Marine allzeit gute Fahrt.
Wir freuen uns auf die zukünftige Zusammenarbeit.**

AGI
Speed Logs

Fire Detection Systems

Marine Bearings

Consilium GmbH
Beltgens Garten 2
D-20537 Hamburg

Tel. +49 (0) 40-822 22 95-0 · Fax +49 (0) 40-822 22 95-99
consilium@consilium-hamburg.de · www.consilium.se

167

168

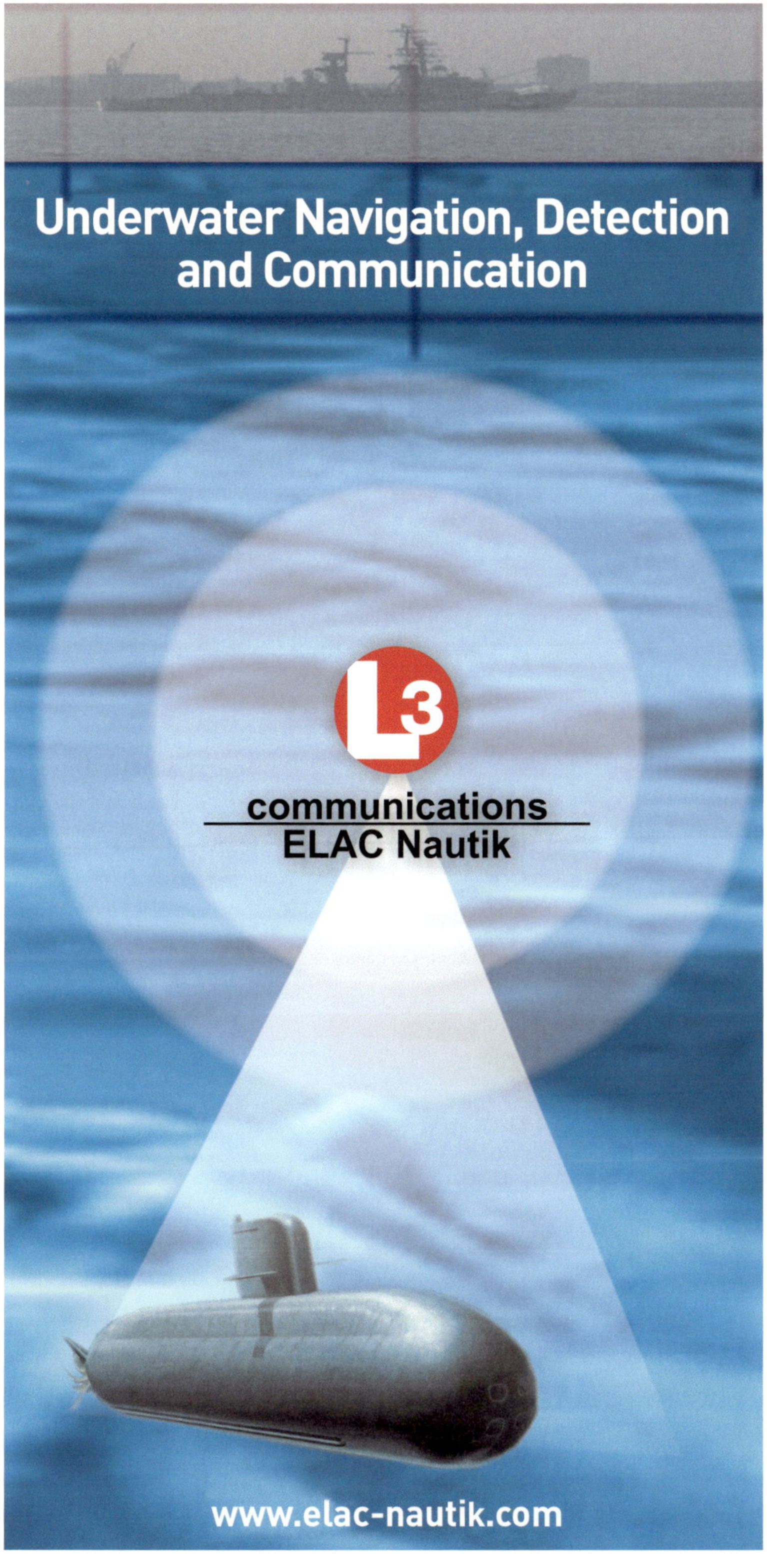

Werftanlagen:
Gesamtfläche ca. 419.000 m², klimatisierte Schiffbauhallen, Baudock 180 x 30 m mit Docklift max. ca. 3000 t, Schiffslift 115 x 15 m, max. ca. 3.000 t, moderne Schiffsverfahreinrichtung
DIN EN ISO 9001:2000 Zertifikat

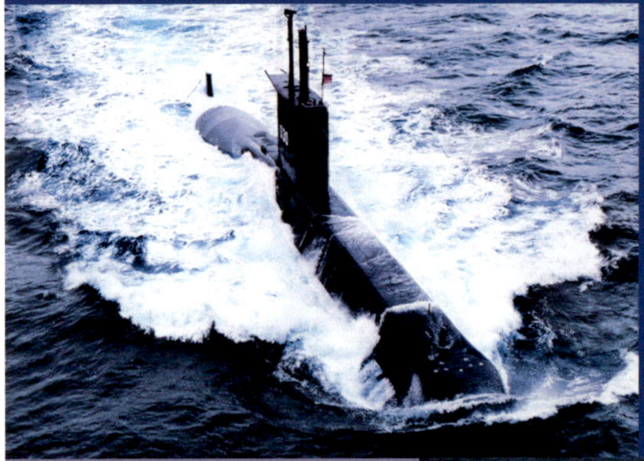

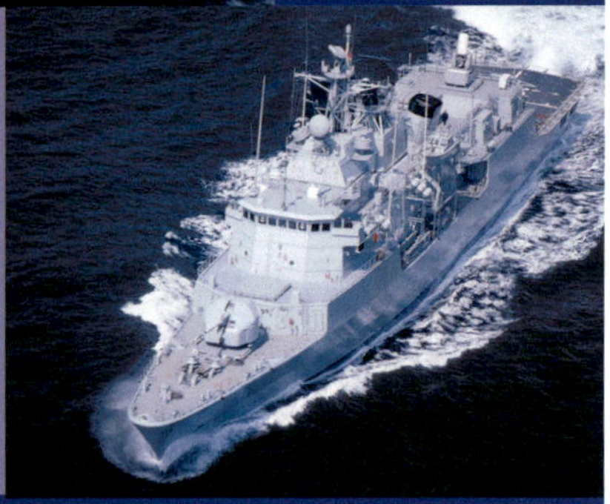

Shipyard Facilities:
Total area abt. 419,000 m², air-conditioned shipbuilding halls, building dock 180 x 30 m with dock-lift of max. abt. 3000 t capacity, ship lift 115 x 15 m, max. abt. 3000 t capacity, modern ship conveying facility
Certificate DIN EN ISO 9001:2000

Mitarbeiter:
ca. 820, davon 90 Auszubildende

Staff:
abt. 820, of these, 90 apprentices

Aktivitäten im Marinesektor:
Reparatur, Instandsetzung und Umbau von Überwasserschiffen der deutschen Marine einschl. Fregatten; Reparatur und Instandsetzung von UBooten; Neubau von Patrouillenbooten aller Art für das In- und Ausland; Integration in Neubauprojekte der deutschen Marine; Bearbeitung von ingenieur-technischen Projekten für das BWB

Activities in the naval sector:
Repair, refit and conversion of surface vessels for the German Navy incl. frigates; repair and refit of submarines; new building of patrol boats of all types for the inland and foreign countries; integration into new German Navy building projects; treatment of engineering projects for the German BWB national armament directorate

Highlights im Marinesektor:
Bau von sechs Patrouillenbooten für die brasilianische Marine; Umbau von zwei Raketenschnellbooten der Saßnitz-Klasse zu Patrouillenbooten der Neustrelitz-Klasse; Generalauftragnehmer des Umbauprojektes Minenräum- zu Minenjagdboot MJ 333; Lieferung von Hinterschiffsanteilen für die Korvette K 130 in 2005/2006; Fachliche Qualifizierung für die Instandsetzung der Fregatte 122

Highlights in the naval sector:
Building of six patrol boats for the Brazilian Navy; conversion of two fast missile boats of the Saßnitz class into patrol boats of the Neustrelitz class; main contractor for the conversion of mine sweepers into mine hunters MJ 333; delivery of after body sections for the corvette K 130 in 2005/ 2006; professional qualification for the repair of frigate 122

Peene-Werft GmbH
Ein Unternehmen der Hegemann-Gruppe
Schiffbauerdamm 1 · 17438 Wolgast · Germany
Tel.: +49 (0)3836 250 - 0 · Fax +49 (0)3836 250 109 · www.peene-werft.de

Electrical equipment for naval vessels
Keeping pace with technical and strategic developments
New strategies based on the use of naval vessels also place new demands on the equipment on board regarding availability, reliability and operational readiness. With its completely integrated SINAVYCIS range, Siemens has created the conditions for smooth, dependable and continuous operation to keep pace with the latest developments.
SIEMENS
Industrial Solutions and Services
Your Success is Our Goal
www.siemens.com/marine

Sauer Compressors:
Naval Know-How
for the World Market
More than 53 of the world's Navies rely on Sauer Compressors for their aircraft carriers, destroyers, frigates, corvettes, patrol boats, submarines and mine hunters.
Navies appreciate special design features such as:
easy maintenance and accessibility
low noise signature
high reliability
low-weight, compact design
Based on client navies' feedback, Sauer's know-how adds up to a steady stream of innovations, for example the WP 5000 HP balanced air compressor, which is 100% free of inertial forces.
Innovations providing Navies the technological leadership to tackle the challenges of tomorrow's world!
53 Navies
202 Ship Programmes
1,315 Ships
3,140 Compressors
J.P. SAUER & SOHN
MASCHINENBAU GMBH
Tel.: +49 (0)431/3940-80,
Fax: +49 (0)431/3940-24, D-24157 Kiel
www.sauersohn.de info@sauersohn.de

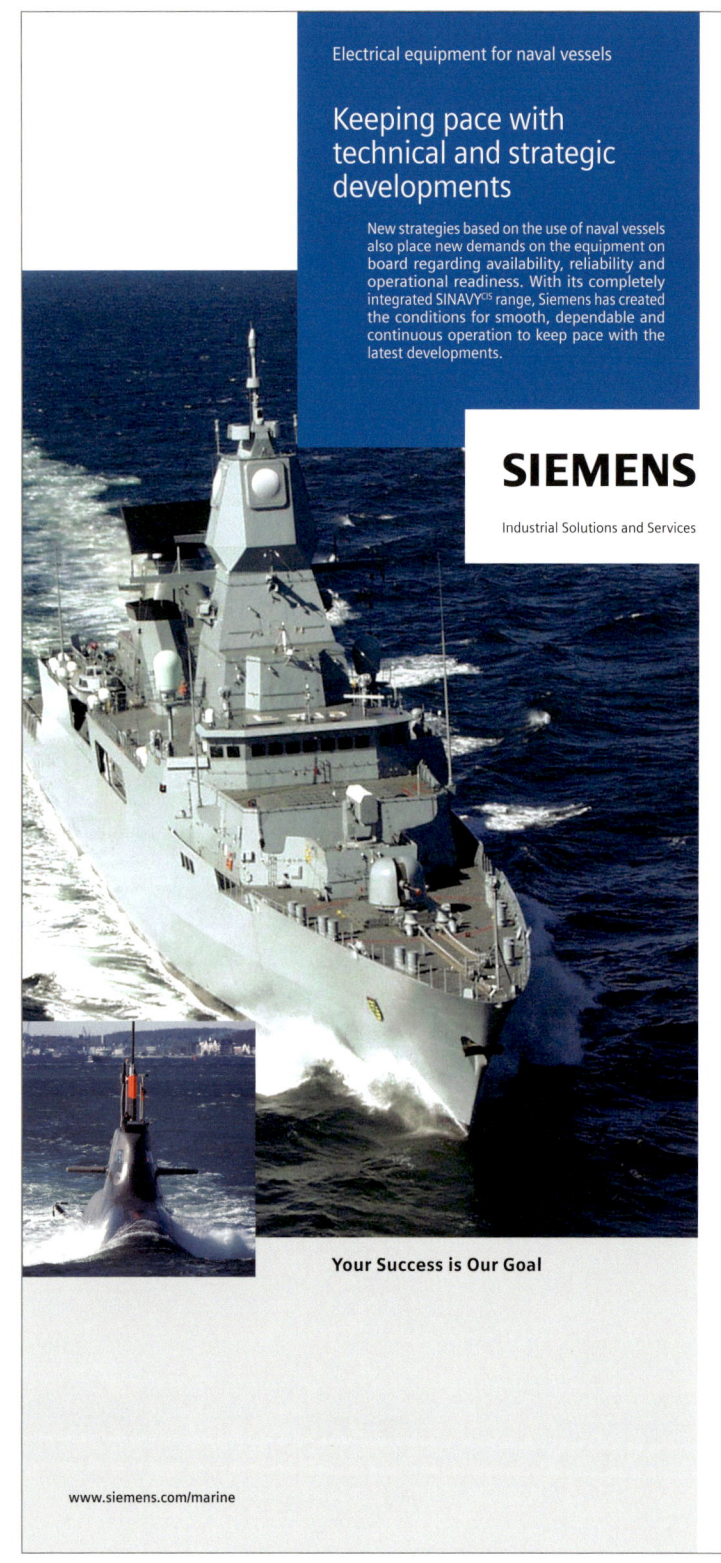

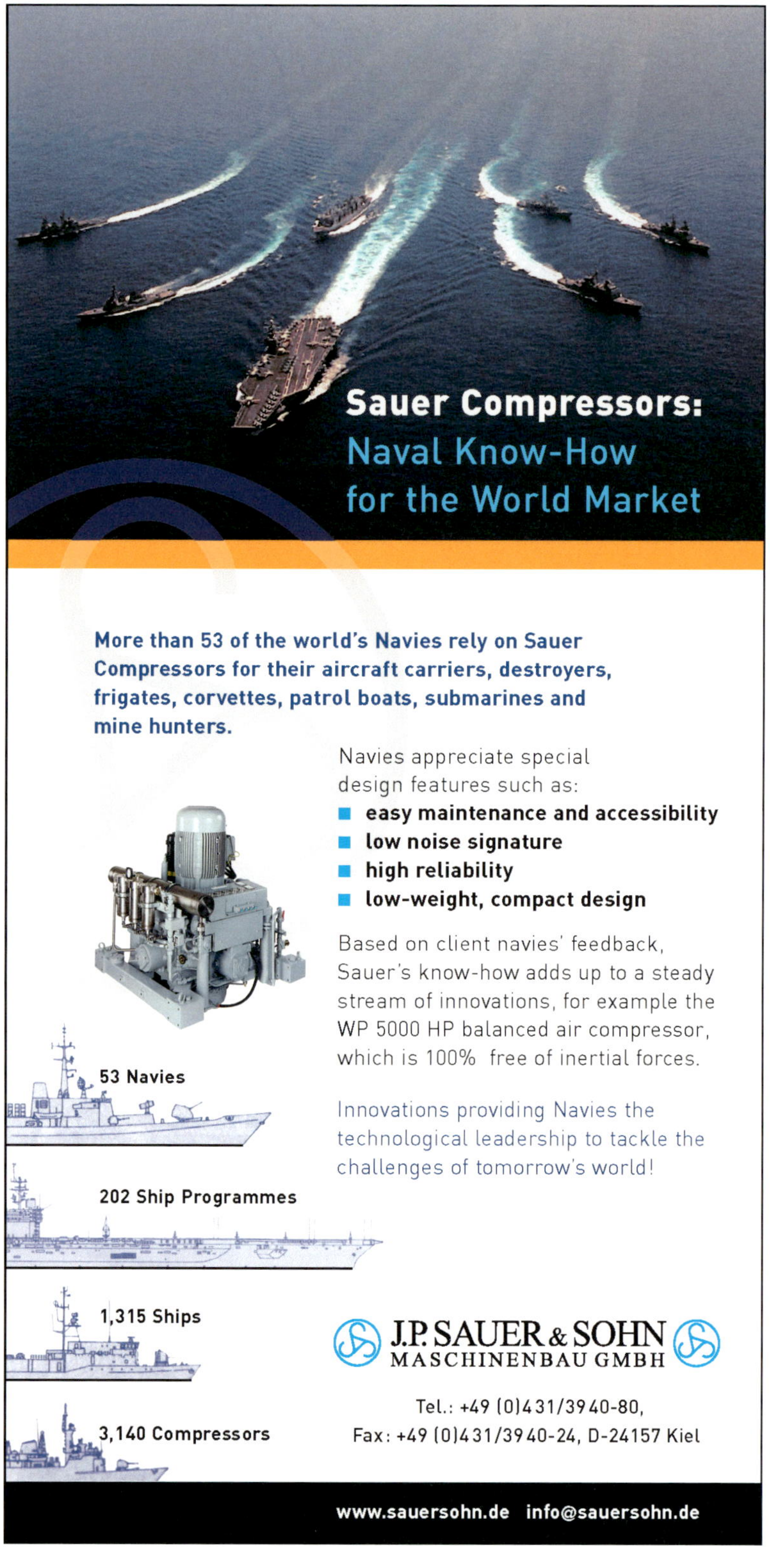

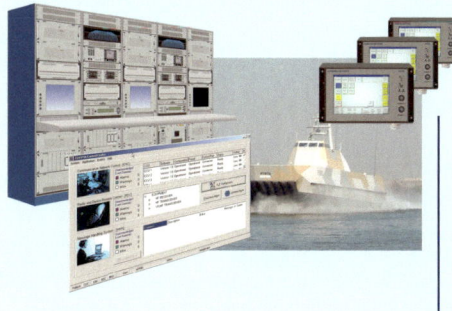
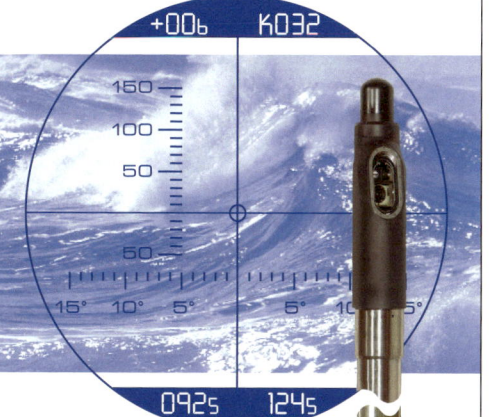

174

Körting Ejectors

One Decision–Trouble-free operation for life

Körting Hannover AG was founded in 1876 and since then has influenced all essential developments in ejector technology to a substantial extent.

Particularly in shipbuilding technology our well-proven bilge ejectors enjoy a worldwide excellent reputation, especially with regard to their self-priming operating mode and the absolute protection against running dry.

Apart from the individual manufacturing of performance optimised ejectors, Körting's own development and manufacturing facilities provide a basis on which its own products can be altered in relation to their application or their technical construction so that they can be individually adapted to the customer's requirements.

Körting products fulfil the demands of all classification companies as well as manufacturing according to ISO 9001 and other certifications.

The products are sold via a worldwide active system of representatives well-trained in marine technology. Their assistance can be readily obtained at all relevant locations for new hulls and service.

Körting Hannover AG

D-30453 Hannover, Badenstedter Str. 56
Phone +49 511 2129-149, Fax +49 511 2129-223
E-Mail: st@koerting.de, Internet: www.koerting.de

PREPARED FOR THE CHALLENGES OF TOMORROW

Since more than 30 years Rheinmetall Defence Electronics (former STN ATLAS Elektronik) plays a crucial role in equipping the German Navy and naval forces of many countries with advanced simulation and trainings systems including the related services. Naval forces and merchant marines around the world swear by the wide spectrum of nautical and naval simulation systems. Our activities range from Ship Handling Simulation and Ship's Engine Simulation over Submarine Command Team Trainer and Submarine Control Simulation up to Antisubmarine Warfare Simulation, Minehunting Simulation, Safety and Security Trainer and other naval simulators for special tasks.

As a preferred supplier for most advanced simulation center projects, the Bremen-based electronic specialist is also a proven partner for maritime training institutions world-wide.

**Rheinmetall Defence Electronics –
The global source for maritime simulation**

Rheinmetall
Defence Electronics GmbH
Brueggeweg 54
28309 Bremen
Germany
Phone +49 421 457 01
Fax   +49 421 457 2900

RHEINMETALL
DEFENCE ELECTRONICS

Ruling the Waves

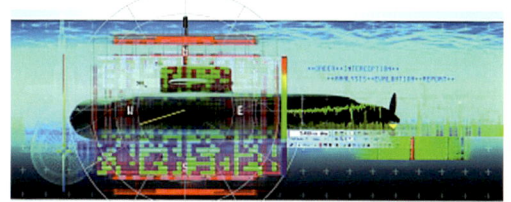

Rohde & Schwarz systems ensure high availabilities and optimized life cycle costs for all classes of vessels. In order to achieve maximum operational benefits, a wide variety of equipment is intelligently combined with compatible interfaces.

Only the best communications, IT, security and COMINT solutions available are eligible to become integral parts of such systems.

Rohde & Schwarz respond to requirements in an open and constructive manner. Rohde & Schwarz offers full service packages for integrated logistics support (ILS) tailored to the needs of military customers. Service packages accompany system from introduction throughout the lifetimes until decommissioning.

Rohde & Schwarz COM-ESM and COMINT solutions provide commanders with all the intelligence they need from adversaries' communications, contribute to a more comprehensive picture of the situation, keep track of possible targets even beyond line-of-sight (BLOS), and prepare vessels for adequate self-protection measures.

Rohde & Schwarz
Mühldorfstraße 15
81671 Munich · Germany
Tel. +49 89 41 29 0
Fax +49 89 41 29 12 164
www.rohde-schwarz.com

English Summary

Page 3
A state that is unable to protect its coasts, assert its rights at sea or safeguard its sea routes will never really possess its sovereignty.

Nowhere else are world events influenced so decisively as at sea!

Pages 6-7, Foreword
Ever since the dawn of civilisation, the sea has been a medium for peaceful trade, a transport route and a source of food and raw materials, but also a scene of conflict. Many interests meet at sea. No fewer than 196 of the countries and territories in the world have coastlines. About 70% of the world's population lives within 200 nautical miles from the coast and thus in the area influenced by maritime interests.

Ocean shipping means first and foremost foreign trade. The Federal Republic of Germany handles over 60% of its trade by sea. German shipping lines operate 2,647 merchant vessels totalling 61m tdw. In terms of grt, the German merchant fleet is the third largest in the world.

These hard facts underline how vital shipping is for a technically advanced, export-oriented industrial country like Germany. In view of its importance, the maritime resources of Germany have to be pooled and merchant shipping, fisheries, deep-sea mining, the law of the sea, shipbuilding and naval forces coordinated with one another in all their interrelationships and interdependencies. This presupposes an independent freedom of decision-making that is nationally and internationally acceptable and can also be asserted.

The parameters have not basically changed since the reunification of Germany or the end of the East-West conflict, or even the impact of international terrorism with the attacks in the USA on that fateful day September 11th 2001.

However, with the fading of the balanced global East-West bloc system and the advent of the changed incalculable threat, it has become necessary to redefine international peacekeeping, crisis prevention and combating terrorism in the context of a reorganisation of global interests in terms of security policy. This also, of course, includes our German interests.

The transformation has placed new requirements on the North Atlantic alliance, naturally also affecting Germany and necessitating a basic strategic reorientation of the German Armed Forces, including the Navy and thus considerable adjustments to its capabilities, scope and structure.

The roles of the German Armed Forces and the German Navy in particular have had to be extended geographically as terrorism continues to expand all over the world assuming incalculable forms, now that the military conflicts affecting wide sections of the civilian population as well as the economy generally, industry and trade are no longer calculable risks. Units have to be more flexibly manageable militarily and, given the greater political relevance of the armed forces, integrated more effectively in an international context.

Already in 1990, the German Navy was no longer focused on northern Europe. Its operations were extended to cover all areas of Europe for the first time in the Gulf War. But today, the German Navy must be deployable wherever this could become politically necessary for Germany's security interests and on the basis of solidarity with the community of nations for peacekeeping purposes. Apart from the basic mandate for national and alliance defence, there has been a greater focusing on responding to crises and activities for securing or restoring peace.

Overall, the wide range of tasks facing the German Navy worldwide requires it to have a balanced fleet with a full range of naval warfare capabilities in order to be able to meet alliance requirements also in combined or joint missions.

Surface and underwater naval warfare as well as naval warfare from the air, after the withdrawal of naval fighter aircraft with support from the fighter aircraft of the Air Force capable of naval warfare, must be able to meet a very wide range of requirements with respect to operational area, threat and mission. With their capabilities for deployment on the high seas and in regionally unrestricted waters off coasts, naval forces represent a mobile, rapidly available and because of their nature globally and flexibly deployable instrument, providing a wide variety of options particularly to the political leadership.

This book presents today's Navy in pictures, as it is deployed with its men and women serving on boats, ships and aircraft or on shore, engaging in training or manoeuvres, exercises and international operations. It is intended to be a timeless illustrated record of the life and activities of the servicemen and women, portraying scenes from day and night missions as they currently happen.

Personnel, weapons and systems are presented in action as they are part of day-to-day life in the Navy. The active Navy man or woman just as much as the reservist will recognise himself or herself, and the young recruit with no previous service will be able to experience the Navy in pictures before actually starting service. The book spotlights training and the German Navy in action, the fascination of technology and interplay of systems, as well as missions carried out in the context of the Navy's wide, international range of tasks.

We depict today's German Navy in its many roles. The photos are not posed but snapshots of very many different areas to portray service in the German Navy on board ship, in the air and on land, showing the wide variety of the people, technology, training and missions involved.

Summer 2006,
Hannes Ewerth and Peter Neumann

Pages 10-28, Chapter 1
Reorientation of the German Navy
Captain Jürgen Mannhardt

In line with the transformation process begun in 2003, military organisational areas have redefined their contribution in a national, joint and also multinational/combined context. This also applies to the German Navy, which has adapted its strategic concepts to meet the new tasks in hand. The following survey takes a closer look, from an operational viewpoint, at selected aspects of the reorientation process on the basis of the roles and capabilities of the German Navy.

The range of maritime tasks of the Bundeswehr
International conflict prevention and crisis management, including combating international terrorism, are the challenges facing the armed forces today and in the foreseeable future. Meeting these challenges has been a reality for the German Navy for

years now, and the capabilities required will continue to be crucial to future planning. The missions being undertaken in the Adriatic, off the Horn of Africa or in the Straits of Gibraltar are just three examples of maritime operations that German naval and naval air forces can be involved in at any time. They also represent a significant and visible contribution to support our alliance partners, who do not all have the same capabilities.

Ensuring the protection of Germany in future will be not so much a matter of defending it against a large-scale military attack as safeguarding its sovereignty and countering possible asymmetric and in particular terrorist attacks on German soil. This security requirement needs to undergo a reorientation and presupposes the interaction of all the preventive security instruments available to the state. In this respect, the German Navy has specific capabilities as well as a variety of graduated options not offered by any other service or ministry.

The rescue and evacuation of German citizens will have to be effected mainly under national responsibility. For such tasks, the Navy offers various useful capabilities, ranging from command and control support to conducting evacuation operations from the sea.

Partnership and cooperation with the alliance and partner navies remain ongoing activities of the German Navy and are a visible expression of its international orientation. Over 75% of the Navy's annual projects take place in a bi- or multinational context. Providing assistance and support (in the sense of official assistance and relief in the event of natural disasters and particularly serious accidents) is also a responsibility of the German Navy. Joint and/or combined operations as well as cooperation with the agencies of the Ministry of the Interior play a key role in this respect. The Navy's varied range of duties also includes national tasks such as pollution surveillance in littoral waters and the provision of search and rescue (SAR) services at sea.

Maritime areas of activity and operations

The Navy must basically be able to operate in three different areas nationally or multinationally, on its own or in concert with the other services.

In home coastal and littoral waters or in the waters of allied states requiring protection and assistance, the Navy can help to safeguard sovereignty and monitor maritime space. Subject to the creation of the legal basis, it could also carry out tasks relating to maritime sovereignty – particularly in the context of homeland defence and countering terrorism.

On the high seas, the Navy's tasks involve mainly transporting and protecting personnel and materiel for deployment and positioning for crisis operations, as well as protecting and monitoring trade flows and goods. This also includes preventing the illegal transport of weapons of mass destruction. It is in this area of operations that the classic maritime warfare capabilities of surface, submarine, mine and naval air warfare are most likely to be required.

But it is above all in the littorals and waters of potential crisis regions – the area of operations which currently must be given top priority – that the Navy needs to be able to give itself advance positioning and operate robustly and sustainably. In the joint operations area, maritime forces can make vital synergetic contributions to joint and combined efforts in the context of crisis management and conflict prevention. This area includes the open sea as far as the coastline, which has to be kept under surveillance so as to be able to support operations ashore, as well as the region extending inland that is reachable by operations from the sea. In this joint operations area, the success of future missions will depend crucially on the good teamwork of the individual services.

Maritime capability profile

Special requirements follow on from the maritime contribution to the responsibilities of the Bundeswehr and the areas of operation mentioned above that need to be reflected in the capabilities of German maritime forces and have a crucial influence on the contribution made by the Navy to the joint operations. This capability profile can be broken down into the following six interrelated capability categories to which all of the services are oriented.

Command and control capability

As early as operational training, whether on the open sea or in littorals, the operating area of the fleet requires a global and reliable command and control capability. The Navy's participation in combined and joint operations presupposes interoperability with the command and control systems of other nations and other services. Technological advances have made time and information key factors for operations. Germany's alliance partners, in particular the USA, are consistently striving to network all command, control and engagement elements at combined and joint level. This is extensively referred to in NATO as "network enabled capability" and within the Bundeswehr as "network centric operations". It involves the comprehensive networking of sensors, weapon systems and decision-makers at different levels in one engagement network. This ensures effective target engagement through information superiority, for example, while at the same time saving resources. Network centric operations are intended to boost effective engagement capability and have an influence on all the capability categories, holding all these together. For the German Navy, this means that its capabilities will meet future requirements only if they are interoperable and can be integrated within such a combined system of networks. This involves not only technical networking and robust command and control support, but also common processes and procedures and the training and exercises required.

Network centric operations do not mean that the German Navy has to initiate the comprehensive replacement of established sensor and hardware and software systems, but it does have to review existing assets, especially in cooperation with the other services, to determine to what extent these can be combined or networked. This involves supplementing and improving the Navy command and control system. COMMON ARRANGEMENT 04, a joint experiment within the scope of a CD&E (Concept Development & Experimentation) project in which an F123 frigate took part, provided a promising start in this respect.

Intelligence collection and reconnaissance

The capability category of intelligence collection and reconnaissance is to be understood as a joint and central task. The Navy already makes a vital contribution in this respect with its fleet service boats and maritime patrol aircraft (MPA). The latter have demonstrated their effectiveness in operations such as missions over the Adriatic, the Horn of Africa or the border region between Algeria and Mali.

The Navy can also make a major contribution in the area of sea-based covert reconnaissance by using submarines and combat divers. The deployment of unmanned drones which, although not yet provided for in actual planning is still envisaged in strategy concepts, will be vital operationally for both situation picture compilation and covert operations for all sea-based platforms. This is likely to take the form of a joint project in so far as it is also possible to take account of the maritime requirements, which are to be seen less in the strategic than in the tactical and operational reconnaissance area.

Mobility and deployability

The range of tasks of the Bundeswehr described above also requires the deployment of force contingents in remote operating areas. An indispensable prerequisite is, of course, mobility. Strategic sealift is a key component, complementary to strategic airlift. In addition to their pure transport capability, military transport ships offer the option of deploying and advance positioning land forces by sea. Such deployment could, in contrast to commercial sea transport, take place within the close proximity of the operating area, even if no infrastructure is available. Military transport ships are also suited to missions in the context of sea-based (national) rescue and evacuation operations. While it might be possible to meet requirements through precautionary charter parties where commercial sea transport is concerned, it is necessary for a military sealift to consider interim solutions in the form of European cooperation as long as no funds have been budgeted for this strategically essential capability. The capability gap with regard to strategic sealift will thus continue to exist for the foreseeable future.

Effective engagement capability

Effective engagement capability is the capability category that determines the successful outcome of combat missions. The Navy must be able to operate effectively over lengthy periods, both on the high seas and in foreign coastal waters. To do this, it requires the capabilities for combined surface and submarine warfare, naval mine warfare and naval air warfare. However, the use of maritime resources is not restricted solely to weapon deployment. As naval forces do not need any diplomatic announcement or the political consent of a host nation to operate in international waters, they can already be present in the immediate vicinity of a potential operating area at the first signs of any conflict. This can serve to support diplomatic initiatives and demonstrate political resolve at an early stage and even contain the crisis militarily if need be.

Providing fire support from sea to shore will also be an increasingly important capability. It can make access from the sea to the operating area possible, as well as

provide suitable backing for operations ashore, particularly at an early stage if the contingents deployed do not yet have adequate fire power. Shore target engagement from the sea also plays a major part in "preparing" the battle area prior to the actual operations of the land forces. The Navy must thus be able to effect precise engagement of shore targets, including at greater distances from the coast. For this purpose, initially the long-range anti-ship missiles planned for the K130 corvettes will also be capable of engaging shore targets. Studies are also being made to assess the feasibility of integrating large-calibre guns such as the 155 mm armoured self-propelled howitzer 2000 for tactical fire support from the sea on board frigates.

Survivability and protection

The capability category of survivability and protection of task forces and consequently the threat posed to maritime forces primarily require an improvement in long-range force air defence, which will be achieved with the delivery of the F124 frigates. Generally speaking, however, the range of the Standard Missile 2 mounted on F124 frigates will also help to protect task forces ashore and be able to provide cover for the infrastructure necessary in the country of deployment, such as ports, and for the berthed units. A German maritime contribution to Ballistic Missile Defence (BMD) is thus among the narrower range of options.

The attacks on the USS COLE in the Port of Aden and on the tanker LIMBURG off the coast of Yemen also dramatically highlighted the need to protect ships in port and units in coastal waters. As force protection by other military services or friendly forces cannot be assured, the Bundeswehr concept provides for the development of a basic self-protection capability within the Navy that takes account of its specific security requirements.

Support and sustainability

With respect to the capability category of

support and sustainability, it should be noted that naval support activities required for training exercises and for operations are more or less the same. Within the task groups, the Class 702 combat support ships and Class 404 tenders provide logistical support for vessels. Only these support units enable task groups to operate over prolonged periods.

The combat support ships also carry the so-called Naval Rescue Coordination Centre, bridging the gap between initial medical treatment received on board ship and subsequent clinical care. Both the combat support ships and the embarked Naval Rescue Coordination Centre serve primarily to support the task groups, although they can also be deployed for providing humanitarian relief or support for forces committed ashore.

Additional remarks on capability profile

The traditional and very distinct capabilities for conducting surface, submarine, naval mine and naval air warfare will continue to be integral to the German Navy in future. The commissioning of the F124 frigates, Class 212 A submarines and K130 corvettes in the next few years will provide the German Navy with complex weapon systems offering a multiplicity of capabilities.

The Navy can operate with the necessary effectiveness and survivability only if it possesses these classic capabilities. These are changing in terms of relevance, however, from the fundamental contribution provided by maritime forces through to enabling capabilities, i.e. those needed to be able to develop other capabilities that are vital and decisive for conducting crisis management operations.

The German Navy is in a phase of transition as it develops from acting as an escort navy, involving mainly convoy protection tasks and operations extending from its own coast, to serving as an internationally oriented expeditionary navy. Crucial capa-

bilities for any joint and combined operations in the context of expeditionary warfare include a network enabled capability, strategic deployment capability by sea, using weapons from sea to shore, contributions towards extended air defence and the protection of own forces and facilities in port, in roads and at sea. These capabilities, which are also given high priority in NATO and the EU, form the nucleus of a future navy that can carry out expeditionary operations.

Such interaction with other services, which is indispensable from the viewpoint of the German Navy, is also reflected in the fact that reference is no longer made to the capabilities of the Navy but to the maritime capabilities of the Bundeswehr. This shows that the Navy regards itself as part of a greater whole and intends to position itself accordingly.

Reorientation of the German Navy and the F125 frigate

The F125 frigate will be the first major maritime project to take full account of the reorientation of the German Navy and is an outcome of the transformation process initiated in 2003. From 2012, four units are to replace some of the F122 frigates, which will then be about thirty years old.

While the F123 and F124 frigates are to be categorised as response forces and are suited primarily to providing a high response capability for high-intensity and limited-duration military operations, the F125 will be deployable chiefly for the more likely stabilisation missions. The new frigate is thus suitable particularly for long-duration low/medium-intensity operations within a broad range of measures for stabilising, maintaining and supporting the peace. The F125 will be able to spend a long time on station and have the basic capability for continuous surveillance and space dominance and controlling shipping traffic, as well as being able to engage targets at sea and on shore and support specialised and special forces with adequate sustainability also against partly militarily organised or asymmetric forces. It will thus also feature very distinctive components for self-protection. With its capability of providing tactical fire support from sea to shore, it will be able to support the operations of land forces.

New equipment concepts also need to be flanked by up-to-date training, manning, operating and maintenance programmes. Two fully trained crews able to take turns of duty in the area of operations are to be provided for each vessel in order to increase the operational availability for the same number of units. Corresponding to the concept of "intensive utilisation", the frigate is designed to remain in the area of operations for up to two years before it has to be relieved.

Organisational realignment
The reorientation of the German Navy has also been accompanied by an organisational change due to be completed by July 1st 2006. The new structure of the Navy envisages two naval task flotillas instead of the previous five flotillas. The organisation into two multi-type flotillas, including personnel augmentation and operations staffs ready to embark, is designed to streamline the old structure and gear it to operational requirements. The new flotillas are Naval Task Flotilla 1 based in Kiel (submarines/ minesweepers/fast patrol boats/corvettes/ tenders/Naval Protection Forces/ Specialised Naval Response Forces) and Naval Task Flotilla 2 in Wilhelmshaven (frigates/combat support ships). The manning concepts of the units afloat will also be designed to be more robust and sustainable in order to take account of the increasing demands made on personnel in recent years and improve the attractiveness of careers in the Navy. Naval Task Flotilla 1 will also accommodate the Centre of Excellence (CoE) for Confined and Shallow Water Operations in order to make the German Navy's very distinctive and long-

standing expertise in littoral warfare available to NATO.

Naval Air Wings 3 and 5 will be assigned directly to Fleet Command and concentrated in Nordholz for the medium term, while the disbandment of Naval Air Wing 2 has almost been completed. The PA 200 TORNADO fighter bombers with their naval air warfare capability have been assigned, with the same mission, to the Air Force. The naval base in Olpenitz has been closed, while the bases in Warnemünde (for fast patrol boats and corvettes) and Eckernförde (for submarines and fleet service boats) will be retained. The MCM forces were relocated to Kiel after provision of the suitable infrastructure. Wilhelmshaven will remain home base for the frigates and in the medium term for all combat support ships.

A permanent as well as ready-to-embark operations staff will also be formed at Fleet Command, similar to those available to both flotillas. The naval headquarters is also to have the capability of commanding maritime operations (e.g., as EU Maritime Component Command, MCC). Demonstration of the IOC (Initial Operational Capability) and certification of this German stationary, permanently available EU MCC was already provided in the course of the joint multinational exercise EUROPEAN CHALLENGE 2005. The two higher commands in Glücksburg and Rostock have been retained essentially in their new, only recently adopted structure under the Naval Staff in Bonn. According to Personnel Structure Planning 2010 (PSM 2010), the Navy is expected to have 25,200 servicemen and women in future.

Naval Protection Forces
The experience gained from the most recent operations and missions as well as the ongoing threat posed by terrorism have highlighted the imperative to take suitable precautions to protect personnel, equipment and installations. The Navy is thus in the process of building up its own

capabilities in the form of specialised naval protection forces to safeguard its own units in coastal waters and ports and defend facilities. A naval protection force contingent of about 500 servicemen was set up in Eckernförde on April 1st 2005. For sea-based operations, four former Class 332 minehunters providing carrier and command and control platforms will serve as integral components of these new naval protection forces.

Within the next two years, the Naval Protection Forces are to reach full operational capability and be equipped with suitable materiel, including a small contingent of vehicles to meet their own transport and protection requirements. In individual cases, it will also be possible to call on the naval protection forces to support the other services and take part in multinational operations.

The FIELD INTELLIGENCE FORCES of the Navy are also being reconstituted and assigned to the Naval Protection Forces. These are to gather information during Bundeswehr missions for the Navy's own conduct of operations, using questioning and targeted interviews, document evaluation and material screening in order to provide information about the specific situation and the capabilities and intentions of target groups, conflict parties and opponents.

Cooperation between forces
In future, there will be hardly any operations in which only one military organisational area takes part. However, teamwork presupposes that the respective inputs are made professionally with each side contributing its own expertise. This is also the only way synergies can be generated. An independent maritime capability profile is thus the basis and prerequisite for efficient joint operations. Apart from providing fire support from sea to shore, there are a number of other instances where the maritime capabilities are a prerequisite for

the deployment of other services. One initiative introduced only recently by the Army and Navy Staffs relates to "sea-based command and control support for operations ashore". Although the frigates of the German Navy are generally designed to provide command and control of maritime forces, their advanced command and control capabilities also permit the temporary conduct of other operations from on board, such as initial operations of small ground forces where it has not yet been possible to set up any command post on shore. The Army and Navy have begun to develop joint concepts following a visit by a joint deputation on board an F123 frigate.

Options for a German contribution to BMD
The capabilities offered by the F124 frigate, ranging from its role in extended air defence (EAD) to its contribution to ballistic missile defence (BMD), are a further example of the role of the Navy as a force enabler in any joint as well as multinational scenario. The F124 could offer the latter capability by providing/utilising sensor data and means of transmission such as LINK 16, or protecting AEGIS vessels from approaching anti-ship missiles (goal keeping with SM 2) if an AEGIS carrier is integrated in a BMD role and its self-defence capabilities are temporarily restricted. Deployed near the coast, the F124 could also conceivably protect troop contingents or PATRIOT sites. The bi-annual combined and joint simulation exercise JPOW (Joint Project Optic Windmill), based on Crete in the Mediterranean, in spring 2004 and 2006 provided a further demonstration that the F124 frigate can make a key contribution to EAD and BMD.

The German Navy therefore intends to keep "its foot in the door" and contribute to international exercises and forums, especially with respect to BMD, and hence maintain the course it has taken in close cooperation with the German Air Force. It is important in future to be involved in the progress made by the "lead nation" USA and the US

Navy with AEGIS BMD. However, appreciable and resource-consuming efforts would be realisable solely within the scope of the alliance on the basis of a common concept. Any national political declaration of intent regarding BMD is therefore to be expected mainly in the context of a common NATO position and the threat assessment formulated as part of it. Nevertheless, it is worth highlighting the potential supporting capabilities of the F124 in the context of BMD scenarios. The German Navy will be able to make a convincing visible contribution in this respect without any costly new defence investments.

Antiterrorism capabilities

Because the growing challenges in the field of antiterrorism make interministerial cooperation indispensable, common action in the context of national preventive security cannot remain restricted to the Bundeswehr. The political will also to make the maritime capabilities of the Bundeswehr deployable to defend against the threat of terrorism at sea, as well as from the sea, is becoming increasingly apparent. A study group on maritime security, similar to the antiterrorism efforts in aviation, was set up under the aegis of the Federal Ministry of the Interior at the beginning of 2004. Its aim is to investigate legal and practical possibilities for improved cooperation between the Navy and the law enforcement agencies of the Federal Government.

The Navy has a wide range of capabilities for combating maritime terrorism in territorial waters and on the high seas that are offered by no other ministry. These capabilities range from provision of armed oceangoing platforms, to deployment of specialised and special forces (combat divers), the credible threat of force and graduated deployment of weapons. While the legal possibilities with respect to supporting police functions are applied very restrictively at present (under Art. 35 of Germany's Basic Law or Constitution, the German Navy is restricted in principle to providing mutual interdepartmental administrative assistance and, in this connection, to technical/logistical support in the domestic sphere), combined sub-working groups and teams of experts from the Navy and Federal Police (formerly Federal Border Guard) have succeeded in paving the way for improved cooperation under the prevailing legal conditions as part of such mutual interdepartmental administrative assistance.

The cooperation now under way between units of the fleet and the forces of the Federal Ministry of the Interior will concentrate on exchanging experience and information, coordinating terminology, procedures and equipment and practical transport and deck landing exercises at sea, without taking any concrete scenario as a basis specially for antiterrorism purposes. A law on maritime security could, if the constitution were suitably amended, form the legal basis for the participation of the Navy in antiterrorism measures, particularly on the high seas. Such a legal basis would also create the requisite legal security for naval unit commanders and facilitate international maritime cooperation from the German point of view (e.g., in the context of the Proliferation Security Initiative, PSI). Naval and naval air forces develop their maritime capabilities particularly through their involvement in multinational or combined task forces. This applies to both mandated operations and training and exercises taking place mainly in conjunction with alliance navies.

As the German Navy has long been operating in a multinational context, combined forces can be assembled flexibly at very short notice. Such international maritime cooperation with the navies of the alliance takes place along tried and proven lines, without any lengthy preliminary training or coordination. With its strong multinational character, the Navy has a special contribution to make to the mission orientation of the Bundeswehr. Joint and combined interoperability have, where possible, to be harmonised in this respect, as the standardisation requirements within the alliance are a clear determinant as regards the efforts at national level. Pure naval forces are also increasingly evolving into maritime components of joint forces, for which a common language is indispensable. The new NATO Response Forces (NRF) and the Battle Groups of the European Union (EU-BG), which will play an outstanding role as rapid response forces, are particularly noteworthy in this connection. The German Navy will continue to contribute to all four NRF forces (formerly Standing Naval/Mine Countermeasure Forces) and the EU-BG with its full range of maritime capabilities.

Summary and outlook

The Navy is in the process of developing the capabilities it requires for handling its wider range of duties. However, a readjustment of the priorities of the German Armed Forces does not require a complete rethink or total reorientation. Nevertheless, in the course of realising maritime capabilities for the Bundeswehr, the Navy will have to shift the focus of its efforts towards the capability of projecting force from sea to shore. In individual cases, it will be necessary to organise the maritime component of the future range of activities of the Bundeswehr as follows:

- The overall capability of the Bundeswehr takes precedence over the capabilities of individual services. Maritime capabilities must form an integral element of a joint approach, thereby creating synergies.
- The armed forces must continue to be able to contribute their maritime capabilities to a combined engagement network.
- Account must be taken of the rapid progress in IT-based command and control systems. Interoperability in the area of command and control and the capacity to form part of the NATO Network Enabled Capability (NNEC) are key parameters in this respect.

- Future maritime capabilities must continue to include such classic warfare areas as anti-submarine warfare, air defence, naval surface warfare and mine countermeasures, even if these are to evolve into enabling capabilities with a different priority.
- The maritime capabilities must be focused on meeting the requirements of littoral warfare.

This applies, for instance, to the security of waters near the homeland in the context of countering asymmetric threats. By carefully coordinating forces with the Federal Police and civil defence organisations and at the same time creating the necessary legal security, it would be possible to provide the option of including and also using the Navy's valuable capabilities, which could be deployed in antiterrorist operations at sea, for instance.

This also applies for the security of remote littorals. It is here that the Navy sees the actual focus of combined and joint cooperation for the purpose of preparing and engaging in crisis management and conflict prevention. The Navy has to meet the new requirements with new capabilities in the area of expeditionary warfare and make the transition from escort to expeditionary navy. National defence, on the other hand, is no longer a function that determines the structure of the armed forces and thus also the Navy, although this does not mean that it will no longer be vital in future. Enhancing the operational readiness of the Navy in a joint context, and thus of the Bundeswehr as a whole, will also improve the protection of Germany and its citizens.

- Finally, it is vital to resolve the apparent contradiction between the major renewal that the fleet will be undergoing in the next few years and the rather limited prospects for medium-term regeneration of the sea-based platforms and the ensuing consequences and to emphasise that the Navy will in fact be significantly upgraded soon with the addition of the F124, U212A, K130 and P3C ORION and later also probably the F125. This will make it possible to meet most of the requirements in capability and volume terms. On the other hand, there are currently no prospects of the Bundeswehr being provided with any military transport ship.

Moreover, according to materiel and equipment planning, subsequent batches of submarines, corvettes and combat support ships have been postponed and reduced. The average age of fleet units and expenditure on maintenance and repairs are rising disproportionately. At the same time, however, reductions of batch sizes help to create the scope for investment needed for the reorientation of the armed forces as a whole. Realising the F125 frigate project earlier than originally envisaged also shows that, despite a tight budget, planning policy offers the possibility of adopting a different course when new priorities are set.

Despite the initially good outlook, a mixed picture thus emerges along the time axis that still makes it necessary to keep an attentive eye on matters of medium and long-term importance in the maritime area.

As regards further planning, it should also be noted that, because of the financial restrictions, the Navy has to set its priorities very prudently and focus on modest solutions and what is viable. This is the only way it can maintain and acquire strategically justified projects and maritime capabilities needed for the Bundeswehr, although perhaps not always in the quantity required. This also involves flexibly weighing up unconventional or suddenly emerging options, such as nondevelopmental items.

All in all, the status of the Navy has to be maintained as a central element of the armed forces capable of meeting future challenges. In this respect, it will be vital

to strike a delicate balance between realistic equipment requirements and adequate awareness of the indispensable maritime contribution to the armed forces, politics and society. By emphasising the maritime capabilities of the Bundeswehr, the Navy is ostensibly embarking on a course being taken by other NATO and EU partners. Joint and combined approaches have to be taken if the Navy is to remain capable of meeting its alliance commitments in future.

However, transformation is not only an organisational or procedural challenge. The decisions involved in the continuous process of adaptation need to be constantly communicated, particularly because of the implications for military and civilian personnel. Transformation is thus an ongoing managerial responsibility to ensure that the burden of reorientation and change is broadly shared, as well as being a responsibility of the state as a whole, and its communication should be promoted and actively implemented at political level.

Page 28, Chapter 2
Fleet
The Fleet Command, which is subordinate to the Naval Staff, manages as one of the two higher command authorities of the German Navy all its units afloat and airborne forces.

The Fleet Commander, with the rank of a vice-admiral, is responsible to the Naval Chief of Staff for the operational readiness of the servicemen and women and their ships, boats and aircraft under him. This includes provision of deployable naval and naval air forces, planning and carrying out the necessary operational training, commanding the units during training and exercises and, in combination with the Naval Office, ensuring the operational readiness of materiel.

The Fleet Commander commands from the Navy headquarters (MHQ) in Glücksburg the maritime forces subordinate to him in

their global deployment and provides them ready for operation for missions in the context of the national and alliance defence, international conflict prevention and crisis management, as well as combating international terrorism.

In the context of the joint foreign and security policy of the European Union, the Fleet Command has been certified as "European Maritime Component Command" (EU MCC) and is certified with the European Union. In the European context, the capabilities for managing independent maritime operations from the German EU MCC are thus made available to the EU.

Units of the Bundeswehr are commanded in mandated missions outside Germany within joint forces by the task force command of the Bundeswehr on behalf of the General Inspector. In this role as "force provider", the Fleet Command provides fully operational units of the fleet for such missions and supports the task force command with their management.

The national area of the fleet encompasses all floating and airborne task forces of the Navy: the Naval Air Arm with helicopters and maritime patrol aircraft, frigates, supply ships, minehunters, fast patrol boats (in future corvettes), submarines, reconnaissance ships and Specialised Naval Response Forces with combat divers and clearance divers, as well as Naval Protection Forces. They are under the multi-type Naval Task Flotillas 1 and 2 with staffs stationed in Kiel and Wilhelmshaven. The former five flotillas as type commands thus no longer apply, although the structure of the type-oriented squadrons has not been abandoned. The area of the naval air forces with the Naval Air Wings 3 and 5 is directly subordinate to the Fleet Command.

The units of the fleet undergo an operating and maintenance cycle, during which about 40% are rapidly available for operative missions. For crisis operations, the Navy

can thus deploy almost half of the forces from its overall fleet at the same time for longer periods.

However, all units of the fleet are basically capable of engaging in crisis response missions. They are designed to respond to conflicts and crisis management immediately and be deployed on a fast, effective and sustainable basis in the context of the alliances or other international forms of cooperation.

Three operations staffs attached to the Fleet Command and two Naval Task Flotillas can be combined and embarked at short notice for missions for managing maritime operations, without having to resort to the subordinate area. Fleet Command can combine various naval forces depending on the situation in hand and on a modular basis to create integrated task forces via an integration of the capability categories:
• Command and control capability
• Intelligence collection and reconnaissance
• Mobility
• Effective engagement capability
• Support and sustainability
• Survivability

Page 32, Naval Task Flotilla 1
The ship and boat flotillas of the German Navy have been combined into two Naval Task Flotillas in order to enhance operational orientation and at the same time streamline organisational structures.

The three independent boat flotillas (Mine Warfare Flotilla, Fast Patrol Boat Flotilla and Submarine Flotilla) have been combined to form Naval Task Flotilla 1 with their bases Kiel, Eckernförde and Warnemünde.

In these bases, there are eight squadrons and battalions with more than 4,000 servicemen and women and civilian employees as well as 60 floating units. The staff of Naval Task Flotilla 1 is based in Kiel, where the following are stationed:

- The 3rd Minesweeper Squadron with the staff, the system support group, five minehunters each of Class 332 and 333 as well as the tenders RHEIN and WERRA. One MJ 332 is planned to replace the clearance diving tender MÜHLHAUSEN in 2007.
- The 5th Minesweeper Squadron with the staff, the system support group, five Class 352 MCM drone controllers with a total of 18 remotely controlled type SEEHUND units, the tender MOSEL and four former Class 332 minehunters as platforms for the Naval Protection Forces.

Eckernförde is the location of the battalion of the Naval Protection Forces, the battalion Specialised Naval Response Forces with the clearance diving tenders MÜHLHAUSEN and LANGEOOG as well as the landing boats LACHS and SCHLEI, the Submarine Training Centre and the 1st Submarine Squadron with the staff, the system support group, ten Class 206A boats, the four newly delivered Class 212A boats, the tender MAIN and three fleet service boats.

The base Hohe Düne in Warnemünde remains the station of the 7th Fast Patrol Boat Squadron with the staff, the system support group, ten Class 143A boats and the tender ELBE, as well as the new 1st Corvette Squadron with staff, the system support group, five BRAUNSCHWEIG K130 corvettes and the tender DONAU.

Submarines

Submarines are deployed in the entire operating area of the German fleet. Already in peacetime, they operate in the home waters of North Sea and Baltic, as well as in the North Atlantic, the Norwegian Sea and Mediterranean.

With their advanced equipment and high combat power, submarines have become an indispensable component of future-oriented fleet forces. Submarines have a wide range of uses thanks to their superiority over surface forces and ability to engage in unseen yet coordinated deployment and operate in sea areas under surveillance by the enemy.

Submarines are deployed for protection of the home country's offshore area, permanently securing sea routes, carrying out extensive sea area surveillance as strategic basis or strengthening surface forces.

Depending on their configuration, propulsion system, equipment and weapons, submarines can be deployed effectively as missile carriers against shore or ship targets, torpedo carriers against surface units and in an anti-submarine warfare role, covert reconnaissance units for extensive sea area surveillance, stealthy observers for providing a situation picture or minelayers in the context of mine warfare.

For the German conventional non-nuclear submarines, the fuel cell in combination with a traction battery is currently regarded as the most effective, technically mature and operatively balanced alternative for propulsion. This technology makes it possible to deploy submarines in continuous underwater operation also for long periods without the operative restrictions of snorkel operation. Concealed missions of up to 60% of mission time have become possible, with high top speed being ensured with battery operation and heat and noise radiation minimised. Thanks to the new fuel cell technology, conventional submarines have gained significantly in operative freedom in terms of depth, space and time. They can be deployed overtly or covertly, contribute to providing the situation picture for the commander at sea or on land, operate individually or in a formation and can also be used with weapon deployment in peacekeeping operations.

Training is provided specifically for subma-

rines at the Submarine Training Centre, the only "school" of the fleet. This is responsible for training entire submarine crews. In addition to theoretical instruction and training in the marine engineering shore facility, simulators are provided for training the deployment of the command information centre (CIC) with the entire CIC team on the tactics trainer and for the marine technology area. Comprehensive training is provided so that only limited supplementary training on board the small and confined vessels is necessary. Although training on the tactics trainer cannot replace training at sea, the control team of submarines offers a practically oriented, well-balanced training that significantly shortens shipboard instruction.

Units of the 1st submarine squadron U15, U16, U17, U18, U23, U24, U25, U30, U31, U32, U33, U34, tender MAIN, fleet service boats ALSTER, OSTE and OKER

Class 206A

The vessels of this type were built between 1973 and 1975 as Class 206. Between 1987 and 1993, their combat effectiveness was improved and they were modernised to become Class 206 A.

Because of their small size and low noise radiation, these submarines are extremely difficult to locate. They are built of non-magnetic steel as a mine protection measure. They are equipped with 8 wire-guided torpedoes as well as 24 mines. Thanks to their high manoeuvrability and small dimensions, they can operate even in very shallow waters with a depth of approx. 20m.

Specifications

Displacement	500t
L/beam/draught	48.6/4.6/4.0m
Propulsion	Diesel-electric, batteries
Speed	Approx. 17 kn
Complement	25
Armament	8 torpedo tubes

Seehecht DM 2A4 torpedo (wire-guided) Minelaying capacity

Class 212A

The Class 212A submarine involved a great leap in conventional submarine construction technology. Its air-independent propulsion system with the fuel cell technology extended deployment under water, without external air renewal, to 50% of mission time.

The Class 212A units are currently among the most effective conventional submarines worldwide with their pressure hull of highly elastic, non-magnetic steel, plus extremely minimised parameters for magnetism, pressure, infrared, radar and underwater sound, advanced operating and automation concept with redundancies, far-reaching passive sensors for target value determination and classification, high weapon payload and efficient guidance and weapon deployment system.

Specifications

Displacement	1,450t
L/beam/draught	56.0/6.8/6.4m
Propulsion	Fuel cell, batteries
Speed	Approx. 17 kn
Complement	27 +
Armament	6 torpedo tubes Seehecht DM 2A4 torpedo (wire-guided)

Page 40
My first day on board U33

Lieutenant Junior Grade Hans Threwe

It's a Monday in September, at half past seven in the morning in Eckernförde, the submarine base of the German Navy. Spring is a long way off; a cold east wind wafting over Eckernförde Bay causes a shudder to go down my back when I leave the barracks and make my way to my new command.

I'm on the way to U33.

From far off, I can already see the sub at the pier. It looks like a large whale. The dark grey, massive-looking, very low tower almost midships fits with its curves nicely in the boat shape. The forward diving planes on the tower look like small wings and the X rudders on the stern rear out of the water. All in all, it is a confidence-inspiring sight with no prominent transitions, "corners" or "edges", but resembling a cetacean half out of the water. Even the retractable devices do not look strange but rather in their shape and height are an interesting additional feature of the overall picture.

All the same, I find it rather uncanny when I step on to the pier and go straight to the boat. As a new member of the crew, I will do service here for the next few days, weeks or months. I slowly let my kit bag slide from my shoulder when I reach the gangway.

Now I think to myself: make sure you do everything right. Don't be nervous, don't attract attention, but just do the first things on board naturally and smartly. The submarine training that I just completed runs like a film in front of my mind. I enter the boat, not without first saluting the flag, and stand immediately in front of the forward entry hatch. "Down" I call down the hatch and at the same moment I'm already standing on the ladder descending straight down into the whale's belly.

Once arrived in the bow compartment, I quickly try to orient myself and choose the passage to the rear – there's no aft on a submarine, I recall. I worm my way through the narrow passage to the CIC, where I stand immediately in front of the commander. As required by the regulations, I report: "Commanded on board with effect from today." I'm overwhelmed by all the technology crammed into the smallest space and in my thoughts have already almost dived, but then the hand of the com-

mander on my shoulder calls me back to reality. "Welcome on board, I'm glad you're here, as we have an interesting trip ahead of us. Every hand will be needed on board". While I'm still reflecting about whether I ought to be glad about this "interesting trip" or should rather carefully tackle the new assignment, the commander adds: "But for us, every hand on board means that we also work hand in hand and that everyone is always available for everyone else. So look forward to the job, and we'd like to give you a warm welcome on board as 2nd Watch officer. First settle in and make yourself at home and then we'll see."

I turn around and have the feeling that I ought now to be setting something in motion. Some hands stretch out towards me and I'm warmly welcomed by the chief petty officers and petty officers in the CIC. I feel a comfortable atmosphere and the team spirit around me, and begin to feel at home.

A young mate helps me take my things under deck, and in my room I meet the 1st Watch officer, who introduces me to life on board and briefs me on the forthcoming trip. Thanks to the comradeship, my apprehension about the first day on board quickly disappears.

"Roll call" is passed from mouth to mouth through the boat and I follow the other crew members to the pier. The commander receives a report, gives a brief outline of the voyage ahead and I am officially welcomed. The roll call ends with the command "At manoeuvre station", and now everyone on board knows where his station is for the casting-off procedure. "Come along to the conning tower," the commander says to me, thus relieving me of the concern about where to position myself as newcomer on board.

The still strong north wind blows icily into our faces on the conning tower, and I'm

glad to have dressed warmly before coming on board. First the manoeuvre whistle, and after briefly going ahead into the spring line, "Let go all" and then the whistle to end the manoeuvre. The sub backs into the west basin and then turns hard port to clear the harbour entrance and enter Eckernförde Bay.

There are no disturbing noises, the crew calmly and confidently handles lines and fenders, the powerful electric motor works without a sound and the sub moves silently through the choppy sea as if steered by an unseen hand. "Fall out from manoeuvre station, port watch has duty." I recapitulate, today is March 20th, an even date, so after casting off the port watch has duty.

The seaway has increased somewhat, but although on the tower the spray comes over the bridge we notice virtually none of the uninviting weather in the boat. Yet the command "Get ready for diving" repeated by everyone goes like a sigh of relief through the crew. There is no hectic activity, the crew moves quickly and confidently at their stations, the diving vents are opened, the bridge is readied for diving, the flag and pennants are hauled in and the detection and fire control centres are switched on in the CIC.

After the report of the 1st Watch officer "Boat is rigged for diving", the commander orders "At diving stations". The bridge crew quickly disappears without a sound through the tower hatch. Only the commander remains on the bridge to take a last look around. "Tower hatch is closed" the commander says into the boat and, still standing on the ladder, embracing the hand wheel of the conning tower hatch, he orders: "Floooood". At the same time as the command is repeated by the entire crew, the ship's technical officer, who is now responsible in the CIC for the diving manoeuvre, is instructed: "Go to periscope depth, level off boat for 50 ahead, 1 degree down by the head". I follow very intently

every command, every reaction and every movement. Only when the ship's technical officer reports to the commander: "Boat is levelled off for periscope depth, ahead 50, 1 degree down by the head" does the tension relax somewhat.

"Propeller noises in 150 degrees increasing" is now reported by the passive detection system. The commander goes with the periscope in the indicated bearing and confirms the sonic bearing. "F123 frigate, bow left position 80, distance 3000." He adds: "Will pass us at an adequate distance."

The diving manoeuvre has lasted only few minutes. The commander hands the periscope over to the 1st Watch officer, telling him to keep an eye on the frigate. The detailed watch remains on station and the off-watch withdraws into the bow compartment. Routine settles in. For today, we proceed submerged through the Western Baltic towards the diving training area around Bornholm.

Class 404 Tender MAIN

This is a "mother ship", escort, supply vessel, target ship and management unit for the submarines in training and in peacetime deployment. As a support ship, the MAIN makes a considerable contribution to maintaining the high training level of the crews.

Specifications

Displacement	3,450t
L/beam/draught	99.8/15.5/4.1m
Output	2,500 kW (3,400 hp)
Speed	Approx. 15 kn
Complement	40
Armament	Manportable air defence system 2 x 20 mm gun
Container capacity	24 units

OSTE Class 423 Fleet Service Boats

The fleet service boats commissioned in 1988-89 have a range of over 5,000 nautical miles for undertaking long-term reconnaissance missions. In addition to their permanent crew, they can carry telecommunications personnel and specialists for electronic reconnaissance, depending on the situation and mission.

The vessels are designed as highly efficient early warning, telecommunications and reconnaissance units and are capable of operating autonomously or acting and communicating with other units and departments of German and international forces.

The fleet service boats are equipped with advanced electromagnetic, hydroacoustic and electro-optical detection equipment and have already been deployed very successfully on various missions for strategic intelligence collection tasks in crisis areas.

Specifications

Displacement	2,375t
L/beam/draught	83.5/14.6/4.2m
Output	3,300 kW (4,500 hp)
Speed	20 kn
Complement	40
Armament	None

Fast patrol boats

The fast patrol boats also have to perform new tasks in the context of international crisis operations. These include, with faster deployment capability to the relevant operating area, reconnaissance, surveillance and securing of the relevant littoral. The fast patrol boats are intended to be deployed in such sea areas to exert a long-term and visible presence, including carrying out embargo inspections. The operating area of the boats and tenders ranges from the North Sea and Baltic and the Norwegian Sea to the Mediterranean. They can also be deployed in more remote areas, such as in the context of ENDURING FREEDOM off the Horn of Africa and ACTIVE ENDEAVOUR/STROG (Strait of Gibraltar, at the exit of the Western Mediterranean).

In their defence role, fast patrol boats along with other units of the fleet protect national coasts and engage hostile naval forces. They operate in combination with ships, boats or naval air forces in European littorals.

With the extension of the range of tasks of the Bundeswehr, the geographical focus has shifted from Northern Europe, so missions can go well beyond the previous limits in the context of the alliance. The international partnership that has already proved successful for decades in peacetime is of particular significance in this respect.

Equipped with the computer-supported command and control and weapon deployment system ACIS (Automated Combat Information System), the fast patrol boats are among the smallest NATO units capable of exchanging weapon deployment data with other naval forces, early warning aircraft AWACS or shore stations in real time.

With their high mobility, short response times and ability to operate safely in littorals and very confined coastal waters, the fast patrol boats represent an important instrument of naval warfare. They are specialised for deployment in coastal areas and thus bridge the gap between the large ships, optimised for operations on the high seas, and the coast.

Units of the 7th Fast Patrol Boat Squadron S71 GEPARD, S72 PUMA, S73 HERMELIN, S74 NERZ, S75 ZOBEL, S77 DACHS, S78 OZELOT, S79 WIESEL, S80 HYÄNE, S76 FRETTCHEN, tender ELBE

GEPARD Class 143A

These units, a refinement of the ALBATROSS Class, are equipped with the RAM missile system for enhanced defence against hostile missiles instead of a second 76 mm gun. They have been given a minelaying capability instead of torpedo armament.

The GEPARD Class vessels have rather more spacious accommodation for their crew of 36 and are equipped with a comprehensive airconditioning and protective air system so that in ABC conditions they can be operated in citadel operation to prevent ingress of contaminated air.

Specifications

Displacement	390t
L/beam/draught	57.6/7.8/2.6m
Output	13,200 kW (18,000 hp)
Speed	Max. 41 kn
Complement	36
Armament	1 x 76 mm gun (OTO Melara) 4 x EXOCET 21 x RAM Minelaying capacity 2 x SMG (12.7 mm) ECM

Class 404 Tender ELBE
Specifications

Displacement	3,450t
L/beam/draught	99.8/115.5/4.1m
Output	2,500 kW (3,400 hp)
Speed	Approx. 15 kn
Complement	51 (82 with embarked system assistance group)
Armament	2x 20 mm gun, Stinger
Container capacity	24 units

Corvettes

In line with the new tasks of the Bundeswehr and changed security parameters, the ten remaining fast patrol boats of the GEPARD Class are to be replaced by the BRAUNSCHWEIG K130 corvettes with a broader range of capabilities. These vessels represent a new quality of naval forces for the German Navy. Already designed in the mid-1990s, the corvettes have been constantly adapted to meet the changing threat scenario and roles of the Navy.

The five units already under construction are particularly suitable for meeting the current requirements of the Navy in littorals. With its advanced weapon and sensor equipment, the K130 corvette will be a key naval instrument for joint as well as multinational operations.

The corvette's roles can be summarised as follows:
- Exerting presence as comprehensive basic responsibility in the context of the annual training for crisis operations or in settling conflicts with the threat of weapon deployment
- Performing monitoring, protecting and reconnaissance duties in littorals
- Controlling shipping on sea routes and in the coastal area
- Coordination and tactical control of joint forces
- Integration in task forces
- Engaging floating targets both on the high seas and in designated shallow water areas
- Engaging shore targets

Compared with the combat-effective, manoeuvrable fast patrol boats, the five corvettes being delivered are, thanks to their size, more robust and deployable even in extreme weather conditions and with their effective weapons and wide range of sensors capable of projecting force into coastal areas. Their anti-ship missiles can also be used against land targets for providing maritime support of land operations. With their size and armament and their capability for being deployed worldwide, mobility and sustainability over longer periods, corvettes are an ideal complement for task forces in operations even in remote littorals. Combined in the 1st Corvette Squadron, the Class 130 vessels BRAUNSCHWEIG, MAGDEBURG, ERFURT, OLDENBURG and LUDWIGSHAFEN are stationed with the tender DONAU in Warnemünde.

BRAUNSCHWEIG K130 Corvette
Specifications

Displacement	1,850t
L/beam/draught	88.7/13.2/4.35m

Output	4,800 kW (20,000 hp)
Speed	26+ kn
Complement	57
Armament	1 x 76 mm gun
	(OTO Melara)
	2 x 27 mm gun
	4 x heavy missile
	RBS 15MK3
	2 x RAM
	(each 21 missiles)
	Helicopter landing
	deck (12t)
	Minelaying
	capability
	ECM

Mine Countermeasure Forces

In naval operations, mines alter geographical parameters, prevent the usage of sea areas and restrict the enemy's operational freedom of movement. They tie down or hinder hostile naval forces and thus play an effective role in naval operations conducted by groups of forces.

Because of the fleet's new parameters today, the anti-mine role, as opposed to the active transport and laying of mines into minefields, has become more important. Yet this is a return to original tasks: mine defence to reduce the endangering and restrictions to freedom of operation of naval forces caused by enemy mines. However, mine deployment, with the possibility of tying down hostile forces in their operational freedom or destroying them, retains its basic significance.

In 1994, the staff of the Mine Warfare Flotilla was relocated from Wilhelmshaven to Olpenitz and underwent, along with three squadrons, as first type command its reorganisation in a "type base". The Mine Warfare Flotilla, like the other flotillas, was disbanded in 2005. The Olpenitz base was closed and the minesweeper units now under Naval Task Flotilla 1 were relocated to Kiel.

3rd Minesweeper Squadron
ROTTWEIL (clearance diving tender), DILLINGEN, HOMBURG, FULDA, WEILHEIM, PASSAU, LABOE, HERTEN, KULMBACH, ÜBERHERRN, tender WERRA, tender RHEIN

5th Minesweeper Squadron
HAMELN, PEGNITZ, SIEGBURG, ENSDORF, AUERBACH, tender MOSEL. As Naval Protection Forces units: BAD RAPPENAU, BAD BEVENSEN, GRÖMITZ, DATTELN

FRANKENTHAL Class 332 Minehunter
These boats are equipped with a bow sonar featuring a digital signal processor and synthetic picture imaging. The very effective identification and mine destruction drone PINGUIN identifies contacts via a video camera and a high-resolution short-range sonar. Using droppable and remote-control mine disposal weapon charges, this drone can be deployed against both moored and ground mines.

Specifications
Displacement	660t
L/beam/draught	54.4/9.2/2.84m
Output	4,080 kW (5,550 hp)
Speed	Approx. 18 kn
Complement	41
Armament	1x 40 mm gun
	Manportable
	air defence system
	Minehunting and
	minelaying capacity

KULMBACH Class 333 Minehunter
These minehunters are dual-role vessels capable of both laying and clearing mines. They are equipped with the TAKIS minehunting command and control system and a minehunting sonar to enable them to fulfil their primary role of minehunting. Located ground or moored mines are destroyed with the expendable drone SEEFUCHS, which is a unique system worldwide. The Class 333 vessels can also carry a mobile clearance diver unit.

Specifications
Displacement	645t
L/beam/draught	54.4/9.2/2.84m
Output	4,080 kW (5,550 hp)
Speed	Approx. 18 kn
Complement	43 + 3
Armament	2 x 40 mm gun
	Manportable
	air defence system
	Minehunting and
	minelaying capacity

ENSDORF Class 352 Minesweeper
The Class 352 minesweepers comprise the Class 343 minehunters, converted into MCM drone controllers, and the eighteen modernised SEEHUND remotely controlled solenoid sweeps. The TROIKA PLUS deployment procedure involves using up to 4 unmanned SEEHUND drones with activated minesweeping equipment that are remotely controlled from the control vessel, which remains outside the minefield. This vessel is equipped with a mine avoidance sonar, a control and steering device for the remotely controlled solenoid sweeps, SEEFUCHS expendable drones and mechanical minesweeping equipment.

Specifications
Displacement	650t
L/beam/draught	54.4/9.2/2.84m
Output	4,080 kW (5,550 hp)
Speed	Approx. 18 kn
Complement	45
Armament	2 x 40 mm gun
	Manportable
	air defence system
	Mechanised
	minesweeping gear
	4 x SEEHUND
	remotely controlled
	solenoid sweeps

SEEHUND
Minelaying capacity
Minehunting capacity in shallow waters (up to 25m) mainly against anchored mines using the mine destruction drone SEEFUCHS

Utility Landing Craft
SCHLEI and LACHS
These small, manoeuvrable units are regarded as "work boats" of the fleet. They are deployed for transporting personnel and equipment by sea and can also be used for minelaying operations.

These craft, which are under the Specialised Naval Response Forces, are commanded by chief petty officers.

Specifications
Displacement	66t
L/beam/draught	40/8.8/2.1m
Output	325 kW (440 hp)
Speed	Approx. 10 kn
Complement	17
Armament	1 x 20 mm
	anti-aircraft guns

Specialised Naval Response Forces
The Specialised Naval Response Forces developed from the former clearance divers group and today comprise the combat divers company, the clearance divers company, two naval companies for special operations, one training section and special support elements.

To carry out their missions, the personnel of the Specialised Naval Response Forces have to meet extraordinary physical challenges and must constantly demonstrate that they are able to handle these in training. The tasks of the Specialised Naval Response Forces involve:
- Deployment for special operations, which can be carried out exclusively by combat divers, who have excellent training and equipment
- Removal of mines and ordnance on land and at sea by clearance divers and the EOD (explosive ordnance disposal) platoon
- Supporting the enforcement of embargo measures by providing boarding parties
- Deployment in special situations in the maritime environment to rescue people from dangerous situations

The training section effectively trains the members of the Specialised Naval Response Forces to ensure that they can carry out their respective tasks. This section also provides special training courses for the detonating and boarding areas for all naval personnel. The Specialised Naval Response Forces have their own vessels for supporting training, the minesweepers BAD RAPPENAU, BAD BEVENSEN, GRÖMITZ, DATTELN.

The Naval Protection Forces were formed from the Naval Security Battalions in Glückstadt and Rostock. They are subordinate to Naval Task Flotilla 1 and have been stationed with about 500 soldiers in Eckernförde since 2005.

The role of the Naval Protection Forces has altered greatly in the various structures of the Navy. With their often changing assignments involving:
• Restricted pioneer capability
• Focus on coastal protection
• Amphibian operations
• Duties in the context of the air station protection of the Naval Air Arm
• Protection of naval bases and
• Protection of all shore-based Navy installations
the Naval Protection Forces were structured in very different ways and stationed in various locations in the decades after the reformation of the German Armed Forces. Developing from the protection companies in the bases and the airfield protection of the Naval Air Wing, with the centre of basic training at the Petty Officer School in Plön, after the establishment of three active protection battalions in Glückstadt and Rostock, the Naval Protection Regiment was formed with Battalion 1 in Glückstadt, Battalion 3 in Seeth and Training Battalion in Glückstadt. In spring 2004, the Naval Protection Regiment was disbanded and one battalion moved to Eckernförde. Self-protection of naval units, of ships, boats and shore-based facilities has become necessary with the extension of the tasks

of the forces, particularly also with respect to protection against terrorist attacks in Germany, and in all possible operating areas of the Navy worldwide.

This wide range of duties and the related integration within the crisis response forces of the German Navy presuppose intensive, versatile training in all types of combat under realistic conditions. The operating principles for the ground troops on the one hand and the Navy's own deployment principles for the boarding missions on the other form the basis for commanding, educating and training the personnel. If capabilities are required for fulfilling tasks that cannot be fully covered by the Navy, these tasks are effected jointly. Armament and equipment are optimised for versatile and immediate mobile deployment to provide effective, well-trained personnel deployable on land and on board for all protection and security assignments.

Page 66
Naval Task Flotilla 2
In the context of the reorientation of the Bundeswehr, the Navy has also made a vital contribution to adjusting to the new deployment requirements. In this connection, the Navy changed its previous structure from the former 5 class flotillas to two Naval Task Flotillas. Following tradition, Naval Task Flotilla 1 is stationed in the Baltic and Naval Task Flotilla 2 in the North Sea region, in Wilhelmshaven. With its all-weather frigates and sea supply units accompanying missions, Naval Task Flotilla 2, basically the former destroyer flotilla, forms the core of the globally deployable components of the fleet. The units are allocated to the intervention and stabilisation forces.

As the focus of an integrated task force, the ships provide in the areas
• National and alliance defence
• Crisis response
• Cooperation and assistance
a broad range of operative capabilities in

national deployment alone or in combination with other services or internationally in cooperation with other countries.

With their high endurance, the ships can immediately perform at any time the tasks of commanding forces, exerting presence, intelligence collection, sea area surveillance, protecting sea areas and sea routes, enforcing embargo measures, supporting other services, carrying out evacuations or providing assistance in disasters.

This means that the vessels envisaged as crisis response forces are able to depart at short notice and form themselves into a deployable and effective force or integrate themselves within an existing unit in order to carry out national and/or international duties.

The flotilla was allocated a task staff to enable it to assume a command role in a national and international context at any time. In a further step, the squadrons were assigned additional personnel to enable crews to cope more effectively with the very high service requirements.

The former four frigate squadrons were reformed into two squadrons. Within the new 2nd and 4th Frigate Squadron, the ships are combined as follows. The 2nd Frigate Squadron comprises the Class 123 and 124 frigates F215 BRANDENBURG, F216 SCHLESWIG-HOLSTEIN, F217 BAYERN, F218 MECKLENBURG-VORPOMMERN, F219 SACHSEN, F220 HAMBURG and F221 HESSEN.

The eight Class 122 ships in the 4th Frigate Squadron are F207 BREMEN, F208 NIEDERSACHSEN, F209 RHEINLAND-PFALZ, F210 EMDEN, F211 KÖLN, F212 KARLSRUHE, F213 AUGSBURG and F214 LÜBECK.

As previously, the supply and support units are combined irrespective of the port where they are stationed in the Auxiliaries

Squadron:
Class 702 combat support ship BERLIN
Class 702 combat support ship FRANKFURT AM MAIN
Replenishment ship AMMERSEE
Replenishment ship TEGERNSEE
Class 704 tanker RÖHN
Class 704 tanker SPESSART
Class 720B salvage tug FEHMARN
Ocean tug SPIEKEROOG
Ocean tug WANGEROOGE
Ammunition carrier WESTERWALD

In line with the politically defined extended role of the Bundeswehr along with obligations within the cooperation with our alliance and partner navies, the deployment focus for the frigates has shifted from the littorals (North Sea and Baltic) and offshore sea areas to the high seas. The operations area of the naval units must be seen in a global context. The Navy is deployed wherever the interests of the Federal Republic of Germany are affected, which also applies in connection with the global war on terror. Response capability, superior capabilities for surface and submarine naval warfare and flexibility in command are thus becoming increasingly significant. Constant modernisation and renewal of the frigates also therefore remain vital considerations for the future planning of the fleet.

Naval Task Flotilla 2 is equipped to meet the currently foreseeable deployment requirements with its F123 and F124 and planned F125 frigates, in combination with advanced combat support ships.

Frigates
The German Navy participates mainly with surface units in the international naval forces combating international terrorism. But its vessels' constant presence on the oceans also makes an important contribution towards safeguarding international sea routes.

Mainly the frigates and support ships important for replenishment are deployed to carry out these tasks. Thanks to their high endurance, the frigates are able to ensure a constant presence in a sea area assigned to them. These ships are supported by the staffs of the 2nd and 4th Frigate Squadrons in Wilhelmshaven. The mission command capability of Naval Task Flotilla 2 involves a continual cycle of repair, training and deployment activities to prepare the individual vessels for their tasks and provide or keep them ready for the specific missions.

Apart from its core task, ensuring the operational readiness of its ships, the Naval Task Flotilla has to secure, maintain and supplement personnel and materiel resources. This includes modernising plant and equipment as well as ensuring effective training for crews. The vessels are supported by their squadron during their entire service life. Training and exercise periods are prescribed, the necessary personnel rotation carefully planned, the times when the ships lie in readiness determined and the national, bilateral or international missions accompanied. Maintenance work on equipment and vessels at regular intervals is planned and shipyard periods for general overhaul work and repairs coordinated.

While the frigates were deployed mainly for national and alliance defence focusing on protection of coasts, offshore sea areas and important sea routes for trade up to the mid-1990s, with the changed structure and tasks of the German Navy the priority is now on global missions in international and joint forces: international cooperation for global peacekeeping, crisis management, conflict prevention, combating terrorism and tasks within the NATO Response Force (NRF) and European Union Battle Group (EU-BG) and as rapid intervention forces of the NATO and EU.

The eight BREMEN F122 frigates and four BRANDENBURG F123 frigates are optimised for their main role of anti-submarine warfare. Their equipment includes mainly

the modernised shipborne helicopter SEA LYNX Mk 88A. Every vessel can carry up to two of these helicopters. Their presence significantly increases the detecting and combat range of the ships against submarines and surface units.

With their advanced design and equipment, the frigates have a crew of about 220 servicemen and women. In addition to their anti-submarine warfare role, both ship classes can also be deployed for engaging air targets for self-protection, floating targets and shore targets. All units have efficient radar units for fire control, sea and air area surveillance and navigation. Their equipment includes sonars, instantaneous electronic information transfer (LINK 11, LINK 16) and electronic warfare systems (EW plants FL1800 SII) to register and analyse hostile electronic radiations, as well as telecommunications equipment, with which they are able to assume command tasks in national or international forces. The frigates are basically all-weather multipurpose warships with high endurance that are ideally suited for operations in open seas and missions in littorals such as the North Sea and Baltic.

The latest and largest frigates of the German Navy are the units of the SACHSEN Class (F124), commissioned in 2004-05. These are designed as multipurpose frigates with shipborne helicopter for escorting and area protection duties. The ships' sensors and weapons are optimised for the main tasks of task force command and air defence. With their main sensor SMART-L, they can register and pursue approx. 1,000 air targets at a distance of up to 400 km. The frigates are equipped with APAR, the first multifunctional radar of the German Navy. The shipborne helicopter is used for long-range anti-ship and anti-submarine operations. The SACHSEN Class frigates are particularly versatile and effective ships for the German Navy.

BREMEN F122 Frigate
Specifications

Displacement	3,800t
L/beam/draught	130/14.5/6.0m
Output	38,000 kW (51,000 hp) Combination of diesel engines for cruising speed and gas turbines for max. speed
Speed	Approx. 30 kn
Complement	219
Armament	1 x 76 mm gun 2 x 20 mm gun HARPOON, SEA SPARROW and RAM missiles 4 x anti-submarine torpedo tubes 2 x shipborne helicopter SEA LYNX

Page 72
Training for an emergency
Frigate LÜBECK off the Horn of Africa
Lieutenant Junior Grade Boris Heide

The ship shudders from a machine gun salvo as a simulated attacking speedboat is engaged. Everyone is braced for the worst and waiting to use the tactics they have so frequently trained.

The entire crew is now called on to deal with simulated flooding as a consequence of hostile fire and care for the "play-acting" wounded. Teamwork is trumps in this situation; the experienced help the inexperienced on board. The training session is over after an hour and the commander reviews the results. He is very satisfied and proud of his crew. Everyone knows exactly what to do. The men and women on board the LÜBECK are optimally prepared for their five-month tour of duty in the operations area off the Horn of Africa.
"Intelstop! Intelstop!"
The frigate is operating in stifling heat off the coast of Oman in the surveillance area

of Task Force 150. "Intelstop" is short for "Intelligence Stop", which stands for intelligence collection and is at the same time an instruction for the warship's boarding team. Within 30 minutes, the team must be ready to embark on a speedboat to board a located vehicle after its approval. The focus is on intelligence collection via questioning. The members of the boarding team immediately respond at the command "Intelstop". A lieutenant junior grade is boarding officer and heads the mission. The stations at the machine guns on the upper deck of the ship are manned, and the members of the mobile team reach for their equipment. They always carry rifles and pistols and wear bullet-proof vests. Everyone helps everyone else with their gear and checking that everything is in order. "We need team capability and operational readiness and don't want any Rambo types, who endanger themselves and others," explains the security force commander, an ensign.

The security force commander is responsible with his personnel for securing sensitive areas on board the vessels that are to be searched. "The risks on the boats that have to be boarded must be minimised, but there's always some residual risk in every mission," adds the security force commander. The boarding officer and security force commander go on to the bridge of the ship, where the commander gives the officers the final instructions. There is no excitement or stress on the bridge. The boarding team members are calmly and resolutely given the final information and instructions. The last order is: "The commander and the boarding officer are to keep in constant radio contact to ensure a prompt response if a dangerous situation arises."

The six members of the boarding team clamber into the speedboat before it is lowered to the water. The engines wake the boat to life and it rushes towards a dhow, a typical wooden boat in this region. The personnel on the LÜBECK intently watch the boarding team approach and go alongside the Iranian dhow. The situation is quickly brought under control, and the vessel is boarded. Responding in a well-practised manner, the members of the boarding team interrogate the crew and inspect the ship's papers.

Mission accomplished.

BRANDENBURG F123 Frigate
Specifications

Displacement	4,500t
L/beam/draught	139/16.7/4.4m
Output	38,000 kW (51,000 hp) Combination of diesel engines for cruising speed and gas turbines for max. speed
Speed	Approx. 30 kn
Complement	237
Armament	1 x 76 mm gun 2 x 20 mm gun EXOCET, SEA SPARROW and RAM missiles 4 x anti-submarine torpedo tubes SM 2/ESSM anti-aircraft missiles RAM missiles 2 x shipborne helicopter SEA LYNX

SACHSEN F124 Frigate
Specifications

Displacement	5,600t
L/beam/draught	143/17.4/4.5m
Output	38,000 kW (51,000 hp) Combination of diesel engines for cruising speed and gas turbines for max. speed
Speed	Approx. 29 kn
Complement	237
Armament	1 x 76 mm gun

HARPOON anti-ship missiles
SM 2/ESSM anti-aircraft missiles
RAM missiles
Lightweight torpedoes
2 x shipborne helicopter SEA LYNX

Latest German Navy vessel in NATO exercise

Torben Gefken and Daniel Auwermann (Navy Press and Information Centre)

The mood is calm but tense on board the SACHSEN. Along with other naval vessels, she is to escort a cargo ship and has to pass a minefield that has been cleared to a width of only 550m – a very narrow passage for a group of about 15 ships.

All of sudden the peace is shattered by a raucous voice blaring out commands from the frigate's loudspeakers: "Crew at combat stations! Crew at combat stations! Close ship for combat! Air Warning RED!" A lightning response is required from the crew, as HAWK fighters are closing on the SACHSEN at the speed of sound.

Every crew member scrambles to his or her allotted combat station. The bulkheads are closed to improve the ship's stability.

The SACHSEN has to go very close to the mined areas to avoid the attacks. In the CIC, it has already been very precisely calculated in advance how far the frigate can deviate from her track. On the bridge, all eyes are on the helmsman. With a great skill, he succeeds in keeping the SACHSEN very exactly on course, precisely following the instructions of the responsible officer of the watch on the bridge.

The next challenge for the crew is already waiting. The communications systems have failed, and one of the signalmen has to operate in the traditional way. So the SACH-

SEN uses Morse signalling lights and flags to communicate with the other units. In an era of networked ships and computer-supported weapon systems, the crew must not forget that the highest technology can also fail sometimes. Traditional seamanship skills are always required at sea.

The SACHSEN is dealing with this scenario in line with the NATO-standardised Basic Operational Sea Training. It is part of the Flag Officer Sea Training (FOST), one of the best naval training programmes in the world. Numerous naval personalities, including Prince Charles, have taken part in a FOST exercise.

Countless warships come to the port town of Plymouth in the southern England every year for FOST. And not only vessels from NATO countries participate in the intensive training that is provided.

But the frigate SACHSEN is not taking part in a usual training session. The time periods envisaged are not adequate for the complete training. That is also not the objective. Rather, the crew is developing with the FOST staff the future training programme for the SACHSEN Class F124. The existing ship organisation can and must be tested here under realistic conditions.

"You don't get an operational crew over night. We completed the damage control and combat training in Neustadt this spring. In the last few months, we frequently used the opportunity for individualised training. The aim is to mould the crew into an effective unit. They learn how to respond in the training. Now they want to demonstrate that they can also perform under mission conditions," says the commander of the SACHSEN, Commander Senior Grade Volker Buller, in explaining why his ship has to take part in FOST.

Although the structure of the main sections is similar to those of the ships of the BRANDENBURG and BREMEN Class, the

situation is different for air defence. Anti Air Warfare is a focal area for the SACHSEN. The ranges of the frigate's weapons and sensors are optimised for extended air defence for joint forces. The ship is equipped with state-of-the-art communications systems for functioning as command platform in a task force.

Entirely new training programmes have to be formulated for the SACHSEN Class. "The routine and procedures are there. We use the experience of the Royal Navy as regards training. The fine tuning is crucial to establish the processes. It is also refined and tested. The FOST staff offers the opportunity to test personnel and technology under realistic conditions. For the Staff Covered Sea Training, we have so far presented a very steep learning curve," comments the commander of the SACHSEN.

The training stresses the crew members to the limit, but they still have to respond as calmly as possible to avoid making mistakes.

There are two other men quietly observing the action on board the SACHSEN. Lieutenant Junior Grade Daniel Auwermann belongs to the Navy Press and Information Centre. He is reporting on the exercise along with photographer Peter Neumann. "The readers of www.marine.de are eager for exciting stories and good pictures. They want to know what's happening in the Navy," remarks Auwermann. With his ever-ready camera, Neumann is looking for special perspectives on board: "Every day I wait for the right weather and the perfect light for the perfect photo."

The two have come along to report on the special features of FOST. The training for the SACHSEN, the latest addition to the fleet of the German Navy, makes their "mission" particularly interesting.

The German Navy has been regularly sending its units to Plymouth for over 40 years now. The German Navy focuses on achieving a high quality of training in order to prepare crews optimally, testing personnel and equipment under conditions that are as realistic as possible. Every unit of the Navy has to complete the FOST training before a mission.

After the exercise, the crews on board are better coordinated than ever before. There are scarcely any situations for which they are not prepared. The programme even includes port training, preparing the crew to meet terrorist threats. The individual areas of a ship are covered by the detailed reports of the Seariders.

A special feature of FOST is its international orientation. Navies from various countries form groups of forces acting with or against one another, as in practice missions are increasingly carried out on a multinational basis in addition to the permanent groups.

There is a short break on board the SACHSEN, and daily routine returns for the crew for a while. Lunch today is stew. A total of 250 people have to eat within less than 70 minutes. In this time, the food must be cooked and the washing up done. Hard work for the cooks, who with "Action Messing" work with a minimum of time at their disposal.

After the minefield has been passed, the crew members on board the SACHSEN look relieved with the danger apparently over. But appearances are deceptive. Once again, HAWK fighter jets approach the force at high speed, this time supported by helicopters.

Thanks to its efficient radar, the SACHSEN spots the attackers promptly. The operators in the CIC stare spellbound at the screens, which could monitor Heathrow and Frankfurt am Main at the same time. Instructions are relayed. The Rolling Airframe Missile is activated to ward off the

approaching missiles.

The SACHSEN nevertheless sustains a hit. Fire rages in several rooms. Although a ship is surrounded by water, a fire on board represents one of the greatest dangers. The fire-fighting squads hurry from their stations. Little can be seen through the thick coils of smoke. It becomes increasingly hot in the narrow passageways. Only with the greatest effort do the fire-fighters succeed in bringing the blaze under control.

After six stressful hours, the exercise is over for the day. The Seariders on board the SACHSEN have filled up their notebooks. They are all of them experienced chief petty officers or officers and know every detail of the ships. The German Navy also provides personnel for the international team of the Seariders; together they will have noticed if the crew has made any mistakes today.

But the Seariders are no longer concerned with most of the crew of the SACHSEN today. A naval engagement lasting several hours is a great physical and psychical strain. But this does not mean that the crew members can now withdraw to their bunks. A sea watch is provided round the clock: even if the SACHSEN is not in combat, many people are needed to keep her in operation. Most parts of the ship are permanently manned – on the bridge, in the CIC, in the control stand or in the engine room. Everyone on board must be able to rely on their fellow crew members. With a shift system, the frigate is always prepared to master any situation at any time.

Only after the ship enters port do things settle down somewhat. But the first officer insists upon putting the SACHSEN back into tiptop condition: the whole ship has to be cleaned! All traces of the exercise have to be removed.

After everything is spick-and-span, the

crew gets a little sleep. Till the next day – when other scenarios are planned.

The FOST is already over for Auwermann and Neumann, who return to Germany, taking with them initial ideas for an article and plenty of photos. Not only the crew of the SACHSEN was able to benefit from the exercise, but the readers of the resulting work too.

Auxiliaries

Auxiliaries supply task forces at sea and in port with fuel, oil, lubricants, fresh water, ammunition, canteen stores, provisions and consumer goods to ensure their operative readiness. The supply ships also assume responsibility for support tasks for the Navy. For example, pilots of the Bundeswehr are trained in handling dangerous situations at sea in connection with the use of emergency equipment. The tankers, supply ships and tugs are former merchant vessels or units built to merchant ship standard manned by military and civilian personnel. Their equipment is adapted to military needs as required by the tasks in hand. Apart from weapons for self-defence carried on the vessels manned by military personnel, the supply ships are unarmed.

The Class 702 combat support ships BERLIN and FRANKFURT AM MAIN are adapted to meet the Navy's changed deployment requirements. They are responsible for supporting the floating forces of the German Navy, focusing on the frigates, operating worldwide, directly providing logistical and medical services for the particular mission and supplying task groups for about 45 days at sea without requiring support from shore facilities. The combat supply ships have the following roles:
- Supplying ammunition, spare parts, medical supplies, fuel and lubricants, provisions, fresh water and sundry articles. (The fuel supply is approx. 9,000 m³. Fresh water is generated by the vessels' own fresh water generators with a daily output of 60 m³. Up to 230t of provisions

can also be carried. Provisioning at sea can be effected in a lateral as well as stern-bow mode.)
- Ensuring medical support with initial treatment using medical containers optionally integrated on board. A Naval Rescue Coordination Centre can also be carried on board to provide medical care for the task groups of the Navy at sea. This bridges the gap between initial medical treatment on board and treatment in a clinic on land. These capabilities can also be deployed particularly for humanitarian missions or in support of land operations.)
- Accommodating and operating two SEA KING Mk 41 helicopters or later MH 90 unit for airlifting personnel, materiel and patients as well as SAR.
- Disposing of refuse, waste water, old and dirty oil from the task groups. (The ships can remove and store wastes that have to be supervised. Refuse is separated on board, stored and later transferred to port disposal facilities. Grey and black water is treated in a waste water treatment plant and bilge water in the shipboard separator.)
- Transporting standardised containers and refrigerated containers. (78 lashable standard 20 ft containers can be carried stacked in two layers.)
- Handling partial tasks of a command platform for individual forces.
- Providing support facilities for maintaining the capabilities of the crews of task groups.
- Handling ongoing replenishment from the rear area.

Class 702 Combat Support Ship
Specifications

Displacement	Approx. 20,240t
L/beam/draught	174/24/7.4m
Speed	Approx. 20 kn
Complement	139 + 94 servicemen
Range	10,560 nm
Armament	4 x 27 mm gun
	Manportable air
	defence system

In future with the naval light gun LG27 (Mauser)

2 x shipborne helicopter SEA KING, later MH 90

Apart from the two combat support ships, the Navy is provided with further tankers and transport vessels to meet the requirements of task force ships/groups at sea.

Class 704 Tanker RHÖN, SPESSART
Specifications

Displacement	14,169t
L/beam/draught	130/19/8.7m
Speed	16 kn
Complement	42
Armament	None

Class 760 Replenishment Ship WESTERWALD
Specifications

Displacement	4,032t
L/beam/draught	105/14/3.7m
Speed	16 kn
Complement	60
Armament	2 x 4 cm gun

Class 703 Replenishment Ship AMMERSEE, TEGERNSEE
Specifications

Displacement	2,174t
L/beam/draught	74.2/11.2/4.1m
Speed	12.5 kn
Complement	21
Armament	None

Page 92
Naval Air Arm

The role of the Naval Air Arm follows on from the role of the fleet and can be generally described as "conducting naval war from the air".

The naval air forces are an integral component of the fleet and are provided for fulfilling the particular mission, together with the surface and underwater forces, to form task forces. They have the mobility required for responding to crises and can be immediately withdrawn from exercises to meet the required deployment options.

The training of the crews and the equipment and armament of the aircraft are optimised for the special requirements of operation over sea. The generally formulated role involves the following main tasks:

- Reconnaissance (photo/visual inspection) and sea area surveillance in the operating areas of the Navy
- Telecommunications/electronic reconnaissance
- Engaging hostile surface forces
- Engaging hostile submarines
- SAR

The flotilla of the Naval Air Arm was disbanded on June 31st 2006 and the Naval Air Wings 3 and 5, unlike the floating units of the Navy, put immediately under Fleet Command. The commodores of the squadrons are thus responsible to the Fleet Commander for ensuring and maintaining the operational readiness of the units with which they are entrusted, on the basis of a direct subordinate relationship.

Naval Air Wing 3 GRAF ZEPPELIN

The squadron currently still has four BRÉGUET ATLANTIC as maritime reconnaissance/anti-submarine aircraft (Maritime Patrol Aircraft, MPA), although these will be decommissioned by the end of 2006 and replaced by eight P-3C Orion aircraft from the Royal Netherlands Navy. This aircraft is a proven and recognised multipurpose weapon system providing an excellent platform for joint operations.

The two BRÉGUET ATLANTIC as SIGINT version will be replaced by UAV from 2010. As of August 1st 2006, the Naval Air Wing 3 will have eight anti-submarine P-3C ORION and two BR 1150 ATLANTIC SIGINT version aircraft, as well as 22 SEA LYNX MK 88A shipborne helicopters.

BRÉGUET ATLANTIC BR 1150

The BRÉGUET ATLANTIC aircraft, which have given successful service as MPA for nearly 40 years, are being decommissioned from the Navy in 2006. They were deployed nationally and internationally, in the Northern European area, in the Indian Ocean, off the Horn of Africa and in operations from Mombasa (Kenya).

Specifications

Span	36.3m
Output	8,000 kW (10,800 hp)
Speed	315 kn
Complement	12
Armament	Torpedoes, depth charges, mines

P-3C ORION

The 8 P-3C ORION maritime patrol aircraft of Naval Air Wing 3 GRAF ZEPPELIN represent a key component of naval warfare. They are optimised for sea area surveillance and shadowing hostile sea forces and deployed for target data transmission and as anti-submarine aircraft for autonomous or supportive anti-submarine warfare, ASW (not a SIGINT version). These weapon systems have very long sustainability in the operating area. Their multiplicity of electromagnetic, hydroacoustic and optical sensors enable crew members to detect, identify and shadow surface and underwater targets even in remote sea areas for long periods. The aircraft can be equipped with a photo container if required.

In their anti-submarine role, P-3C ORION aircraft detect, pursue and engage hostile submarines, operating both independently in open area search and defensively for force self-protection. In their ASW role, the P-3C ORION carry various sensors and weapons, as well as active and passive sonar buoys, which are jettisoned and transmit the underwater signals received for evaluation to the aircraft, radar for locating vessels on the surface, the MAD (Magnetic Anomaly Detector) for registering magnetic field distortions that can be caused by submarines and an ESM (Electronic Support Measures) device for determining electronic radiation. Equipment comprises:

- State-of-the-art imaging radar
- State-of-the-art electro-optics
- State-of-the-art ESM
- State-of-the-art anti-submarine sonar unit
- Active self-protection with chaff and flare dispenser
- Digital situation picture composition and exchange
- Data link and video link/satellite communications

The aircraft can deploy torpedoes and depth charges against submarines. Thanks to its advanced sensors (e.g., imaging radar) and data transmission capability (LINK), the P-3C CUP version acquired by the German Navy can also be deployed effectively as relay and command platform for joint operations. The P 3C can also deploy various weapons (in addition to pure anti-submarine armament also stand-off missiles or guided and unguided bombs), making it a useful, future-oriented weapon system.

The MPA are also deployed for SAR missions. For this purpose, one aircraft is kept constantly in 3-hour readiness in Nordholz. To meet NATO and UN obligations, the focus has shifted to sea area surveillance, for which the MPA with its state-of-the-art equipment can also make an important contribution to maritime risk prevention and crisis management.

Specifications

Span	30.9m
Output	4 x 3,383 kW (4,600 hp)
Speed	415 kn
Complement	21
Armament	ASW torpedoes

SEA LYNX Mk 88 A

The shipborne helicopter SEA LYNX MK88A, stationed in Naval Air Wing 3 GRAF ZEPPELIN, is one of the main sensors of the F122 and F123 frigates and a key part of the ship as weapon system, on which two helicopters and an 18-man flying and technical team constitute the "Division 500". The helicopter's equipment and armament is optimised for its former main role of ASW. The SEA LYNX is equipped with a variable-depth sonar for active and passive detection as well as two torpedoes for engaging hostile submarines. In the context of changing deployment requirements, the shipborne helicopter provides useful services for embargo enforcement by winching down the inspection commands from the frigate to the merchant vessels that have to be investigated. This role is called "fast roping". As an integrated weapon system of the frigate, the shipborne helicopter represents a versatile instrument of the crisis response forces. Its special capabilities are mainly ASW, reconnaissance, target data transmission and personnel and materiel transport.

Specifications

Length with rotors	15.24m
Rotor diameter	12.80m
Rear rotor diameter	2.36m
Height/width	3.67/2.94m
Max. weight	5,330 kg
Speed	132 kn
Deployment time	2h 50m
Range	528 km (with extra tanks 1,093 km)
Output	1,600 kW/2,200 hp
Complement	2 + 1
Servicemen	9 (in cabin)
Sensors	360° radar FLIR, ESM, sonar
Armament	2 x torpedo (Mk 44, Mk 46, Stingray, A 233/S) 4 x SEA SKUA-FK 2 x depth charges (Mk 11) 1 x machine gun

DO 228 Pollution Patrol and Air Transport Aircraft

The DO 228 LM aircraft are equipped for monitoring sea pollution and deployed for analysing identified pollution and reporting to the responsible accident command to initiate finding the culprit. They are equipped with a Forward Looking Airborne Radar (FLAR), a Side Looking Airborne Radar (SLAR), a Micro Wave Radiometer (MWR), a Laser Fluor Sensor (FLS), an Infrared/Ultraviolet Sensor (IR/UV) and a video camera.

The DO 228 LM aircraft are deployed at various times of the day and night to report pollution detection to the Waterways and Shipping Directorate. This is not a traditional task for the Navy, but as a key component of a comprehensive supply concept for the Federal Republic of Germany, identifying water pollution is an increasingly significant task of sea surveillance for supporting the Federal Transport Ministry.

For maintaining the operational readiness of the fleet, two DO 228 LT are provided in MFG 3 for the commander for replenishment with personnel and equipment that are important for a mission. These aircraft are used in many different ways – from supporting training for young pilots and exchanging crews for the SAR field stations to supporting/supplying naval and naval air forces in their specific operations and exercise areas and transporting personnel.

Specifications

Span, length, height	17.00x16.60 x4.90m
Propulsion	2 x propeller engines with output of 1,200 kW
Speed	Approx. 220 kn
Range	1,500 nm
Complement	3
Equipment	Laserflour sensor, microradiometer, daylight camera

Page 98
Naval Air Wing 5 and the SEA KING helicopters

Commander Roland Voigt
The Naval Air Wing 5 in Kiel-Holtenau is home to the 21 SEA KING helicopters of the German Navy. The weapon system SEA KING Mk 41 is a "workhorse" for the forces, whether in home waters or in global deployment, embarked on ships or shore-based. The permanent crew comprises two pilots, an aircraft operations officer and the flight mechanic. The range of tasks for the crews has changed very greatly with the beginning of the deployment concept in 1997 and the introduction of combat support ships in the fleet.

Covering the SAR operating area in the North Sea and Baltic is an ongoing and demanding task, 24 hours a day, 365 days a year. However, the range of other missions has changed. As organic shipborne helicopter, the SEA KING is embarked on the combat support ships, i.e., the airborne and technical personnel go to sea, which represents a great challenge for the former shore-based force, for both personnel and equipment. The new deployment concept in 2003 involved a further adjustment of the range of duties, with increased significance being given to tactical air transport. The SEA KING is developing into an important helicopter for the requirements of the German Armed Forces. Cooperation with the army forces of the Special Operations Division as well as cooperation in a coalition or with NATO partners is a daily task.

Let's take a look at the crews' daily routine. The daily SAR service has to meet its fair share of imponderables and surprises and requires flexibility and flying skill. Time is always short, and crews just have to accept the ambient variables such as the weather, time of day and sea state. We are on Helgoland on Friday night, it is 02.15. The telephone rings at the responsible aircraft commander. There is a brief discussion with the Rescue Coordination Center (RCC) at Fleet Command Glücksburg, and the mission is on. The maintenance crew, two technicians, are informed, and two minutes later the opening hall doors can be heard ringing through the night. The crew meets hardly three minutes later in the flight briefing room. Via the dedicated line, the aircraft commander clarifies the details of the forthcoming mission with the RCC. It is urgent. A member of the crew of a rig supply vessel has acute appendicitis and must be taken to hospital as fast as possible. It is night, the weather is rainy with clouds being lashed by strong westerlies. The weather data is duly recorded and matched with the data regularly coming in by fax. The position is noted and given to the aircraft operations officer. After a glance at the chart, the situation is assessed at approx. 70 nm to the indicated position, in a north north-west direction.

The helicopter stands ready on the landing pad and the external power supply is connected up. The crew squeezes into their survival suits and dash to the helicopter. The first mechanic reports the helicopter is ready for take-off and prepares the starting procedure in the pouring rain. It will take about an hour to fly to the ship. In less than fifteen minutes, the helicopter lifts off and flies a westerly course. Ten minutes before arriving, contact is made with the supply ship via radio. It is a Dutch vessel and the captain has not yet worked with a helicopter at night. The data is exchanged and the aircraft operations officer reports a small radar contact near a drilling platform – that'll be the ship. The pilots still see nothing and perform a radar-controlled approach. The lights of the platform now shine through, but where's the ship? On the radar, the contacts can be clearly separated, the pilots rely on the information received from the aircraft operations officer. Now the navigation lights of the ship are visible; it is heaving quite heavily, but fortunately no water is washing over deck. Brief instructions are given to the captain, and the ship takes a new course. The approach begins.

During the flight to the vessel, the flight mechanic has prepared everything for receiving the patient, and helped the aircraft operations officer into the rescue buoy. In such a situation, it is better for the crew to assess developments on the spot. The helicopter now hovers above the pitching deck and the aircraft operations officer sits in the helicopter's open loading bay. Things look good, everything seems safe, the winching procedure can proceed. The flight mechanic guides the pilot into the right hovering position above the deck, as the pilot can hardly see anything of the ship below him. The rocking mast lights are the only reference points. The deck is touched by the earthing line attached to the winch rope. Without this earthing, the aircraft operations officer's feet would earth the helicopter with the ship. Several thousand volts flash from the winch rope to the earthing rod, and the aircraft operations officer then stands on the rocking deck. After releasing the link, the helicopter gains height to remain in a relative position close to the vessel.

After a short discussion, the men go under deck. The seaman is in great pain and has to be taken away on a stretcher. Contact is made back to the helicopter via the bridge radio, and the flight mechanic secures the stretcher on the winch hook, attaching a guide rope. Meanwhile, the patient has been put into a survival suit as comfortably as possible under the circumstances and has donned a life-jacket. He is informed about what is to happen, as the helicopter approaches.

On the deck, the guide rope is taken, making it possible to move the stretcher safely so that it always remains under control and does not turn. The stretcher is lifted up to the SEA KING with the winching line rope and guide rope. For loading the patient, the winch is loosened, but the guide rope is retained. The helicopter returns to its hovering position over deck. The patient is put on the stretcher and strapped in. The aircraft operations officer is winched up with the patient so that he can keep an eye on him during the procedure. The pitching deck

is left, now both men are dangling between the sea and the helicopter. The stretcher is caught by the flight mechanic and guided into the cabin, with the help of the aircraft operations officer.

The cockpit has meanwhile been informed by the RCC that the hospital in Emden is ready to receive the patient and, if necessary, carry out an emergency operation. The waypoint of the Emden airstrip (which is close to the hospital) is stored in the navigation system, and the flight path is displayed on the cockpit monitors. The bay door is closed as the helicopter swings around to a southerly course. The flight mechanic has shifted the patient on to a stretcher and connects medical equipment to monitor his condition. The aircraft operations officer has meanwhile returned to his station and informs the RCC about the situation. The arrival time is radioed. The bad weather gives no respite, and the helicopter flies as fast as possible at low altitude over the North Sea. Visibility is poor, radar is indispensable. Information flows back and forth between cockpit and cabin. After three-quarters of an hour, the coastline is passed and again contact is made with the RCC via the closed rescue services radio channel. At the Emden airstrip, the fire brigade has arrived, the runway is fully illuminated and the ambulance with an emergency doctor is standing ready. Everything is running smoothly.

After the helicopter has landed, the emergency doctor is informed, data is exchanged and the patient is handed over. The RCC is notified that the mission has ended. After somewhat over two hours, the helicopter begins its return flight to Helgoland. It lands again on the island at shortly after five in the morning. The night is almost over, but work now begins for the technicians. The helicopter is refuelled and then inspected. The next mission can come at any time. The crew carries out a short internal debriefing and reports once again to the RCC. As everything has gone

well, the mission is formally concluded. If the helicopter is still in order and had no malfunctions, it was a short but eventful night. The crew reports off duty. Breakfast will be late today.

Such is life in the SAR service. The crews are always prepared, the missions are always different, it's always challenging. But the unexpected, such as the following incident, can also happen.

A SEA KING helicopter is quickly embarked on the combat support ship BERLIN. The aim is to familiarise the ship's crew with the helicopter and the special features of helicopter operation. The technicians of Naval Air Wing 5 are to orient themselves on board, and the helicopter crew wants to make the necessary deck landings at day and night, as well as practise emergency procedures. Shipboard flight operation requires regular practice by everyone concerned. Taking the helicopter out of the hangar on to the landing deck and back, efficient handling during the take-off and landing phase, as well as fuelling, also with a turning rotor or in hovering flight, all require constant practice. The crash crew must be instructed, and the fire extinguishers must be at the right positions. Where are the lashing points for securing the helicopter with chains after landing? The ship's crew and the pilots and technicians of the task force are continually rotated, which requires constant training to maintain a high professional standard. The technicians embark in Wilhelmshaven; as there are just three days and one helicopter, only a small spare parts package is carried. At the level of Schillig-Reede, the helicopter comes in and lands. The crew moves into its quarters, and the further procedure is discussed with the commander. Day and night landings are planned and the training programme for the next three days is worked out with the ship management. After a short coffee break and small talk in the mess, it's action stations. Preparations are made for flight operation. The

first day goes as planned. The requisite deck landings are made and all the crew members again acquire the necessary routine for everything they have to do. The "flyers" are again "Division 500" of the vessel and accepted as part of the crew of the combat support ship. If everything goes smoothly, the emergency procedures can be practised the next day.

But things turn out differently. In the morning at breakfast, the helicopter crew receives via the 1st officer (IO) a call for assistance from a Dutch frigate in the turbulent North Sea. The vessel belongs to a task force, and the BERLIN is to train provisioning the units at sea during the morning. Two crew members injured the previous night urgently require medical attention. The combination fits, helicopters are on board, and the BERLIN is prepared to provide medical assistance. A decision is quickly taken, breakfast is cut short, everyone prepares for shipboard flight operation starting in 45 minutes. The ship's doctor is instructed and will also fly so that the patients can be given the proper initial treatment. As the frigate does not have a landing deck, the patients must be winched up. Nothing is yet known about the type of injury. The BERLIN and the frigates approach one another to shorten the distance. But the most meticulous planning is of no avail when the unexpected happens.

The helicopter stands on the rolling deck. Fortunately, a combat support ship as the largest vessel of the German Navy is a more stable platform from which to operate. A SEA KING would not be able to land on the frigate even if it had a landing deck, as the movements far exceed the permissible limit values for a landing. After the short flight to the "customer", the aircraft operations officer and the ship's doctor are winched down. The medical situation is assessed on the spot. One patient has a dislocated arm and the other a broken hand. Neither of them can be rescued with a rescue sling.

The rescue basket is requested by radio, and the first serviceman is pulled in to the helicopter. The patient with a dislocated arm has to have a stretcher. Although the doctor has administered medication, the man is in too severe pain. At every movement of the ship the patient screams, so he has to be put quickly in the stretcher and winched up with the doctor so as to have a more stable platform. The BERLIN comes into view, and it is only a short flight. The landing is rough, but deck landings cannot always be made gently, particularly in a seaway. Despite the uncomfortable landing, the patient is glad to be on a big ship. The movements are not so violent, and perhaps the medication can now also take effect. The patients are brought into the ship's hospital, and the helicopter is handed over to the technicians. It is checked, fuelled and prepared for the next mission. The planning is upset, and in the late afternoon the two Dutch servicemen are flown back home. Here it is also apparent that the best laid plans can always be overtaken by events. The three days are almost over, the streamlined training programme has been carried out and everyone is satisfied with their performance and can be proud of the successful team work.

The necessary flexibility acquired by the crews in SAR service is also provided by tactical air transport. Tactical air transport covers a wide field, ranging from ferrying specialised forces of the Navy and Air Force as well as special forces of the Army from sea to land to carrying out reconnaissance missions or evacuating civilians from emergency situations or disaster areas. In the areas in Indonesia struck by the tsunami not so long ago, aircraft served as means of transport as well as supplying medical requirements. They flew patients to the combat support ship for medical treatment in the Naval Rescue Coordination Centre or ferried medical supplies to shore.

The helicopters have been cooperating in-

creasingly successfully with the personnel of the Special Operations Division of the Army, most recently in the exercise "Bright Star '05" in faraway Egypt, for which the helicopters practised with the combat support ships evacuating and supplying civilians under African conditions. The success of this exercise shows that the transformation has arrived in the forces and the SEA KING helicopters still have plenty to do.

Naval Air Wing 5

Naval Air Wing 5 is deployed with 21 SEA KING helicopters for its main role SAR as well as tactical air transport from land and from on board the combat support ships and tenders. The tasks of Naval Air Wing 5 in the context of the deployment concept involve:

- SAR in the North Sea, the Baltic as well as the Frisian islands
- Airlifting materiel and personnel for maintaining the operational readiness of the German Navy (logistical support)
- Missions in the context of emergency and disaster relief (MedEvac)
- Tactical air transport at the sea/land interface for specialised forces
- Participation in evacuation operations (EvacOps)
- Sea area surveillance and reconnaissance (ISR)
- Contribution to surface naval warfare (AsuW)

The weapon system is a component of the joint concept for military evacuation operations under national command, as well as a means for transporting and retrieving specialised and special forces of the Bundeswehr.

SEA KING

The weapon system SEA KING MK 41 has given superb service in its main role SAR. The 21 helicopters were commissioned from 1972 in Naval Air Wing 5 in Kiel-Holtenau. Since then, the helicopters have performed their SAR readiness over the North Sea, Baltic and Schleswig-Hol-

stein every day round the clock. Helicopters are also stationed for this purpose in Warnemünde/Mecklenburg-West Pomerania. Borkum and Westerland are available as field stations depending on the requirement. SEA KING helicopters are also embarked on the combat support ships in the context of crisis response missions to provide logistical support for German naval forces and evacuation activities.

Specifications

Length overall	22.15m
Length with folded rotor	8.08m
Length with folded stern rotor	15.06m
Overall beam	04.94m
Rotor diameter	18.90m
Max. take-off weight	9,300 kg
Max. fuel quantity	6,160 lbs
Max. load on winch	272 kg
Max. load on load hook	1,820 kg
Max. speed (Vne)	138 KIAS (knots indicated airspeed)
Cruising speed	100 KIAS
Search speed (normal)	70 KIAS
Complement	2 pilots 1 aircraft operations officer 1 flight mechanic

Duties are distributed among the crew members as determined by the flight profile. Basically, the pilots are responsible for carrying out flights, the aircraft operations officer for assessing the navigation and operative situation as well as telecommunications and the flight mechanic for technical safety.

Telecommunications equipment

1 x VHF (aviation radio)
1 x UHF (mil. stand.)
1 x marine radio
1 x closed rescue services radio channel (BOS)

1 x HF – 1 x marine radio data digital (GMDSS)

Avionics equipment

1 x Doppler navigation
1 x GPS (CA + P/Y Code, incl. IFR approval)
1 x VOR, 1 x TACAN, 1 x NDB, 1 x ILS
1 x radar altimeter, 1 x IFF / SIF
1 x navigation and search radar
2 x digital chart unit possible
(1 x cockpit; 1 x aircraft operations officer)

Outlook

The Navy's airborne weapon systems currently in service are being upgraded to the requisite newer technical equipment level in the context of usage extension and the upgrading of the combat effectiveness of the weapon systems. The SEA KING and SEA LYNX helicopters are to be superseded by the naval version of the MH 90 helicopter. It is currently planned to order 30 helicopters.

Naval air forces have become increasingly significant for crisis response and conflict prevention tasks. Their tactical capabilities range from reconnaissance to weapon deployment. The basic prerequisite for effective deployment of naval air forces is centralised standard management and rapid availability, with the commander being given direct access and the ability to influence operational decisions.

As rapid-response, flexible, sustainable and effective instruments of naval warfare, the aircraft of the Navy and in some cases also those of other services (the Air Force has acquired the task of "naval warfare from the air with fighter bombers") are an indispensable component of the Navy's technically advanced fleet.

Page104
Naval Air Wing 5 –
Field station Dschibuti in 2002
Commander Roland Voigt

The response of the Federal Government

to the terrorist attacks of September 11th 2001 involved the deployment of maritime forces in the context of Operation Enduring Freedom (OEF), which is an ongoing mission. This meant that Navy Air Squadron 5 had to establish a field station in the country Dschibuti in north-east Africa on January 21st 2002, in addition to maintaining its permanent SAR field stations Helgoland and Warnemünde. This was necessary in order to maintain the high operational status of the German fleet contingent in the Gulf of Aden. Personnel and materiel transport services and constant SAR readiness for the task force were provided.

What did this mean in practice?

The infrastructure of the field station on the international airfield meanwhile comprised a completely refurbished hangar and a newly asphalted apron. On this stood two repair tents that were erected with a great deal of sweat and are actually intended to accommodate TORNADO aircraft. Everything was fenced in and guarded round the clock by a parachutist unit.

Both helicopters were airlifted to Africa with an Airbus "Beluga". In contrast to the infrastructure, the commander could very quickly report the helicopters ready for take-off. The flight operation was based on two helicopters to guarantee availability of one operational aircraft. This meant that the task force's own supply teams and technicians had to maintain their own logistics over a distance of 5,600 km. Working under the African sun is certainly a challenge for man and materiel. The airborne and technical personnel had to battle with the spring climate. In the morning at 10 am it is 35°C in the shade and in the afternoon up to close on over 40°C with the temperature rising steeply all the time. When the asphalt on the apron hits 70°C, conditions are totally unlike in the summer we are used to in north Germany. In February, the locals spoke of an unusually cold winter. At home, such temperatures are not even

reached in high summer. Then there's the humidity of 80% plus. The key consideration for everyone who has to work without airconditioning is to drink copious quantities of water. The most difficult time begins in May, when it is "Kamsin" time. "Kamsin" is Arabic for 50. For 50 days, the otherwise prevailing sea wind from the Gulf of Aden is replaced by a land wind from the Sahara. Temperatures soar to well over 50°C, and, what's more, a whole lot of desert sand is wafted over Dschibuti and creeps into every crack.

Where was the personnel accommodated?

After moving from a small hotel in the city centre, the contingent of Naval Air Wing 5 put up at "Pension Stadelmann", though neither the name nor the affiliation to a hotel chain guarantee unadulterated luxury. The stars are issued to establishments on a country basis, and the term "Pension Stadelmann" roughly reflects the style offered. As the personnel stay there on average two and a half months and there are no opportunities for taking a short land excursion, going to the cinema or undertaking similar activities, the swimming pool is the only change. It is, incidentally, the only public pool in Dschibuti, but these weeks are also numbered. The pool is emptied in early summer, as the risk of swimmers scalding themselves in the uncooled water is too great.

The town comes as a shock for the kind of package tourists who throng the beaches of the Mediterranean or put up at otherwise developed tourist spots. It is a double shock for servicemen who are new to Africa. You see poverty everywhere as soon as you leave the hotel. The people here consider themselves to be wealthy when they have a carton to sleep in. Disease is widespread; every street is lined with refuse and filth. Many of the inhabitants are refugees from neighbouring countries. They live mainly in simply structured hut settlements on the outskirts of the capital.

So where is Dschibuti?

Dschibuti is located at a key strategic position at the exit of the Red Sea into the Gulf of Aden. In the area of the present Dschibuti, the French established a counterweight to the British colony in Yemen. This became a French colony in 1946. The country has been independent under the name Dschibuti since 1977. France continues to guarantee Dschibuti's independence externally, so French forces are stationed in the country. All the shipping passing through the Suez Canal uses the Bab el Mandeb, which is thus a very significant route for sea trade from and to Europe. Both tankers and containerships going to or from Asia pass through these straits.

Dschibuti itself is a barren land with high mountains of over 3,500m, a steppe landscape and desert areas. Central Europeans would never dream of living there. On every flight overland, you just pray you won't have to make a landing outside an airfield; the scorching heat on the lava fields and the dust in the desert areas are the very opposite of inviting. However, Lac Assal, a salt lake lying 500 ft under sea level and representing the deepest point of Africa, is a very impressive sight for everyone.

And the mission?

In the context of Operation Enduring Freedom, the German Navy was given the task of helping to monitor this sea area, suppress piracy and control local shipping. A Commander Task Group (CTG) had temporarily received from the US Navy the command over the entire fleet deployed for the operating area Navy Central Command (NAVCENTCOM) – an innovation in German naval history. The main operating area is the Gulf of Aden. Here from Dschibuti an area stretching 850 km to the east and as much as 1,200 km to the north, into the Red Sea, was to be covered. To meet these requirements, up to three German frigates were dispatched to the area, with five fast

patrol boats initially also being sent for surveillance of the straits. Their deployment lasted until late spring, as from May these boats without airconditioning could no longer be operated owing to the high temperatures. Units from other navies are also in the area. Our SEA KING helicopters supplied Spanish naval ships as well as British and Japanese vessels. The US Navy is also often present in the Gulf of Aden. Carrier Strike Group (CSG) or Expeditionary Strike Group (ESG) forces en route from or to the Suez Canal have to be escorted. These units have their own supply support and fend largely for themselves.

The floating units use the Port of Dschibuti as point of call, but are regularly supplied with so-called wet and dry goods at sea by the supply ships.

What tasks were SEA KING helicopters given on this foreign mission?

The helicopters certainly had plenty to do. When the Air Force Airbus landed in Dschibuti on Thursday, the SEA KING crews had to unload up to 56t of materiel and possibly on the same evening still bring personnel on to ships at sea. The vessels remain in deployment for about six months. This also means personnel rotation in the country of deployment. The materiel containers have to be emptied and their contents sorted. This is done with the aid of a local vehicle fleet. Without the lorries and forklifts of MFG 5, the Navy logistics basis in the country of deployment would not have been so versatile. The crane carried has also often assisted with repairs on the ships.

The vital "crewmail" is also brought with the personnel, if possible, to the ships. An extra flight is required if there are larger items. The about 360 kg of mail carried to the frigate BAYERN in one flight is probably the record to date. In short, mainly PMC (persons, mail and cargo) flights are made. Every flight into the Gulf of Aden also means supporting the units in sea area surveillance. Contacts are reported or identified and documented for the vessels. This is done from a safe distance. The large ships, whether containerships, bulk carriers or tankers, do not represent a threat, but the small manoeuvrable speedboats over 35 knots fast or the typical small merchant vessels used for smuggling people and goods can quickly become a menace. The attack made on the frigate EMDEN showed that warlords or smugglers in this region are not deterred by the military presence. Piracy is still the greatest threat for civil shipping here. The dhows used all over the Arab world are difficult to pursue. They bear no name and usually also do not have a flag. They can be identified only by their very colourful paintwork. The dhows were originally cargo sailing ships, but the wooden boats used today have diesel engines. Only the stable boat design has remained. The dhows carry everything imaginable and range as far as the Persian Gulf, India and Zanzibar. As we are performing only surveillance, we are not allowed to fly into the territorial waters of the bordering countries. For the Gulf of Aden, this means the border to Yemen in the north and Somalia in the south.

The SAR readiness gives the personnel at sea a reassuring feeling of having extensive medical care at hand. Once, a British serviceman with acute appendicitis had to be flown out as fast as possible to the French military hospital at night. Another time, we provided support when an aircraft crashed off Dschibuti in the late evening. Despite the adverse conditions, the helicopter was ready to take off after 35 minutes. The following day, the available divers from the German Navy units were flown in to search the wreck and assist the French forces. The longest flight required for a medical evacuation involved going well beyond the entrance to the Gulf of Aden to ensure that an injured German serviceman could receive prompt treatment in his home country. This assignment required

smooth teamwork and coordinating timing with the units at sea to ensure that a "petrol station" could always be found at the right time. The helicopters have given good service in the extreme climatic conditions. There were no major technical breakdowns to report during the shore-based period.

Flights are meanwhile no longer carried out from shore. The helicopters are embarked as organic shipborne helicopters with the airborne and technical personnel on the combat support ships, providing the "Division 500" on these. OEF can be supported more flexibly from them. The capability for rapidly transferring man and materiel was demonstrated in January 2005 when the helicopters flew humanitarian missions in the tsunami disaster area in Indonesia.

Page 108
Naval Medical Institute
The Naval Medical Institute is a division of the Navy. It is subordinate in specialist and military terms to the Surgeon General of the Navy in the Fleet Command. Along with divisions of the central medical service of the Bundeswehr, the Naval Medical Institute is located on the site of the former Bundeswehr hospital in Kronshagen near Kiel.

The Naval Medical Institute is the central medical facility of the Navy and responsible for all requirements of maritime medicine and is also the "alma mater" of all medical officers of the Navy. It provides specific services mainly for the fleet and the Navy generally, as well as services for the entire Bundeswehr in special areas. It is noted for its close cooperation with civilian and military establishments in Germany and other countries.

The head of the institute has the rank of fleet doctor and is chairman of the Diving Accident Investigation Board of the Bundeswehr. He is in charge of the heads of the Maritime Medicine, Diving and Hyperbaric Medicine as well as Research and Teaching divisions. A total of 78 employees, including

60 servicemen and women, work in various fields in the divisions and specialist areas. The **Maritime Medicine** division is involved mainly with the formulation of principles for maritime medicine. Its nucleus is the specialist area shipping and occupational medicine. This provides the advisory services before, during and after missions in other countries and plays a leading role in the area of occupational and environmental medicine on board ships. A key area is the development and planning of naval materiel and specialist instructions. This specialist area is also responsible for the tasks of the top assessor office of the Navy for issues of shipboard aptitude and provides shipping medical situation reports on the foreign ports to enable the units of the fleet to prepare for the specific local conditions (such as vaccinations and hygienic measures). Via the telemedicine unit, it is the link to the doctor on board, providing medical data, diagnoses and expertise in real time.

The specialist area **Medical Ergonomics and Shipping Psychology** is concerned primarily with psychological crisis intervention after psychically traumatising events and determining the psychological aptitude of personnel for special areas. It also provides ergonomic/industrial psychological examinations on board ships, as well as psychological support for units of the Navy (mission preparation, accompaniment and follow-up).

The specialist area **Dental Treatment and Assessment** assesses test persons in the context of the aptitude examinations, trains future ship's doctors in emergency dental treatment and is responsible for the management of the mobile shipboard dental stations and develops the requisite procedures.

The specialist area **Medical ABC Protection/Shipboard Biological Weapons Detection** was recently established. Its main role is adapting concepts and procedures of medical ABC protection and protection

against Toxic Industrial Hazards (TIH) on board ships. It is also concerned with establishing and continuing capabilities for handling ABC weapons and TIH at sea and ensuring the integration of maritime, technical and medical ABC protection.

The **Diving and Hyperbaric Medicine** area is involved mainly in carrying out and refining the procedures and activities of diving medicine. A key area is submarine medicine/rescue.

The **Principles/Examination and Assessment** specialist area carries out routine examinations for the entire diving personnel of the Bundeswehr, including submariners. It performs approx. 2,800 examinations annually. This area has state-of-the-art equipment for ergospirometry, lung function analysis, audiometry, eye testing and laboratory diagnostics. It can also carry out ultrasonic diagnostics, colour Doppler echocardiography, long-term ECG and long-term blood pressure measurement for examining personnel with a noticeable history of illness or symptoms.

The specialist area **Compression Chamber Centre** keeps a treatment compression chamber with the requisite medical and technical personnel ready for deployment all year round (24 hrs). It is thus one of the few emergency compression chambers in Germany with operational readiness round the clock. It is responsible for diving accident treatment as well as all emergency indications of hyperbar oxygen therapy and indications of ambulant and chronic therapy for military and civilian patients.

The unit has an overall length of 14m and a max. diameter of 2.8m and comprises three decompression chambers that can be operated independently of one another. The simulation chamber can accommodate ten persons. The therapy chamber can take one seriously ill patient with artificial respiration and up to three supporting specialists. The diagnostics chamber filled with water is used for research and testing under very realistic conditions up to a technical max. diving depth of 200m. The area Bundeswehr Diving Accident Treatment Centre provides beds for the treatment of injured divers and their full rehabilitation.

The **Research Science and Teaching** division provides military medical research in the areas of diving and general exercise physiology as well as medical prevention for Navy servicemen and women and develops naval and mission medical principles and procedures. It also formulates test procedures and training principles for all areas of maritime toxicology, environmental medicine, medical ABC protection and maritime psychology. It operates its own examination laboratories (vascular physiological laboratory, ultrasonic echocardiography laboratory, high pressure liquid chromatography laboratory and experimental compression chamber laboratory).

This division focuses on hyperbar oxygen therapy and the diving physiological and shipping medicine areas. The studies are carried out in close cooperation with the University of Kiel. The entire expertise of the institute in all areas of maritime medicine is applied directly "from practical work for practical applications" for training purposes, mainly the ship's doctor and Navy diver doctor courses and the courses for medical auxiliary personnel. It offers, for instance, courses on tropical medicine, epidemiology, emergency sonography, drug prevention, coping with stress and many more areas for medical and non-medical personnel of the fleet. For the practically oriented training, a ship hospital simulator is available, in which shipboard conditions can be simulated and the ship medical team effectively coordinated under realistic conditions.

After the restructuring of the medical service of the Bundeswehr, the Naval Shipping Medical Institute is today the only shore-based medical facility under the fleet with

a wide range of scientific, experimental, treatment, preventive and teaching capabilities.

Naval Music Corps

The Naval Music Corps "Ostsee" and "Nordsee", each with fifty musicians, provide the fitting musical accompaniment at ceremonies and other official and unofficial naval functions. The Naval Music Corps is always ready to create a festive atmosphere at oath-taking ceremonies, changes of command, arrivals and departures of ships or social events and concerts.

The musicians can do justice to their "official task" as medical personnel only very seldom, as their available service time is urgently needed for rehearsals and preparations when they are not actually performing.

Page 112, Chapter 3
Naval Office
Role

The Naval Office in Rostock, headed by a rear admiral, is one of the two higher command authorities of the Navy and immediately subordinate to the Naval Chief of Staff. The tasks of the Naval Office include supplying the floating and airborne forces of the fleet, preserving and modernising their material basis, carrying out basic work for the military and technical requirements for newbuildings, coordinating the training of all servicemen and women in courses, managing recruitment for the Navy, providing geoscientific support of the Navy and formulating and reviewing the principles for the personnel and materiel resources of the Navy.

To meet these diverse tasks, the Naval Office is structured into a staff, for the internal work processes, as well as various specialist divisions, which are managed by the deputy commander and head of the specialist divisions. These divisions are:
• Naval Logistics
• Naval Training

• Personnel Structure, Organisation, Controlling, Cost Limitation and Rationalisation
• German Naval Office Department of Maritime Development
• Geophysical Information Service
• Administration

The head of specialist divisions is in charge of Naval Command and Control Systems Command. The head of Naval Logistics, a rear admiral (Lower Half), not only manages the groups of his division, but is also head of the Naval Base Commands and the Naval Service Test Command. The director of Naval Development and Training, also a rear admiral (lower half), also manages the naval schools, in addition to his division.

The Class 738 oil recovery vessels BOTTSAND and EVERSAND are under the base commands Warnemünde and Wilhelmshaven. These ships are specially designed with a hinge on the deck cut out in a wedge shape enabling them to be folded out in the central axis so that both hull halves can be moved out. The "V" thus formed with an opening angle of 65° provides an oil recovery surface of 40 sq.m. An oil film collected in this can be removed by suction via a skimming device with a fuel-water separation system for storage in the ship's holding tank. When proceeding at a speed of 1 knot, the vessels can recover approx. 140 cu.m. of an oil film up to 2 mm thick per hour.

BOTTSAND (Class 738)

L/beam/draught	46.30/12/5.20m
Displacement	500 grt
Speed	10 kn
Propulsion	Diesel-electric Schottel
Complement	6
Armament	None

EVERSAND (Class 738)

L/beam/draught	43.98/12/3.51m
Displacement	886 grt
Speed	10 kn
Propulsion	Diesel-electric Schottel
Complement	6
Armament	None

The POCAR M Personnel Structure, Organisation, Controlling, Cost Limitation and Rationalisation Division, newly created in the Naval Office on October 1st 2003, concerns itself with "organisation and structures", as well as infrastructure and stationing and the introduction of SASPF (SAP Implementation Model) in the Navy. All task areas dealing with organisation and structures below ministerial level are combined in this one division. In military terms, POCAR M is under the Naval Office Commander, while in specialist terms the individual groups receive their assignments from the respective divisions of the Naval Staff. Although assigned to the Naval Office from the organisational point of view, POCAR M serves both the higher command authorities of the Navy. With the work of the four groups of POCAR M, the organisation and structures of the Navy are designed in such a way that the new tasks can be performed more effectively in missions as well as exercises and training. POCAR M thus contributes to the future-oriented capability of the Navy.

The Naval Office with its specialist divisions manages the naval schools, Naval Service Test Command, Naval Command Services and Naval Base Commands. With the disbanding of the Naval Support Commands, the Naval Commissioner for Marine Accident Investigation was integrated in the staff of the Naval Office.

The naval schools are managed by the director of the Naval Development and Training Division, a rear admiral (lower half). The naval school system has been undergoing change since 1994. The originally 16 specialist schools and training facilities of the Navy have been reorganised or restructured so that only the hitherto two leadership schools and three function schools with a separate training division (Naval Damage Control Training Centre in Neustadt, Holstein) as well as the training division System Training assigned to Navy Command and Control Services remain at the Navy:

- Mürwik Naval Academy, Flensburg, for officer training
- SSS GORCH FOCK, home port Kiel
- Petty Officer School, Plön, for training petty officers
- Naval Operations School, Bremerhaven
- Naval Supply School, List
- School of Naval Engineering, Parow
- Naval Damage Control Training Centre, Neustadt

A further training division, the Training Division Naval System Training in Wilhelmshaven as part of the Naval Command and Control Systems Command, teaches comprehension of operative and technical systems at the reference facilities existing only there and carries out software developer training throughout the Bundeswehr.

The Naval Communications School, Naval Weapons School and School of Naval Engineering were closed and the technology and telecommunications technology training areas transferred to the School of Naval Engineering in Parow and the entire training of the operations areas to the Operations School in Bremerhaven. The Naval Supply School in List (Sylt) will be closed in 2007. Catering training will be transferred to the Petty Officer School in Plön and training in staff and supply service to central schools of the armed forces. With the reorganisation of the naval school system, all tactical/operative training courses have thus been concentrated at the Naval Operations School and all technical training at the School of Naval Engineering.

Mürwik Naval Academy

Built according to the plans of the Navy architect Kelm and in its outer design modelled mainly on the Marienburg, Mürwik Naval Academy was inaugurated in 1910

by Kaiser Wilhelm II as training centre for all naval officers, previously located in Stettin, Danzig, Berlin and Kiel. The officer cadets of the Navy have been trained here at Flensburg Firth since October 1st 1910. After the First World War, the school provided accommodation to Allied personnel who had to supervise the controlling agreement in the German-Danish border zone. Training for naval officers was then resumed in Mürwik in 1920.

In the last weeks of the Second World War in 1945, the main building of the Mürwik Naval Academy was used as hospital. A few days before the end of hostilities, the sports school area of the Naval Academy became the last political and military command centre of the Third Reich. Grand Admiral Dönitz was appointed head of the last government of the regime on May 1st 1945 and two days later moved his headquarters to the grounds of Mürwik Naval Academy. The academy continued to serve as a hospital after 1945 and from 1949 was a customs school. The college of education was later accommodated in a wing.

In 1956, the Federal Navy moved with Crew I/56 into the northern part of the main building. Since 1959, the school facilities have again been used exclusively for naval officer training.

Naval officer training

Mürwik Naval Academy provides the career training (officer course) for professional officer cadets and officer cadets who have signed up for a set period, medical officer cadets and reservist officer cadets, as well as the career course for officer cadets of the specialised military service. It teaches values and basic attitudes and educates the young people in responsible conduct. Leadership training is given to recruits after university courses, the officer of the watch course for future bridge officers of the watch (WO), preparation for the staff officer course and the further nautical training of naval officers.

Merchant ship officers are familiarised with the special features of naval shipping command as well as service as embargo control officer and acquire the status of reserve officer. At the beginning of their training, the officer cadets come for the first time to Mürwik Naval Academy for basic military training and acquire initially basic skills and capabilities that they require to act in a fitting manner on duty as well as in public. Then the officer cadets at the Petty Officer School take part in a six-week infantry training, during which drilling and handling weapons as well as the protection of military installations are trained. (This training section will be also provided at Mürwik Naval Academy from 2007.)

After this military "basic training", the officer cadets take a six-week course of basic seamanship training on board the sail training ship GORCH FOCK, which is under the Naval Academy. On the GORCH FOCK, officer cadets learn about the influence of the sea, wind and weather on ship and crew, how to handle masts, yards, sails and ropes as the simplest means of seafaring and how to fit into a community and play their part. Following the basic seamanship training, the officer cadets undergo basic nautical training back on land at Mürwik Naval Academy. This section focuses on training for the power boat certificate and sailing certificate, navigation and nautical legal studies, along with intensive English training. The basic training phase is completed after a total of six months. After the previous separation in the individual training sections, all of the officer intake then attends the six-month officer course at Mürwik Naval Academy. This course is the main element of the training and involves teaching exercises, orientation marches, practical navigation on board the training boat NORDWIND, practical training for six weeks on board vessels in the fleet, marksmanship exercises, sailing, handling power boats – in short, all aspects of training that serve to build the personality of the recruits as servicemen, naval officers and commanders.

After this training section, the intake in the fifth quarter year of its training divides up into various training branches to participate in practical courses in units and in the fleet, a practical technical course in workshops as prerequisite for studying as an engineer or language training for future pilots. Some of the recruits then promoted to officer cadets remain as instructors for the following crew at the naval school and will stand themselves for the first time, whether as man or woman, in front of the class, gaining the opportunity to practise what they have learned and acquire initial management experience.

The next part of the training involves studying at the Bundeswehr universities in Hamburg and Munich, with exceptions also at a civilian school of navigation. Subjects include information science, sales engineering and education, sports science, business organisation, history, mechanical engineering, electrical engineering and business management. The course of study is completed in at least three or at the most four years. The servicemen and women, meanwhile promoted to ensign or lieutenant junior grade, meet again at the naval academy at the latest after four years. Here they participate in the five-week command course as well as the three-month officer of the watch course – the final training for their first spell of duty as officer of the watch in the fleet. The officer training is completed after about six years. In the officer training, taking into consideration character traits, previous education and individual capabilities, leaders are trained who internalise the military virtues such as bravery, loyalty, discipline and obedience. They are taught to be capable of responsibly managing people, ships and aircraft.

GORCH FOCK

The GORCH FOCK was built at Blohm & Voss and commissioned on August 23rd 1958. She is the second vessel to bear this name and the fifth of her class. Her sister ships, which were all built at the same yard before the Second World War, are still used to train nautical recruits for various countries. The GORCH FOCK is a barque with hull and masts of steel.

Specifications

Displacement	1,870t
Sail area	2,037 sq.m.
Max. speed	16 kn
Max. speed with auxiliary engine	12 kn
Permanent crew	12 officers
	55 petty officers/ ratings
Course participants	140

The GORCH FOCK is a training ship of the German Navy. Officer and petty officer cadets receive their practical and theoretical training on board this vessel for later service in the fleet. The training on a sail training ship in particular with the special influence of the weather is important for building character and promoting appreciation of the importance of team spirit, which are indispensable for a military commander and leader. A large sailing ship is the ideal platform for intensively experiencing the influence of the weather on ship and crew and appreciating successful teamwork and the significance of seamanship as the basis of a nautical career. For more than four decades, the GORCH FOCK has given great service as "ambassador in blue" for the furthering of international relations, as training ship for officer and petty officer cadets and as image carrier for the Navy.

Page 122
First-hand report: On board the GORCH FOCK
Midshipmen Florian Ellermann and Sebastian Schmonsees
En route into a new world
It was raining at Hamburg Airport when we made our way south, to the port of Valencia on the Spanish Mediterranean coast in order to join the GORCH FOCK. We could already see the sail training ship from the aircraft, clearly distinguishable from the other vessels in the port.

When we then lined up for the first time on the upper deck in the sun and were divided up into various divisions with "corporalships", many of us already knew that the next six weeks would be completely different from what we had ever experienced before. The new world began immediately with the accommodation and sleeping arrangements. Everyone was given a hammock and some stowage space in the division decks. We also each received another five items that we could later confirm to be very important in the life of a seaman: blue overalls, oilskin, cap band (coveted by many young ladies), safety belt and "Flunder", a plan of the approximately 170 belaying pins (for belaying rope ends and rigging of the sails). The point and purpose of this "Flunder" was very quickly established: we quite simply had to learn it by heart.

After clearing the usual administrative hurdles and enjoying a quick snack, we were soon able to experience our very first night in a hammock. This naturally had to be previously stretched out somehow in the decks – because of the very restricted space, in up to three levels. Like most of our fellow recruits, we were very surprised to find how comfortable and pleasant it is to lie in such a hammock and very quickly fell asleep, exhausted from a first very long day as seafarers. You certainly appreciate how comfortable a hammock can be when you have to leave it early in the morning!

Rise! Rise!
This is the command with which the crew on board the GORCH FOCK is generally awakened every morning. No, it's not a nice way of requesting people to get up in the relatively near future. Already early in the morning come the shrill sounds of a piece of equipment that has been perfected over the centuries, the boatswain's pipe.

Every command, every item of information is relayed by a special whistle. If you cast your mind back some decades, when there were of course no technical devices such as loudspeakers, you can definitely appreciate the point of such a whistle. While working, crew members had to be reachable at every place on the ship by means of a whistle. Various notes and sequences of notes were developed to convey commands to the sailors, even far up a mast. But nowadays as cadets on the GORCH FOCK, this instrument seemed to us to be rather a merciless instrument of torture in what is in any case a stressful daily routine. Though you'd have to mention an exception: just before mealtimes the relevant break is punctually announced by whistle by the petty officer on duty.

Mess tables and benches
After this announcement, the job in hand is quickly finished, which is always a race against time, as nobody wants constantly to stand at the end of the waiting queue. Possibly eating a little later is, of course, in itself not necessarily a problem, but "Mess tables and benches" also invariably involves washing up and cleaning up the galley. Despite the indefatigable dedication of the ship's cook, keeping us content even with cake or delicious "mousse au chocolat", the potatoes did sometimes get stuck in your throat or you felt as if you'd been bitten if after waiting for half and an hour in the queue to receive a food tray, you found you had only five minutes to bolt your meal before having to line up for washing up duty, or getting ready for the next sailing watch.

The sailing watch
Every sailing watch begins with assessing the current situation on the upper deck. For a sailing crew like us, it was important to know what sails are set and what wind conditions prevail. Next, we naturally informed ourselves about the specific setting of the sails, also called brace setting. One of the most frequent activities during a sailing watch is bracing. Depending on the wind di-

rection and the envisaged course, the sails always have to be brought into the best position to the wind. Bracing is like driving a car ... Everyone has their own particular style. No matter whether the sailing crew has recently worked on the well adjusted yards or not, a relieving of the sail officer in most cases also meant a new sailing trim. If the sail officer ever expressed no wishes in this respect, at that moment at the latest the wind changed direction.

"To port – fore braces!" came the command shrilling over the upper deck. This involved the realignment of the sails of the entire front mast. Such a command does not necessarily excite enthusiasm, particularly during nocturnal sail watches. But, as the writer Johann Kinau (known under the name "Gorch Fock" – the three-masted barque is named after him) once penned, "Shipping is necessary."

To minimise this necessity, we very quickly formed an extremely effective sailing crew out of a bunch of young sailors. We not only pulled proverbially together, but also "braced" in unison and with all our strength to ensure every sailing manoeuvre was performed as smoothly and as fast as possible. The wind could pick up again as soon as the bracing had been completed. If the sails were then taken in to avoid them tearing, there came a further command: "Lay aloft". That meant immediately clambering up in the yards to roll the sails. Perched up there about 42m above sea level on the yard of the royal sail your heart did sometimes slide into your trousers, particularly with all the wind and the waves. But there was hardly any time to get afraid: after about half an hour of working in windy heights such a sail had to be packed, otherwise we would have incurred the wrath of our corporal. Then we climbed down, or, as often happened, allowed our minds to wander a little, drew in deep draughts of air and relished the interesting view for a while: several times a school of dolphins accompanied us and once we were even overtaken by a drilling rig under tow.

"Lay in, lay down!" one of the corporals called out to us, gruffly reminding us: "This ain't a cruise ship." Even as we made our way down, back on deck another vital chore loomed.

Cleaning ship
Now anyone who loves cleaning really gets his money worth on this white ship. Every day. There are so many different cleaning ship stations distributed all over the vessel. Every one has its advantages and disadvantages: if you clean on the upper deck for example, you can continue to enjoy the fresh air and the sunshine, but naturally also freeze. However, if you clean the living and sanitary area, you also have to concern yourself now and again with the "Abortanlage", as the toilet is termed on this ship – which we certainly didn't consider to be a necessarily pleasant chore. Yet this is part and parcel of the daily hygiene, which is specially important in such cramped living conditions. One thing all forms of ship cleaning work have in common is that they always offer time for reflection. For example about the typical sailor's language and the joys of life at sea.

The travelling classroom
We had no idea what we could expect to be taught before serving on the GORCH FOCK. The only thing we knew – and this also seemed perfectly reasonable to us – was that we would learn something about going aloft and coming down, bracing and other nautical activities. Between the manoeuvres at sea, we also received instruction on "Statics and dynamics of the atmosphere", probably in order to be able to determine our own weather perfectly in future. "Splices, whippings and sail seams" and "Connections of the rigging" were also on the programme for the sake of completeness. For some of us, the lessons offered a welcome opportunity to catch up on some sleep. Although we always struggled

against it, many of us lost the "fight against fatigue". And no wonder, as our day would have indeed been more than filled even without lessons. Whether or not we were suffering from lack of sleep, the lessons on clouds, wind and general weather were just as important as those on the fundamentals of the rigging.

In "Splices, whippings and sail seams", we finally learned some useful chores so as to be able to assist our mothers some time or other, as each of us crafted a hand-made duffel bag and now knows terms like bosun's knot and indeed the most common seaman's knots. With a great deal of effort and a little persuasiveness, the boatswain convinced us that a real seaman is naturally also familiar with knots – as these are the raw material for spinning seaman's yarn.

Seasickness goes alee
Of course we were never seasick! Well, if we were, this involved rather an upset stomach – none of us really wanted to admit it, as no "mariner" is seasick. Doesn't matter, we thought and continued with the fun .... or tried to; "that just grows out with time" the master-at-arms informed us one evening. "You chaps have to work, then you also won't be sick!"

After some days, with the feeling of uneasiness in the back of our neck and the words of the master-at-arms at our heels, we then did indeed appreciate that everything really is just a matter of habit. Just like fear, seasickness also goes away alee ... moreover, Morocco was already being eulogised by the "old hands" and at the latest when putting into port everything has to be forgotten, because anyone who's sick just doesn't get to go on land.

Impressions of a foreign port – Marrakech
It's one Saturday morning. The Moroccans begin the day with the call of the muezzin and, with his cry in our ears, we're already sitting at half past six in an old bus bound

for Marrakech, the "pearl of the south" of Morocco with its 0.8m inhabitants.

The trip takes four and a half hours, leading over the desert highway, the last foothills of the Atlas Mountains and through the endless, flat, stony Moroccan desert. Two things remain deeply engraved in the memory of even the less attentive day tripper that we'd like to describe to anyone who hasn't yet visited Marrakech. Buses run there that somehow put foreigners completely off: minibuses for various inner city routes and also overland services. White taxis drive off just like the minibuses when they are full and then mostly on set routes at fixed prices per passenger, while yellow taxis go wherever you want and are equipped with typical taxi meters. It's rather wild, but you always get away pretty fast if you don't let yourself be disconcerted by the yellow taxi drivers scenting the smell of money.

And then there are the tall tales of the beggars, who go on about their four wives and 16 children – though the narrator is 25 at the very most. At the end comes the denouement and the tourist is the one who looks stupid. The way to respond is to spin similarly weird yarns with dealers, for example. Fabulous stories are often told about stones sold at sights. Just pick up any old stone from the wayside, and when the next gentleman arrives and wants to sell any old three stones for ten dirham, simply offer your own stone in return. Or if you're pestered by the sometimes annoying horse riders who want to persuade you to take a horse ride every two minutes, just inquire whether you could grill their horse and how much that would cost. That raises laughs all round, the different cultures accept one another and you've got the better of the mischievous salesmanship.

School of Naval Engineering
The School of Naval Engineering has its headquarters in Parow near Stralsund

with offshoots for Navy pilot training in Westerland on Sylt and for the Naval Damage Control Training Centre in Neustadt, Holstein. The school consists of five training divisions. The training division training is responsible for the entire instruction, training facilities and principles of education at the school. According to its requirements, the training divisions A, B and C with their lecture hall heads and lecture hall group heads carry out the training. The Naval Damage Control Training Centre is the fifth training division.

The school was re-established after German reunification from 1992. Today, a total of 139 courses are provided at the School of Naval Engineering annually. These begin 360 times a year. The individual courses last anything from a few days to 21 months. Individual servicemen taking the courses attend the School of Naval Engineering for up to three years, with short interruptions. The up to 4,000 course participants every year are trained by 400 instructors in about 200 lecture halls, laboratories, practice rooms, practice facilities and workshops. On average, about 1,700 course participants attend the school at the same time.

The School of Naval Engineering has its roots in eight schools and independent training divisions of the Navy, which were combined in the School of Naval Engineering in Parow up to 2002. It provides training for all naval technicians from non-rated men and women with "Hauptschulabschluss" (general school-leaving qualification for lower secondary school) to officers who have a university degree in the following areas:
• Naval electronics
• Information technology
• Aircraft engineering
• Marine engineering and seamanship
• Weapons engineering and electronics
• Civilian vocational training
For all operational areas (specialist areas), occupational training with a qualification is

required that has to be provided from civilian life or can be acquired in the course of the civilian vocational training. This qualification can be gained by servicemen and women with an 8-year minimum term of enlistment in a 21-month occupational training. Up to 260 young people complete occupational training here every year. The training divisions are structured as follows:

Training Division Training
• Main specialist areas
• Marine technology
• Naval weapon technology – system technology – command and control techniques technology
• Weapons electronics
• Sciences – civil vocational training – information technology
• Aircraft engineering

Seamanship
This specialist area trains up to the level of chief petty officers and conveys the knowledge and skills in seamanship and deck service on boats and ships of the German Navy, including:
• Ropes and blocks, working with lines
• Handling personal and collective rescue equipment
• Managing power boats
• Oarsmanship on cutters
• Theory and practice of sailing
• As the well as the relevant rules and regulations

Marine Technology
This area covers all subjects of the statutory and Navy regulations for the operation of ships and boats of the Navy, e.g. accident prevention regulations, environmental protection regulations, combat service and operating regulations, inspection periods and reporting. A key part of this area is also management theory, ranging from "Organisation of shipyard periods" via "Field forces operational management" to the theory of the "Organisation of manoeuvres and missions".

Weapon Technology
In weapon technology, the servicemen and women are familiarised with all weapon systems and ammunition used by the Navy in the context of integrated weapon system training:
• Underwater weapon technology
o Sonar devices
o Anti-submarine weapons
o Mines
o Surface weapon technology
o Guns
o Guided missiles
o Chaff & flare dispensers

• Command and control techniques and weapon deployment
o Surveillance and fire-control radar
o Automated combat information system (ACIS) on fast patrol boats
o Multisensor platform MSP 500
o Naval munitions technology
o Basic principles
o Specialised skills

Specialist area Command and Control Techniques and System Technology
In this area, all electronics specialists of the Navy are trained on navigation radar and telecommunications systems. As the electronics specialist, irrespective of his later deployment on a land or shipboard unit, is responsible for material repairs and maintenance of the plants with which he is entrusted, he is given specialised military training with instruction in basic principles and a subsequent system training.

Specialist area
Civilian Vocational Training
Occupational training for a qualification is presupposed for nearly all operational areas (specialised areas) trained at the MTS that candidates bring from their previous civilian life or can be acquired at the School of Naval Engineering with its civilian professional training. The specialist area civilian vocational training is set up for this. Unskilled servicemen and women with a term of enlistment of 8 years can undergo occupational training at the School of Naval Engineering within 21 months.

In the areas
• Communications electronics specialist
• Energy electronics specialist
• Precision machinist and
• IT system electronics specialist
up to 260 young persons complete their occupational training at this school every year. In addition to this training course, which regularly ends with the craft certificate or journeyman's certificate, the School of Naval Engineering offers a six-month further training for servicemen and women with professional qualifications in electronics, leading to industrial master craftsman/electrical engineering, specialist area information technology. The School of Naval Engineering thus also serves as a school for training master technicians within the vocational training system in Mecklenburg-West Pomerania.

Basic training
In the seven-week basic training, the petty officers are trained in logistics material preservation, telecommunications technology, radar technology, navigation technology, hydroacoustics and laser technology. A week's training in damage prevention is also given in the Naval Damage Control Training Centre. In the type-oriented training, a practically oriented equipment and system training is provided in 18 special system courses. This training focuses on the plant and equipment and systems for which the servicemen will later be responsible.

Training Division A
This trains officers, petty officers and ranks in the following areas:
• Training for officers of the basic services and specialised military service of the operational areas
• Marine technology
• Naval weapon technology
• Training for chief petty officers, petty officers and ratings for their area

• Seamanship
• Marine propulsion system technology
• Marine electronics
• Marine operation technology
• Ship artillery
• Missile systems
• Sonar technology
• Mine technology and mine defence technology
• Civil vocational training in occupations
• Energy electronics (plant engineering)
• Precision machinist (mechanical engineering) boats
Special courses are also provided in Training Division A.
• Ordnance artificer training
• System and control stand training for ships and boats
• Training courses for officers from non-NATO countries

Training Division B
In Training Division B, all servicemen of the Navy are trained in the area naval electronics and information technology. This training also covers a skilled worker training recognised in civilian life and occupational training leading to master craftsman's certificate. The training is carried out jointly with the Chamber of Industry and Commerce and Chamber of Crafts. Divided up in four sections, the training areas are for the operation, maintenance and repair of
• Telecommunications equipment
• Radar equipment
• Navigation equipment and
• Equipment for electronic warfare deployed on ships, boats and shore units of the Navy, as well as training for electronics specialist for equipment and systems (civil vocational training), information technology technician and radio technician
The training recognised in civilian life for IT system electronics specialist (civilian vocational training) is also provided focusing on:
• Operating systems
• Network technology
• Networked IT systems
• Microcomputer systems

- Databases
- Programming language
- Telecommunications systems

Training Division C

Training Division Group C provides basic training for the various technical operational areas. Up to 600 recruits are trained at the same time in various areas:

- General military training with basic military capabilities and norms of conduct (marching, moving in formation, ceremonial)
- Watch training, including training in the use of pistol and rifle
- Practical exercises in the field
- Principles of seamanship and conduct on board

Naval Damage Control Training Centre

The Naval Damage Control Training Centre in Neustadt, Holstein, which is attended by about 6,000 servicemen and women annually, encompasses the fire-fighting service, flooding control service, ABC protection service, rescue and salvage service as well as medical service in combat and diver service, including the diver medical service and deployment principles. As ship damage control is an integral component of the overall combat, the services listed are also not individual items next to one another, but interlinking partial operations effective only in combination. The requirements therefore range from manual skills to fast and correct location assessment and deployment and command of personnel.

The training of the squad and group commanders, marine technology officers, ship and squadron commanders and divers provides in combination the necessary basis for effective response to damage during combat. The damage control combat training is provided in the context of the mission training of the fleet in Neustadt. Here a focused training is provided for the entire crew on the various ships and boats for reliably mastering the overall system in combat situations.

Petty Officer School

The Petty Officer School provides career courses for petty officers and senior petty officers to enable them to become capable military superiors as well as for commanding and training subordinate servicemen. Modules of the basic training for officer cadets of the unit service of the Navy, basic training, specialised and special courses are also provided at the Petty Officer School.

After the beginning of the central petty officer training in the Federal Navy in 1956 in Cuxhaven and from 1957 in Eckernförde, the Petty Officer School was returned to its traditional location Plön in 1960. The school has been responsible for training and educating young servicemen and women for their tasks as superiors in a large number of courses year by year to enable them to assume responsibility as commanders and instructors for subordinates.

Training courses

The broadly based training includes:

- Petty officer course 1 (petty officer 2nd class career course) and 2 (petty officer 1st class career course)
- Modules of the basic training for officer cadets
- Basic training for Navy protection personnel and Navy uniform wearers of the forces bases
- Specialist courses in Navy protection for officers and petty officers at the level group commander and squad commander, also for members of the reserve
- Specialised courses in protection of installations extending to installation commander and
- Sports instructor courses

Military law, military order and discipline, training in the proper use of hand weapons and marksmanship, training methods and political education as well as how to manage people are central subjects of the theoretical and practical training. They are supplemented by practical seamanship training,

drill, medical training and sport. The varied intellectual, physical and psychological demands made on the course participants are definitely intended because the Navy needs versatile, dependable and robust superiors to command its sailors. The experienced chief petty officers who have already proved themselves are also given the opportunity to undergo further training. Regular four-week further training seminars are offered to these persons to familiarise them with innovations, changes in social and political parameters or also basic principles of naval leadership.

Courses are provided for active and future instructors to enable them to improve their capabilities as teachers and instructors. Overall, in the course of his or her period of service every longer serving petty officer attends the Navy Petty Officer School up to three times, so this bears a great responsibility for educating and training servicemen and women of the Navy. The specialist training for the cooks of the Navy and other services will be established in Plön in 2007. The relevant infrastructure is currently being created.

Naval Operations School

In 1956, the year the Federal Navy was founded, the Navy schools were also restarted in Bremerhaven. The Naval Detection School began operation in the barracks at that time still partially used by American troops in September. In May 1957, the entire facility was returned by the Americans to the Navy, and training activities could be expanded to meet requirements. The navigation training began with what were at that time advanced navigation and radar systems and a former minesweeper.

Training in electronics leading to a qualification was provided for all groups of ranks to meet the increasing need for electronics specialists in the fleet. The training facilities set up for this were continuously modernised to meet the requirements. Already in 1963, after completing their

electronics training servicemen could also obtain a civilian qualification recognised by the Chamber of Industry and Commerce. These possibilities for the recognition of qualifications in civilian life were consistently developed. It has been possible to qualify as communication electronics specialist in radio and information science since 1990. In 1997, the training facility for tactical advanced training for Navy officers was moved from Wilhelmshaven to Bremerhaven and integrated into the Naval Detection School, which was renamed Naval Operations School.

In line with the restructuring of the training facilities in the German Navy, the reorganisation of the Naval Operations School was completed in April 2003 with the integration of the operative elements of the former Naval Weapons School in Eckernförde and the Naval Telecommunications School in Flensburg. Today, the training in three training divisions and the Naval Tactical Centre under the title "Training for the mission" comprises all areas, from the general military and specialised military basic training of recruits to the deployment-oriented training courses for petty officers, chief petty officers and officers in all aspects of the command and control services, weapon deployment, navigation and tactics, extending to top-quality operative further training for the officers of the fleet. The subject matter of the training is also increasingly determined by the orientation of Germany's maritime forces and thus adapted to the requirements of the fleet in an ongoing process. The Naval Operations School has an up-to-date infrastructure in the accommodation and training areas, although construction work has not yet been completed. The training is supported by technically advanced simulators in all areas, as well as efficient facilities for team training.

Training Division A

The five sections of this training division provide specialised military basic and further training for servicemen of all groups of ranks. In the 1st section, officer cadets and officers of the unit service and/or the specialised military service are taught theoretical and practical skills that prepare them for their operative and weapon deployment duties on board seagoing units of the fleet. Depending on the training course and specific training objective, the course lasts for six weeks or up to nine months. Naval officers of the reserve and officers of foreign navies are also given basic and further training in this section.

In the 2nd section, petty officer cadets and petty officers as well as future chief petty officers undergo basic and advanced training in the areas surface and submarine operation service. The servicemen who have successfully participated in the various training courses can do service in CICs of surface and submarine units as well as anti-submarine aircraft and helicopters of the Navy. This section also focuses on training chief petty officers and officers in the area of cooperation with and command of aircraft of the Navy and Air Force.

The 3rd section focuses on the training of the navigation personnel of the Navy in the petty officer and chief petty officer career paths. The theoretical training ranges from theoretical principles of terrestrial and astronomical navigation to practical application of navigational procedures and operation of state-of-the-art navigation equipment for determining position and voyage preparation and planning. With free training capacities, further training courses are provided for members of fleet units.

This section is also involved in providing courses for the occupation "Information technology system professional". In the context of this training, selected petty officers and chief petty officer cadets are given the opportunity to acquire a professional qualification that is recognised in civilian

life and certified by the Chamber of Industry and Commerce.

The 4th section has a wide range of functions. It provides English language training for petty officers and chief petty officers of the Navy as well as soldiers of all groups of ranks from other services. Language training is particularly important for personnel participating in foreign missions involving cooperation in multinational forces and postings abroad.

This section is also responsible for training petty officer and chief petty officer cadets in the operational area "Electronic warfare". The training covers theoretical skills, as well as operation of the original unit existing in the training area only at the Naval Operations School. Training in the maintenance of these units as well as navigation and telecommunications equipment is also provided.

The 5th section is responsible for the training of all future petty officers and chief petty officers in the telecommunications and signal service. The professional profile and thus also the training has completely changed: nothing more has remained of the radio and telecommunications personnel on board busily tapping the Morse key. The training concentrates on providing telecommunications with state-of-the-art IT-based systems and the administration of these complex systems, as well as use of code systems for the requisite protection of the data and information transmitted.

Training Division B
This training division provides basic training for conscripts and temporary career volunteers over a three-month period. It gives the young servicemen and women a general military training and specialised skills oriented to their future deployment. These courses also involve naval subjects and thus promote identification with the traditions of the Navy. The specialised military training conveys principles of

navigation, electronic warfare, operational service, underwater operational service and telecommunications and signal operation for specialisation for later service on board, as well as on land or for advanced courses.

In addition to conveying all the specialist and military skills, the training focuses on creating confident servicemen and women bonded by comradeship and reliably promoting the values and meaning of service. Following basic training, the personnel are prepared for deployment on board or land or participating in further training.

The training division training is responsible for the planning, organisation, management and control of the specialist training connected with the particular courses. The core of the training division is formed by the main specialist areas command and control services and weapon deployment. These comprise the specialist areas operation service, electronic warfare/intelligence collection and reconnaissance, telecommunications service, mine warfare, air defence, ASW and surface naval warfare. In addition to the two main specialist areas, the civilian teaching staff for navigation training, scientific principles and geophysics are combined in the specialist area navigation/natural sciences. The training division also provides a group for training in air control centre and equipment maintenance. Language training is provided by a department of the Federal Translations Agency that is permanently integrated in the Naval Operations School.

The unit specialised teachers of the training division training realise the prescribed training objectives in syllabus plans for the numerous courses. They also play a significant role in carrying out the specialised military training of the training divisions A and B connected with the courses. The specialist areas are also responsible for the specialist supervision of the instructors of these training divisions.

Naval Tactical Centre
The Naval Tactical Centre was newly established in 1997 in the context of the streamlining of the training organisations as training division of the Naval Operations School. It is the central facility for tactical and procedural training for the fleet. Training elements that used to be based in Wilhelmshaven and Eckernförde were transferred to Bremerhaven with the Naval Tactical Centre (initially as Tactical Procedures Training Centre).

The Naval Tactical Centre has a wide range of duties, providing simple radar and plot exercises, procedural training in all areas of the deployment of naval forces, as well as tactical-operative training in the warfare areas and complex planning exercises for maritime headquarters (MHQ). The course participants thus come from all groups of ranks: ratings, petty officers and officers, beginning with conscripts who complete the first specialised training sections in the Navy, to petty officers and officers at various stages of their careers to commanders and squadron commanders of the fleet and officers of the fleet staff. The Naval Tactical Centre is thus the "alma mater" of the tactics for the personnel of the Navy. The procedural training for all ranks is carried out mainly at the procedural trainer Naval Operations School. This also applies for instructor exercises in the context of the helicopter and air control courses. Practices for advanced courses and planning exercises with a mainly tactical-operative background are held in the TVTM. For follow-up, every instructor is provided with an auditorium, where each exercise can be reviewed in a replay procedure in quick motion or slow motion on large screens.

In addition to the "standard courses", the Naval Tactical Centre provides various special courses and seminars, such as on the subject of operation and law of the sea and for personnel from the defence and industry area. A particularly important aspect is support of mission training for fleet units in the context of command team training, in which teams of the ships are trained for forthcoming missions. The Naval Tactical Centre also supports the deployment and manoeuvre preparation of the fleet and is used by friendly navies preparing for operations in international forces.

Naval Supply School

As one of the Navy's three functional schools, the Naval Supply School trains personnel for activities in staff service with orderly room function, office communications, personnel management and accountancy, catering service and supply service. It carries out the basic training and specialised military training for recruits as well as specialised military training for petty officer and chief petty officer cadets. The Naval Supply School also provides officer training in various supporting basic command areas and specialist areas of the Navy, as well as for officer cadets for specialised military service and officers who are to be deployed as ship supply officers on board destroyers, frigates and tenders or as supply officers in boat squadrons and land-based departments, in for example depots, bases, battalions or operations staff units. The Naval Supply School also trains future personnel officers and officers in charge of alert and mobilisation activities. Thorough specialised training is necessary for these many services, which are unfortunately often not fully appreciated in the day-to-day life of the forces.

What would a ship or boat be like without a well-functioning galley, what could a protection company achieve in action without the supply officer to ensure the necessary replenishment? And who would want to have naval forces and aircraft operating for weeks and months at a time if personnel management and supply services had not been organised by competent experts? Every individual operational area of the supporting service has its importance, requires a thorough training for the functioning of the fleet and, like any technical or

operative training, is of crucial significance for a mission. This training is currently still given at the Naval Supply School in List on Sylt, but from April 1st 2007 will be moved to the Petty Officer School in Plön, for the catering training and for the staff and supply services to the central schools of the forces.

Naval Service Test Command

The Naval Service Test Command was established on September 1st 1968 to succeed the Ship Acceptance Command. Its tasks involve two areas of activity: service test or deployment testing, i.e. testing new weapon systems, plant and equipment for serviceability, and evaluating weapon exercises of the Navy. The aim of the service test is to make an objective statement on whether or not the systems/equipment to be tested meet the requirements of the underlying deployment concept and are thus suitable for service. The studies cover military, ergonomic and operating aspects. The focus of the service tests/deployment testing is on sea operation.

The evaluation of weapon exercises of the Navy involves the making of comprehensive measurements, records and assessments of data of the missile, artillery and torpedo firing practices of the frigates, fast patrol boats and submarines as well as the minehunting exercises of the units of the Minesweeper Flotilla. The findings permit assessments of the actual capabilities of the weapons deployed, as well as providing ideas for basic and further training of the personnel involved in the firing practice. An important aspect is the special significance of this assessment via a naval department independent of procurement, operation and training.

To carry out these tasks, the command is structured in four departments. Former commanders, ship electronics officers, officers of the specialised military service and chief petty officers who have wide experience from their shipboard service

and can contribute comprehensive knowledge of operations, tactics and operation are employed in the command and control techniques and weapon deployment systems/surface weapons and command and control techniques and weapon deployment systems/underwater weapons departments. In cooperation with the data compilation and evaluation department, the weapon exercises are prepared, carried out and evaluated with the aim of gaining information on the deployment characteristics of weapon systems introduced in combat scenarios that are as realistic as possible and being able to correct possible drawbacks or deficits in training. Even a few hours after weapon practices have been completed, a briefing is carried out for the command team. The findings are then used for further exercises.

The **Marine Technology/Serviceability Department** is responsible mainly for planning and carrying out the marine technology and logistical aspects of the service tests/deployment testing and comparing, evaluating and summarising these with the results of previous tests. The resulting data form the basis for the optimised use of the units by the crews. The logistical test activities in the context of the serviceability are carried out as long-term tests also across departments in all technical areas on board.

The **Data Compilation and Preparation department** provides the command with advisory and supportive services for all aspects of technology, physics, mathematics and information science and supplies the assessment principles for the evaluations. This department has the technical facilities for providing a reliable data basis for objective assessments, as well as effective and reproducible data preparation.

The 70 servicemen and civilian employees of the Naval Service Test Command are currently processing the service tests of the F124 frigate, Class 212A submarine

and DM2 A4 heavyweight torpedoes and are also in the preparation phase for the service test/deployment testing for the K130 corvette and F125 frigate.

Naval Command and Control Systems Command

For nearly 40 years, the Naval Command and Control Systems Command has had its place in the Navy and also a permanent link with industry and the Federal Office of Defence Technology and Procurement.

The command was established as early as 1967 in Wilhelmshaven in order to combine the tasks resulting from the application of seaborne command and control and weapon deployment systems and shore-based command and control information systems, the present command and control support systems. The first result was the system for the evaluation of tactical information SATIR integrated on board the LÜTJENS Class destroyers in 1969, followed by the Automated Combat and Information System (ACIS) for the Class 143 fast patrol boats in 1976 and the Passive/Active LINK system (PALIS) for the Mine Warfare Flotilla in 1990.

Today, the Naval Command and Control Systems Command as system centre of the Navy is responsible for providing the necessary system expertise for the planning, realisation, use and modification of the command and control and weapon deployment systems and command and control systems of the Navy. It also assumes tasks for its own development and programming of systems, extending to accompanying industrial software development. For this, it provides the expertise gained in practical seafaring ready for calling up at every development phase. Specialists of the Naval Command and Control Systems Command are deployed for introducing changes on board vessels.

The conditioning of the individual units operating with the Naval Command and Control Systems Command is an elaborate task involving setting a large number of coordinated parameters, oriented not to the number of systems, but the number of ships which have to be individually conditioned for every sea voyage.

An entirely new approach is taken with the development of new systems. A new command and control and weapon deployment system will be oriented in future to a generic requirement model (GAM). In an analysis of existing systems, procedural steps, tactical-operative interconnections, foreseeable developments and scenarios, a list of requirements for a command and control and weapon deployment system of the Navy independent of project and equipment has to be provided. This list is then considered for the development of specific command and control and weapon deployment systems.

With the recent "Test and training support for operational systems", the Naval Command and Control Systems Command has a platform and the relevant organisation permitting the national and international as well as joint networking of weapon deployment systems. It plays a considerable part in joint exercises taking place every year with the NATO partners involving both shore-based training centres and CICs on board as well as e.g. AWACS or PATRIOT units. Realistic scenarios can thus be tested "dry" in advance and errors avoided in the linked systems for the mission.

In the organisational structure, Naval Command and Control Systems Command is subordinate to the head of specialist divisions in the Naval Office and maintains close contact with the Federal Office of Defence Technology and Procurement, the Federal Office of Information Management and Information Technology of the Bundeswehr and industry.

The structure of the Naval Command and Control Systems Command will change in future, with the retention of its task, also in line with the transformation of the

Bundeswehr and thus the Navy. It must be adapted to the new parameters so that it can retain its high competence in view of the multiplicity of systems, system parts and interfaces with a continuous adjustment of tasks to developments.

The Command can go confidently into the STAN negotiations expected at the end of 2007. It is fully capable of meeting the challenges the future holds.

Page 138, Chapter 4
WTD 71

The Bundeswehr Technical Centre for Ships and Naval Weapons (WTD 71) was founded in 1957 in Eckernförde on the site of the former Torpedo Testing Command as a facility for testing naval weapons (E71). Its task involved analysing and assessing industrial developments in the area of torpedoes, the mining arm (mines and minesweeping equipment) as well as artillery and missiles.

In 1970, all test units located in Schleswig-Holstein (E71 in Eckernförde, E72 in Schirnau, E73 in Kiel and the field station 81A in Surendorf) were combined in the test unit 71 in Eckernförde. This led to the department's functions being extended to include magnetic ship protection, the area marine technology and detection and navigation technology. The later renaming into WTD 71 also indicated that the research and technology area in cooperation with the Federal Armed Forces Underwater Acoustic and Marine Geophysics Research Institute in Kiel belongs to the facility's core functions.

Today, WTD 71 in the area of maritime defence technology is the central capacity of the defence area and indispensable for the project management in the Federal Office of Defence Technology and Procurement in Koblenz, for the Navy and also for industry. WTD 71 has an expertise that is also internationally recognised, particularly in maritime activities relating to coastal and/or shallow waters.

The approx. 850 employees of WTD 71 including over 200 scientists and engineers work in 16 so-called business areas, covering the entire range of maritime defence technology. The department has nine locations in Schleswig-Holstein with numerous and in some cases unique test facilities. These include mobile as well as stationary measurement plants for the magnetic measurement and treatment of ships and components. In this connection, particular mention should be made of an earth magnetic field simulator for ships, an acoustic measuring facility for shallow water conditions and a deepwater measuring unit in Norway operated jointly with the Netherlands and Norway, a mobile underwater and surface path measurement plant, a test area for underwater detonations in shallow water, an underwater test facility for high-speed trials with underwater moving bodies, torpedo firing stand and range, marine technology test stands (incl. various shock, vibration and temperature-controlled test stands), infrared measurement facilities, a measurement chamber for electromagnetic compatibility and, not least, a fleet of eight advanced test ships.

The new research ship PLANET based in Eckernförde was commissioned on May 31st 2005. The PLANET is a state-of-the-art, oceangoing ship featuring innovative technology. Its so-called SWATH design (Small Waterplane Area Twin Hull) guarantees unusually stable movement characteristics, thus permitting the carrying out of research and testing work even in very rough seas.

The PLANET is managed by WTD 71 and also available to the Federal Armed Forces Underwater Acoustic and Marine Geophysics Research Institute for research voyages. Apart from being able to carry out torpedo trials at sea, the new research ship is an ideal platform for carrying out studies in the sonar technology area thanks to the high standards met by its own noise radiation.

Floating units of the WTD 71
Class 751 Research Ship PLANET

Displacement	3,500t
L/beam/draught	73/27.20/6.8m
Output	4,160 kW diesel-electric, 4 PM drives (permanently magnetically excited machines) 2 shafts, 2 rudders
E output	2 x 1,275 kW plus 2 x 1,700 kW
Speed	Approx. 15 kn
Complement	20 + 20 scientists
Armament	None

Class 745 Multipurpose Boat (Small)
Y 863 STOLLERGRUND,
Y 864 MITTELGRUND,
Y 866 BREITGRUND

Displacement	457t
L/beam/draught	33.54/9.2/3.82m
Output	Deutz, 820 kW, diesel-mechanical
E output	2 x 138 kW
Speed	12 kn
Complement	7
Armament	None

Class 748 Multipurpose Boat (Medium-sized)
Y 860 SCHWEDENECK,
Y 861 KRONSORT,
Y 862 HELMSAND

Displacement	980t
L/beam/draught	56.5/10.8/3.5m
Output	Diesel-electric 1,095 kW, 1 PM propulsion (permanently magnetically excited)
E output	3 x MTU each 520 kW
Speed	13 kn
Complement	13
Armament	None

Naval Arsenal

The Naval Arsenal is not an arsenal or armoury in the traditional sense of arsenals in which military equipment items and weapons are stored, but a modern Bundeswehr department responsible for the repairs of naval units and operating along the lines of an industrial company.

The Naval Arsenal belongs to the area of the Federal Office of Defence Technology and Procurement and thus to the civilian defence area of the Bundeswehr. As the largest single department apart from the Federal Office of Defence Technology and Procurement itself, the Naval Arsenal is thus not subordinate to the Navy, even if this is initially suggested by its name.

The Naval Arsenal carries out repairs with about 2,300 employees at two major and more than five other locations on the North Sea and Baltic coasts. Its large workshops in Wilhelmshaven and Kiel are equipped with state-of-the-art machines, tools and measurement and testing equipment. The "customers" of the arsenal include about 215 ships and boats, as well as about 65 shore installations.

The central group "Repair Management" in Wilhelmshaven assumes responsibility along with the departments of the Navy for preparing, coordinating and supervising the interim or depot repairs of ships and boats. Units are withdrawn from their squadrons at regular intervals for repairs with the involvement of the shipyard industry. The requisite marine engineering work on for instance propulsion engines, rudder systems and hulls is carried out by specialist firms and inspected and accepted by the employees of the arsenal on the spot. Work on the sophisticated electrical and electronic plants, weapons, equipment and systems is basically carried out by the arsenal plants themselves. The engineers of the plants and particularly the central service area "Technology" also provide error analyses and by making proposals for improvements ensure that experience from repair work is used for the design of newbuildings.

Another area involves the realisability of proposals for changes in the lifecycle of the units in order to adapt weapon systems to meet the changing requirements in the course of their long service life. With their wide expertise, the staff can provide technical expertise to support the entire defence area.

A further responsibility of the Naval Arsenal is repairing damage with the service "Immediate Repairs". This involves repairing damage occurring in the daily operation of units or at shore-based training facilities that cannot be repaired with the means immediately to hand. The specialists can arrive on board if necessary within two days at the latest anywhere in the world. All repairs, whether carried out on board or on shore, are accompanied by an intensive quality assurance and reintegration service in order to guarantee availability of flawless, operationally reliable ships to the Navy.

Page 143, Chapter 5
Reservists

Reservists are to be found in all walks of life and all areas of the Bundeswehr. Supporting and promoting the interests of reservists is the duty of the active servicemen, as well as the Bundeswehr Reservists Association. As an agency commissioned by the German Federal Parliament for voluntary reservist work independent of command outside the Bundeswehr, the association aims to promote the basic idea of security and defence of the Federal Republic of Germany in the alliance both internally and externally.

The association represents all reservists, from seaman apprentice to admiral. It carries out defence policy work and military promotion activities and provides contacts with active servicemen so that reservists can "keep fit" in military matters also in official events and training courses. The association regards itself as partner of the Bundeswehr and plays a constructive role

as representative of the interests of all reservists in the defence debate. Members are reservists of all ranks, with the relationship in numerical terms of the groups of ranks to one another roughly corresponding to that in the Bundeswehr.

Over and above its national contacts with parties, the Parliament, Federal Government and Bundeswehr, the association is involved with its members internationally in the Allied Reserve Officers Association and in the European Reserve Petty Officers Association. At over 30 German universities, students who are reservists of the Bundeswehr have combined to form security policy study groups in order to keep in contact with the Bundeswehr. They serve voluntarily, are both responsive to challenges and eager to be supported themselves and are prepared to involve themselves in their leisure time in activities on behalf of the Bundeswehr. They take part in further training courses, exercises, manoeuvres, competitions and social events and thus reflect the image of the Bundeswehr. The Navy must be able to rely on reservists to be able to fulfil all its tasks at any time. In this respect, it is less important where and in what function the reservist is deployed in his active time, but rather what he has also learnt in his civilian profession in order to determine the most effective use of these capabilities. Particularly in view of the changed roles of the fleet, ongoing assessment and planning of qualified reservists is therefore urgently necessary to ensure an effective use of manpower.

The reservists of the Navy are highly motivated persons from all walks of life, continuously supplemented, with a well-balanced training thanks to constant practice. They can be rapidly deployed where required for the support of the active units.

Page 144, Chapter 6
Concluding remarks

In line with its transformation, the German Navy has largely adopted its new structure

and completed its strategic reorientation. Given the altered security situation, this development process must continue to ensure that the German Navy can always meet the new requirements. It has certainly changed its course since its creation after the Second World War.

Up to 1989, the role of the German Federal Navy, firmly integrated as it was into the North Atlantic alliance, was to protect the Baltic and its exits and safeguard the sea lanes in the North Sea necessary for supply and replenishment services. This involved orienting the requisite naval forces and their capabilities to dealing with a potential opponent and a probable military situation.

This role and thus the Navy's structure had to change with the reunification of Germany, the relaxing of East-West tensions and the emergence of asymmetric threats with the advent of the terrorist menace within the global security environment.

In addition to its ongoing task of protecting coasts, territorial waters and the sea routes necessary for trade along with the partners from alliances and coalitions, the German Navy's wider role extends to crisis management, conflict prevention and combating terrorism. The Navy as a versatile instrument of political leadership that can be deployed wherever the security interests of Germany or those of allies can be affected ensures a greater scope for political action in crisis areas via rapid responses with naval units showing presence or carrying out surveillance or other necessary activities.

This involves a wide range of tasks for a balanced fleet that has to be capable of conducting surface and submarine warfare, mine defence, surveillance and reconnaissance as well as naval warfare from the air and in combination with other services and/or international partners. The Navy has to fulfil these tasks both on the high seas, with the requisite logistics support, and in littorals, also with appropriate capabilities for projecting force from the sea into the coastal land regions. This requires various units that are optimised for specific tasks or sea areas and also capable of accomplishing missions within combined forces.

The German Navy is able to carry out its role in its new structure and within the ongoing process of transformation with its existing and planned equipment. It can guarantee national defence in the sea areas around Germany, provides the political leadership with operationally ready naval forces for global deployment and makes its contribution to peacekeeping within the community of nations.

Page146, Chapter 7
Cooperation between the German Navy and industry

The German Navy can rely on the services of a particularly efficient national defence industry, which, thanks to focused R&D, flawless production, innovative technology and impressive technical expertise, has supplied reliable vessels and equipment for decades.

All projects have involved use of state-of-the-art technologies and close cooperation with public authorities, institutes, laboratories and not least with the Navy itself, the "final consumer", to ensure excellent results. Thanks to flawless production with the highest quality standards for reliable operation and handling under extreme conditions, the vessels and equipment have gained a global reputation over and beyond the national area.

Despite adverse economic conditions in all areas of manufacturing and very restricted defence budgets, industry has always been able to invest to expand R&D and keep it at a high level. This is a prerequisite for remaining successful with top-quality, reliable products in the national and international market. In this regard, it must be

recalled that on account of its high export dependency – which is even crucial to its survival in wide areas – the defence industry is also always dependent on international cooperation and must thus continue to play a role in the global defence sector. The know-how necessary for advanced, highly expert shipbuilding cannot be retained without export business. The German Navy can thus also continue to take advantage of the latest developments and state-of-the-art technologies.

The restructuring of the German Armed Forces, their transformation, also greatly affects the defence industry and will have to remain an ongoing process. Constant adjustment to the changing deployment parameters is also required on the part of industry particularly because of the changing requirements made on the units of the Navy.

In future, the prime contractors, shipyards and equipment suppliers will have to orient themselves to the needs of the forces more effectively than ever before, even if this requires a high degree of flexibility in the design and production area to meet the wide range of requirements in the world market.

The economics and defence ministries have shown growing appreciation of shipyards' need for support in their international marketing efforts. There has to be a great deal of understanding for the defence industry's requirement to have export orders to ensure the retention of expertise in naval technology, R&D and production.

This is all the more important as there are no state-run naval shipyards in Germany, unlike many other countries. German naval vessels are built exclusively by civil yards, which at the same time engage in a very wide range of activities in the international shipbuilding market.

German marine equipment suppliers account for a substantial share of the con-

struction programmes for the Navy and for export. For decades, shipyards, which usually also act as prime contractors, have successfully cooperated with component makers as subcontractors for propulsion systems, electronic equipment and airconditioning plants and communications and weapon technologies.

The German Navy was significantly dependent on foreign suppliers only in its early days. In particular, the fitting out of the first submarines and frigates built in Germany was closely connected with the suppliers of NATO partners. This was until German industry, as a result of continuous R&D and production, achieved its international market position. It is today almost exclusively responsible for manufacturing equipment installed in German vessels. It goes without saying that torpedoes, sonars and fire control systems, automatic control stands, optronic plants, every type of propulsion unit, retractable devices and navigation and telecommunications equipment are made in Germany, the only exceptions being the propulsion turbines of frigates and gun and missile systems. All items maintain a high standard and are also firmly established on the international market. This is a position that on account of the direct national access is particularly significant for the German Navy. Nevertheless, German industry does not want to and indeed must not dispense with international cooperation or export orders.

In view of the necessary careful budgeting of the Federal Government and the dependency of defence contracts on political decisions, naval shipbuilders will have to continue to win foreign orders in order to retain, utilise and expand their capacities at times when German orders are not available.

The utilisation of personnel capacities, retention of skills and deployment of production facilities for R&D are also of particular benefit for the German Navy. Refinements,

gaining know-how and realisation of operative experiences in new technologies are available at any time, even for short-term orders. Moreover, manpower is tied that is urgently needed for immediate assignments for repairs for maintaining the operational readiness of units.

The most cost-efficient production with full acceptance of the risks involved with technological progress and continuous innovations and improvements are possible only if international cooperation and deliveries to friendly navies remain guaranteed in future. Only in this way can the naval industry in Germany remain competitive on the international market and offer reasonably priced products for the German Navy given the budgetary restraints.

It is also undisputed that such an efficient, future-oriented special industry can achieve synergy effects for the German Navy only via the international market, although a politically supported, balanced and calculable investment strategy is required in order to retain the core capability of the defence sector in Germany.

However, in addition to the outstanding products of recent decades, optimal production, constant innovations and secured support during the usage phase, the German Navy, as "parent navy", remains the most important partner.

Industry also acquires recognition, the opportunity to influence decisions and competitiveness in the global market with the German Navy and its internationally recognised units, equipment and plant from national suppliers, its high level of training and its contributions in the context of global operations. Neither industry nor the German Navy must thus be denied access to international experience from R&D or operation as a result of too narrowly defined political or contractual commitments. Both parties acting on good terms with one another must be able to offer a product range that ensures the retention of this special area for industry and guarantees a high level of technical reliability for the Navy.

Page 151, Acknowledgements

We were able to produce a satisfying book on the current German Navy only thanks to the wide support we were given from all its areas.

We were thus able to report on the current structure of the Navy, its tasks and future-oriented planning and offer up-to-the-minute photos illustrating the life and operation of the Navy because every service area was made accessible to us. Our warm thanks therefore go to the Naval Chief of Staff, Vice-Admiral Wolfgang Nolting, and the former Naval Chief of Staff, Vice-Admiral Lutz Feldt. Without their kind assistance, this comprehensive book could never have been produced.

Our thanks also go to the Commander of the Fleet, Vice-Admiral Hans-Joachim Stricker, the Commander, Naval Office Rear Admiral

Ulrich Otto, the Class commanders, squadron commanders, commodores, ship and boat commanders, school commanders and heads of companies for giving us an insight into their units, informing us and providing competent officers to accompany us in our work.

Our special thanks go to Captain Jürgen Mannhardt for his assessment of the re-orientation of the Navy, as well as to Commander Roland Voigt, Midshipman Florian Ellermann, Lieutenant Daniel Auwermann and Seaman Apprentice Torben Gefken as well as Midshipman Sebastian Schmonsees for their first-hand reports.

Yet a book always remains incomplete. Not every situation can be captured in photos, not every system can be shown in its complexity and not every serviceman or woman in the Navy can be photographed. The illustrations are intended to stand for the Navy as a whole, in which everyone loyal to the German Navy should recognise himself or herself. We are grateful to the following, who provided us with their help:

Lieutenant Uwe Bös, Captain Heribert Brauckmann, Captain Günter Braunmiller, Commander Joachim Bruhne, Commander Roland Bühner, Lieutenant Dirk Brühne, Commander Volker Buller, Commander Michael Busse, Commander Michael Büsching, Oliver Dahms, Captain Martin Eichhorst, Lieutenant Andreas Frank, Commander Peter Görg, Commander Detlev Haas, Commander Gerd Hamann, Commander Michael Hänschke, Lieutenant Boris Heide, Commander Gerald Heuer, Rüdiger Hoppe, Rear Admiral (Retd) Wolfgang Kalähne, Lars Kinemann, Captain Michael Kirchgäßner, Building director Klaus Klaßen, Commander Michael Koch, Commander Kurt-Josef Kühn, Commander Andreas Kreger, Captain Klaus Mathew, Rear Admiral Manfred Nielson, Thomas Ott, Commander Ingo Pache, Captain Lutz Panknier, Commander Klaus Perschmann, Fleet Surgeon Dr. Rainer Pinnow, Lieutenant Falk Plankenhorn, Uwe Reelmann, Dr. Jürgen Rohweder, Commander Patrick Rothehüser, Commander of the Reserve

Thomas Ruckert, Lieutenant Lars Ruth, Commander (Retd) Heinz Sass, Sebastian Schröder, Captain Christian Seele, Fleet Surgeon Dr. Klaus Seidenstücker, Captain Schmidt, Commander André Sabzog, Bernd Titel, Dr. Uwe Vogel, Commander Werner Weis

We should also like to express our appreciation to the many unnamed helpers who gave us such effective and valuable support. Special thanks go to the staff of the Press and Information Centre, Commander Gerhard Deisenroth and Commander Werner Hupfeld.

Thanks to their support, we found willing assistance in all areas of the fleet and Naval Office. Our project involved photo calls at schools and shore facilities, participating in manoeuvres on ships and boats and flights on helicopters and MPA, as well as consulting official and personal documents.

Hannes Ewerth
Peter Neumann

Page 152, References

"Vorbefehl zur Einnahme der Marinestruktur 2010", Stand II. Quartal 2005, Ministry of Defence

"Wir sind auf dem Weg zur Expeditionary Navy", Lecture by FltlAdm Krause

"Die neue Offizierausbildung" Lecture FltAdm Nielson, Marineforum 7/8-2004

"Das Flottenkommando" Brochure by FK Werner Hupfeld

"WTD 71 – auch zukünftig die Fachkapazität des Bundes für maritime Wehrtechnik" in Wehrtechnik 2002 zur Jahresveranstaltung der Sektion Ostsee

"Das Kommando für Truppenversuche der Marine in Eckernförde" in Wehrtechnik 2002 zur Jahresveranstaltung der Sektion Ostsee

"Kommando Marineführungssysteme, Strategie und Technik 2006" FK Klaus Perschmann "Wehrtechnischer Report" 4/2002, Report Verlag

Silent Fleet The German Designed Submarine Family

Sentinels of the Sea

Die Ubootflottille der Deutschen Marine